JOHN G...

TANTOS
DESTINOS
A DONDE IR

¿CÓMO SABER CUÁL ELEGIR?

Dios le ha abierto una puerta.
Usted, ¿qué hará?

Visite Tyndale en Internet: www.tyndaleespanol.com y www.BibliaNTV.com.

TYNDALE y el logotipo de la pluma son marcas registradas de Tyndale House Publishers, Inc.

Tantos destinos a donde ir... ¿cómo saber cuál elegir?: Dios le ha abierto una puerta. Usted, ¿qué hará?

Originalmente publicado en inglés en 2015 como *All the Places to Go . . . How Will You Know?* por Tyndale House Publishers, Inc., con ISBN 978-1-4143-7900-5.

Diseño: Jacqueline L. Nuñez

Edición del inglés: Jonathan Schindler

Traducción al español: Adriana Powell Traducciones

Edición del español: Christine Kindberg

Publicado en asociación con la agencia literaria Yates & Yates (www.yates2.com).

Para información acerca de descuentos especiales para compras al por mayor, por favor contacte a Tyndale House Publishers a través de espanol@tyndale.com.

Library of Congress Cataloging-in-Publication Data

ISBN 978-1-4964-2261-3

Impreso en Estados Unidos de América
Printed in the United States of America

23   22   21   20   19   18   17
7   6   5   4   3   2   1

A Barbara Lynn (Ortberg) Harrison y a Barton David Ortberg, con quienes me escabullí por las puertas secretas y abiertas de la infancia y quienes valientemente aún las atraviesan, dedico este libro con la mayor gratitud.

Tyndale House Publishers, Inc.
Carol Stream, Illinois

Contenido

CAPÍTULO I

TANTOS DESTINOS A DONDE IR... ¿CÓMO SABER CUÁL ELEGIR?

Sı usted tuviera que resumir su vida en seis palabras, ¿cuáles serían?

Hace varios años, una revista electrónica hizo esa pregunta. Se inspiró en el desafío posiblemente legendario que le propusieron a Ernest Hemingway de escribir un cuento de seis palabras, lo que dio lugar al clásico «Vendo: zapatos de bebé, sin usar».

La revista fue inundada por tantas respuestas que el

sitio web casi colapsó, y finalmente formaron un libro con las respuestas. *Not Quite What I Was Planning* (No exactamente lo que tenía planeado) está lleno de autobiografías escritas por autores «célebres y desconocidos». Las memorias abarcan de lo gracioso a lo irónico y de lo inspirador a lo desgarrador:

- «Un diente, una caries; vida cruel».
- «Síndrome de salvador trae muchas desilusiones».
- «Maldecido con cáncer. Bendecido con amigos». (Este no fue escrito por una abuela sabia y mayor, sino por un niño de nueve años con cáncer de tiroides).
- «El vidente me vio más rica». (En realidad, esta autora podría ser más rica si dejara de despilfarrar dinero en videntes).
- «La tumba no dirá: "Tenía seguro"».
- «No soy buen cristiano, pero intento».
- «Pensé que yo tendría mayor impacto»[1].

El desafío del límite de seis palabras es que exige concentrarse en lo más importante para captar brevemente algo que tenga sentido. Una vez, Winston Churchill devolvió a la cocina un pudin porque «le faltaba un tema». Yo no quiero que mi vida sea como el pudin de Winston.

Es impresionante pensar en qué escribirían los personajes bíblicos para sus memorias de seis palabras. Me parece que girarían en torno a la intersección entre la historia de la vida de cada persona y la historia de Dios. Todos se inspirarían en la oportunidad divina que Dios les puso enfrente y la respuesta (el sí o no) que dio forma a su vida.

- Abraham: «Dejé Ur. Fui padre. Sigo riéndome».
- Jonás: «"No". Tormenta. Arrojado. Ballena. Vomitado. "Sí"».
- Moisés: «Zarza ardiente. Diez mandamientos. Charlton Heston».
- Adán: «Ojos abiertos; no encuentro mi hogar».
- Sadrac, Mesac y Abed-nego: «Rey estaba caliente. El horno, no».
- Noé: «Odié la lluvia; amé el arcoíris».
- Esaú: «Al menos el guiso estuvo bueno».
- Ester: «Un bombón. Mardoqueo, expón. Israel fortachón».
- María: «Pesebre. Dolor. Gozo. Cruz. Dolor. Gozo».
- El hijo pródigo: «Malo. Apenado. Papá animado. Hermano enojado».
- El joven rico: «Jesús llamó. Partí triste. Todavía rico».
- Zaqueo: «Bajito, al sicomoro. Más pobre, feliz».
- La mujer sorprendida en adulterio: «Conquisté un hombre. Soltaron las piedras».
- El buen samaritano: «Vine, vi, me detuve para ayudar».
- Pablo: «Damasco. Ciego. Sufrir. Escribir. Cambiar mundo».

«No exactamente lo que tenía planeado» es la auto-biografía de seis palabras que cualquiera de ellos podría haber escrito. En ninguno de estos casos habrían podido predecir dónde los llevaría la vida. Sus planes fueron interrumpidos. Se les ofreció una oportunidad o corrieron peligro, o ambos. Así funciona la vida. No somos ni los autores ni los peones de las historias de nuestra vida, sino, de alguna manera, socios del destino, la suerte, las circunstancias o la providencia. Y los autores de la Biblia insisten en que, por lo menos algunas veces, en al menos algunas vidas (en cualquier vida en la cual la persona esté dispuesta), ese Socio invisible puede ser Dios.

A menudo en la Biblia, estas oportunidades parecen llegar en envoltorios inconfundibles. Una zarza ardiente. Un ángel luchador. Una mano escribiendo sobre la pared. Un vellón. Una voz. Un sueño. Un burro que habla como el de *Shrek*.

Pero, diseminada a lo largo de las Escrituras, hay otra imagen de la oportunidad inspirada por Dios que a mí me resulta más fácil de identificar con lo que he visto. Es la imagen de la posibilidad divina que sigue llegando a cada vida. Es una imagen que he atesorado desde que mi profesor en la universidad, Jerry Hawthorne, me la presentó:

Escribe esta carta al ángel de la iglesia de Filadelfia. Este es el mensaje de aquel que es santo y verdadero, el que tiene la llave de David. Lo que él abre, nadie puede cerrar; y lo que él cierra, nadie puede abrir: Yo sé todo lo que haces y te he *abierto una puerta* que nadie puede cerrar. Tienes poca fuerza; sin embargo,

has obedecido mi palabra y no negaste mi nombre.
(Apocalipsis 3:7-8; el énfasis es mío)

La puerta, dijo el Dr. Hawthorne, es una de las imágenes más ricas de la literatura. Puede significar seguridad («mi puerta está encadenada y cerrada con llave») o lo oculto («nadie sabe qué pasa tras las puertas cerradas»). Puede significar rechazo («me cerró la puerta en la cara») o descanso (para las madres jóvenes, el sitio preferido de la casa es el baño, donde pueden cerrar la puerta y estar solas).

Pero en este pasaje, la puerta no significa ninguna de esas cosas. Más bien, es una puerta *abierta*, símbolo de «oportunidades infinitas. De posibilidades ilimitadas de hacer algo que valga la pena; de comienzos espectaculares de nuevas y desconocidas aventuras de una vida con sentido; de oportunidades jamás imaginadas para hacer el bien, para hacer que nuestra vida cuente para la eternidad»[2].

Una puerta abierta es la gran aventura de la vida porque significa la posibilidad de serle útil a Dios. La oferta de ella, y nuestra respuesta a ella, son el tema de este libro.

Dios puede abrir una puerta para cualquiera

Cuando mi papá estaba a punto de cumplir cincuenta años, un día mi mamá le preguntó de repente, en la cocina: «John, ¿es esto lo único que vamos a hacer por el resto de nuestra vida? ¿Nada más que la misma rutina de ir al trabajo y hablar con las mismas personas?». Mi papá, un contador público muy estable, que siempre había vivido en Rockford, Illinois, y que nunca había pensado en vivir en ninguna otra parte, dijo: «Supongo». Pero empezó a preguntarse si podía haber algo más.

A menudo, la puerta abierta hacia otra habitación comienza con un sentido de descontento con la habitación en la que uno está en ese momento.

De un modo muy inesperado, a través de mi esposa, una iglesia del sur de California le ofreció un empleo a mi papá. Sin embargo, habría sido una mudanza bastante extrema: a más de tres mil kilómetros del único lugar donde había vivido toda su vida, en un trabajo para el cual no estaba preparado, con personas que no conocía. Luego de ir a investigarlo, les dijo a los líderes de la iglesia que simplemente no iba a funcionar: el sueldo era demasiado bajo, las casas eran demasiado caras, el cambio de profesión era demasiado grande, la jubilación era demasiado pequeña, él estaba demasiado viejo y la gente era demasiado rara.

Era la decisión acertada, pensó. Habría sido un riesgo demasiado grande. Suspiró con alivio y se fue a su casa.

Pero ciertas cosas extrañas comenzaron a suceder después de que él dijo que no. Una noche, mi papá tuvo un sueño en que parecía que Dios le decía: «John, si te mantienes en este rumbo, no sembrarás ni cosecharás». Mi padre era de una iglesia sueca muy impasible y poco expresiva, en la que las personas podían hablarle a Dios, pero nunca esperaban que Dios les hablara a ellas. Ni siquiera hablaban mucho entre sí. Así que no pensó mucho en el sueño.

Cuando se despertó, leyó en el diario de mi mamá (otra cosa que nunca había hecho), donde ella había escrito: «No sé cómo orar por John; no me parece que esté haciendo lo que Dios quiere que haga».

Todo eso causó que no quisiera ir a la iglesia, así que se quedó en casa, pero terminó viendo un culto eclesiástico por televisión, en el cual el predicador dijo: «Si es posible tener pruebas, la fe es imposible». Lo impactó la idea de que él había querido pruebas de que si aceptaba ese nuevo trabajo, todo saldría bien. Pero, si el predicador estaba en lo cierto, semejante prueba excluiría lo que Dios más quería, que era la fe de mi papá.

Así que, a la semana siguiente, volvió a la iglesia. El sermón era sobre el ABCD de la fe: que uno tiene que *abandonar* la vieja vida, *creer* que las promesas de Dios son confiables y *dedicarse* a un nuevo viaje.

Entonces, mi papá tomó un avión para ir de vuelta a California, a pesar de que el pastor de la iglesia californiana le dijo que estaban examinando a otros candidatos. Mientras estaba en el avión, abrió su Biblia y se encontró con un pasaje en el que Dios le prometió al pueblo que si abandonaban sus ídolos de oro y plata, llegaría el tiempo en que sembrarían y cosecharían.

Básicamente, tomó todo esto como una puerta abierta.

Recientemente, mi hermana, mi hermano y yo pasamos tres días juntos con mis padres para celebrar el octogésimo cumpleaños de mi papá. Ahora está jubilado, igual que mi mamá, pero ellos se mudaron a esa iglesia en California y formaron parte del personal allí durante veinticinco años, y esa fue la gran aventura, apasionante y arriesgada, de su vida.

Escribimos ochenta tarjetas, ochenta recuerdos de la vida con mi papá. Fue sorprendente cómo nos inundaron los recuerdos: la voz de mi papá cuando nos leía un cuento en la niñez, las fichas de matemáticas con las que solía enseñarnos, el aroma de su perfume Aramis que yo le pedía prestado cuando tenía una cita.

Pero la tarjeta más impresionante que había en el frasco de mi papá, la decisión que marcó un Antes y un Después en su vida, fue su elección de pasar por una puerta abierta que él no inició, que nunca había esperado y para la que no se sentía preparado.

«Tienes poca fuerza», le dice Dios a la iglesia de Filadelfia. Es posible que los de esa iglesia no se hayan sentido sumamente halagados cuando leyeron esa línea. Pero qué regalo saber que las puertas abiertas no están reservadas para los que son especialmente talentosos ni los extraordinariamente fuertes. Dios puede abrir una puerta para cualquiera.

Dios puede abrir una puerta en cualquier circunstancia

Viktor Frankl fue un médico brillante a quien los nazis encerraron en un campo de concentración. Le quitaron el sustento, confiscaron sus bienes, se burlaron de su dignidad y mataron a su familia. Lo metieron en una celda sin salida alguna. Una habitación que no tiene una puerta abierta es una prisión. Pero él encontró una puerta que sus guardias no conocían: «A un hombre le pueden quitar todo menos una cosa, la última de las libertades humanas: elegir la actitud propia en cualquier clase de circunstancias, elegir el camino propio»[3].

Frankl descubrió que las puertas no son únicamente físicas. Una puerta es una elección. Descubrió que cuando las circunstancias le cerraron todas las puertas exteriores, le revelaron las que importan mucho más: las puertas por las cuales el alma puede dejar el temor y pasar a la valentía, dejar el odio y pasar al perdón, dejar la ignorancia y pasar al aprendizaje. Descubrió que, de hecho, los guardias eran mucho más prisioneros (de la crueldad, la ignorancia y la insensata obediencia al salvajismo) que él, que estaba entre paredes y alambres de púa.

Algunas personas aprenden esto y logran la libertad; otras nunca lo ven y viven como prisioneros. Siempre hay una puerta.

La investigadora de Columbia, Sheena Iyengar, ha descubierto que una persona promedio toma alrededor de setenta decisiones conscientes por día[4]. Eso representa 25.550 decisiones por año. En setenta años, suman 1.788.500 decisiones. Albert Camus dijo: «La vida es la suma de todas las decisiones». Si junta esas casi dos millones de decisiones, la suma es quien usted es.

La capacidad de reconocer las puertas (de descubrir la gama de posibilidades que tenemos enfrente a cada momento y en toda circunstancia) es una habilidad que se puede aprender. Introduce la posibilidad de la presencia y el poder de Dios a cualquier situación sobre la faz de la tierra. Quienes estudian a los emprendedores dicen que estos sobresalen en algo llamado «estado de alerta de oportunidades». Ellos ven la misma circunstancia que los demás, pero «le prestan atención a las oportunidades que, hasta ese momento, han sido ignoradas». Están «alerta, a la espera, continuamente receptivos a algo que podría presentarse»[5]. Tal vez haya una especie de «estado de alerta de oportunidades divinas» que podemos desarrollar.

A veces, la oportunidad no implica ir a un lugar nuevo; significa encontrar una oportunidad nueva, que anteriormente no se había reconocido, en el lugar de siempre. En cierto sentido, esa es la sorprendente historia del pueblo de Israel. Israel creía que iba en camino a la grandeza como nación, con un ejército poderoso y riquezas abundantes. En lugar de ello, conoció el exilio y la opresión. Pero cuando se le cerró la puerta de la grandeza nacional, vino la puerta abierta hacia una forma de grandeza espiritual. Israel transformó la vida espiritual y moral del mundo. Y, mientras que el pueblo asirio, el babilonio y el persa llegaron y se fueron, el regalo de Israel para la humanidad permanece.

En la Biblia, las puertas abiertas nunca están solo para el beneficio de las personas a quienes son ofrecidas. Implican una oportunidad, pero es la oportunidad de bendecir a otra persona. Una puerta abierta puede parecerme muy emocionante, pero no existe solamente para mi beneficio.

Una puerta abierta no es únicamente la imagen de algo bueno. Conlleva un bien que todavía no conocemos del todo. Una puerta abierta no brinda una visión completa del futuro. Una puerta abierta significa oportunidad, misterio, posibilidad, pero no es una garantía.

Dios no dice: «He puesto delante de ti una hamaca».

Tampoco dice: «He puesto delante de ti una serie de

instrucciones detalladas acerca de qué tienes que hacer exactamente y qué sucederá exactamente como resultado».

Una puerta abierta no significa que todo será placentero y tranquilo cuando estemos del otro lado. Una de esas memorias de seis palabras podría haber sido escrita por Jesús: «Síndrome de salvador trae muchas desilusiones». Una puerta abierta no es un plano ni una garantía.

Es una puerta abierta. Para descubrir qué hay del otro lado, tendrá que atravesarla.

Dios puede abrir puertas de una manera muy silenciosa

Dios no suele decirnos qué puerta escoger. Esta es una de las características más frustrantes de Dios.

Hace muchos años, mi esposa, Nancy, y yo estábamos frente a una puerta abierta. Teníamos por delante la decisión de mudarnos muy lejos: de California, que era el hogar de toda la vida de Nancy, a una iglesia llamada Willow Creek, cerca de Chicago. Era una decisión muy difícil: ir a esa iglesia en Chicago o quedarnos en California. Íbamos manejando en el viaje para tomar la decisión el mismo día y por la misma autopista en la que O. J. Simpson hizo su famoso escape a poca velocidad en su Bronco blanca.

Yo me inclinaba hacia la elección de Chicago porque creía que, si no iba allá, siempre me preguntaría cómo podría haber sido. (Quedamos marcados por las puertas que atravesamos y por las que no atravesamos). Nancy se inclinaba hacia California porque la iglesia de Chicago estaba en Chicago. Lo pensamos y oramos y lo hablamos una y otra vez. Elegir una puerta pocas veces es fácil. Me torturaba el temor a equivocarme. ¿Qué sucedería si Dios quería que yo eligiera la puerta número 1, pero yo escogía la número 2? ¿Por qué no me podía hacer más sencilla la decisión?

No siempre logramos saber qué puerta deberíamos atravesar. Jesús le dice a la iglesia de Filadelfia: «Te he abierto una puerta» (Apocalipsis 3:8). Pero no dice específicamente qué puerta es. Solo puedo imaginarme las preguntas que tenían: *¿Cómo lo sabremos? ¿Debemos ponerlo a votación? ¿Qué pasa si atravesamos la puerta equivocada?*

En mi vida, esta ha sido una parte irónica y, a menudo, dolorosa. Dios abre puertas, pero luego no parece decirme cuáles debo atravesar.

Provengo de una larga línea de predicadores, con una larga lista de historias de cómo recibieron su «llamado». Mi bisabuelo, Robert Bennett Hall, se escapó de un orfanato cuando tenía doce años; terminó trabajando para un comerciante y se casó con su hija. Un día, estaba barriendo la tienda cuando recibió el llamado; dejó la escoba, fue a su casa y le dijo a mi bisabuela que había sido llamado a ser predicador.

Mi cuñado, Craig, estaba trabajando en un supermercado cuando recibió lo que para él fue un llamado inequívoco a hacerse pastor. Recibió su llamado en el sector de alimentos congelados.

Yo nunca recibí un llamado; por lo menos, no de esa manera. A veces pasaba largos ratos en los supermercados, pero nunca recibí un llamado. Me llevó muchos años entender que Dios quizás tenga sus buenos motivos para dejarnos a nosotros las decisiones, en lugar de enviarnos correos electrónicos diciéndonos qué hacer.

Cuando llegó la invitación para ir a Chicago, enfrenté el mismo dilema. Si los pastores se cambian de iglesia, se supone que deben tener un llamado claro, especialmente si la nueva iglesia es más grande que la anterior. Los pastores suelen decir cosas como «Yo no quería ir a ninguna parte, pero tenía esta rara sensación de intranquilidad en mi espíritu, y tuve que obedecer». Los pastores casi nunca dicen algo como «Esta iglesia es mucho más grande que mi vieja iglesia, y estoy súper entusiasmado al respecto».

Pero yo tenía pensamientos por el estilo. Sabía que no eran mis mejores pensamientos, ni los únicos pensamientos, pero estaban ahí junto a los otros. Y tuve que luchar con ellos. Creo que es una parte del porqué Dios obra a través de las puertas abiertas; ellas nos ayudan a luchar con nuestros verdaderos sueños y propósitos.

Así que Nancy y yo luchamos con esta decisión. Mientras analizábamos qué hacer, mi amigo Jon me dio un libro que había sido escrito hacía poco y que yo no había leído. Era de un hombre llamado Dr. Seuss, a quien yo nunca había consultado en busca de orientación profesional. Había escrito:

Con cerebro en la cabeza.
Y dos pies en los zapatos.
Puedes descubrir el mundo
Donde quieras, de inmediato. [...]

¡Oh, cuán lejos llegarás! [...]

Pero no siempre no lo harás,
Porque a veces no podrás[6]*.*

Oh, cuán lejos llegarás. Esta fue la promesa que les llegó a todos esos personajes de la Biblia. Esta es la promesa del Dios de la puerta abierta.

Me parece que, cada año, las palabras del Dr. Seuss afectan muy profundamente a miles de alumnos recién egresados porque lo que importa no es la garantía del resultado. Lo que importa es la aventura del viaje. Eso fue lo que más me impactó la primera vez que leí el libro.

Pensé en mis padres y en la gran aventura de sus vidas al mudarse de Illinois a California. Pensé en cuán fuerte fue el arrepentimiento de mi papá cuando dijo el no prudente y cuán intensa fue su alegría cuando dijo el sí arriesgado.

Finalmente, decidimos ir a Chicago. Hasta donde nos dimos cuenta, no recibimos una orden divina ni tuvimos indicadores sobrenaturales. Pero lo decidimos porque la aventura de la respuesta afirmativa parecía más viva que la seguridad de la respuesta negativa.

Muy pocas veces en la Biblia Dios se dirige a alguien y le dice: «Quédate». Dios casi nunca interrumpe a alguien y le pide que se quede cómodo, seguro y rodeado de lo familiar. Él abre una puerta y los llama a atravesarla.

La asombrosa verdad es que este mismo momento está lleno de oportunidades. ¿Qué podría estar haciendo usted en este preciso instante que no está haciendo? Podría estar aprendiendo a hablar chino. Podría estar entrenándose para una maratón. Podría estar iniciando una sesión en eHarmony para buscar (y posiblemente encontrar) al amor de su vida. Podría estar contándole a un amigo un secreto que jamás le ha contado a ningún otro ser viviente. Podría estar patrocinando a un niño pobre. Podría estar mirando *The Bachelor*, o comprando el cuchillo más afilado del mundo gracias a una teletienda o finalmente pidiendo esa cita de terapia que su cónyuge lleva años animándolo a hacer.

Hay una puerta abierta.

Pero ¡espere! Hay más. Una «puerta abierta» no es una frase para describir una oportunidad cualquiera. Una puerta abierta es una oportunidad provista por Dios, para actuar *con* Dios y *para* Dios. En ese pequeño pasaje dirigido a la iglesia de Filadelfia, el apóstol Juan tiene una expresión maravillosa. Él escribe que lo que está ante la iglesia es, literalmente, una puerta *que alguien ha abierto*. Por reverencia, los escritores judíos a menudo evitaban escribir directamente la palabra *Dios*. Entonces, así es como Juan dice que la oportunidad que se les ofrecía no apareció de la nada. Dios estaba obrando. Lo que tenemos delante de nosotros es más que algo simplemente humano. No son solo puertas abiertas, sino puertas que *han sido abiertas*.

El comienzo de la historia del pueblo de Dios llega con la oferta inesperada de una puerta abierta. Le llegó a un hombre llamado Abram, bajo la categoría de «no exactamente lo que tenía planeado». Dios lo comenzó todo al acercarse a una pareja de ancianos antes de que Israel siquiera existiera:

Abram y Sarai, ¡hoy es el día!
Trae a tu papá, Taré, y sigue con tu vida.

Deambularán como nómadas con dromedarios,
y quizás tengan un bebé siendo nonagenarios.

Te marcará tu fe, te marcará una visión,
te marcará (quizás no te guste) la circuncisión.

Como las estrellas del cielo tus descendientes serán,
a pesar de las mentiras que ustedes dirán.

Te perderás y te confundirás y mucho miedo tendrás.
Esperarás mucho tiempo y errores cometerás.

No sabrás qué decir, no sabrás qué hacer,
pero, en ti, los pueblos serán bendecidos por doquier.

Con tu fe enredada, harás más de lo que sabrás,
y yo te prometo esto: ¡Oh, cuán lejos llegarás!

Y se fueron. En cierto sentido, toda la historia de la Biblia depende de este momento. El autor de Génesis lo expresa con dos palabras: *wayyelech Avram.* «Abram partió».

No exactamente lo que tenía planeado.

Oh, cuán lejos *wayyelech*-rás.

Dios puede usar una «puerta equivocada» para moldear un corazón correcto

En el Nuevo Testamento, Santiago dice que si a alguno de nosotros nos falta sabiduría, debería pedírsela a Dios. No dice que le preguntemos a Dios qué puerta atravesar, sino que le pidamos las herramientas para elegir con sabiduría.

La principal voluntad de Dios para su vida no son los logros por acumular; es la persona en la cual usted se transforma. La voluntad principal de Dios para su vida no se trata de qué trabajo debería aceptar; no es fundamentalmente situacional ni circunstancial. No se trata principalmente de en qué ciudad vive, o si se casa o cuál debería ser su vivienda. La principal voluntad de Dios para su vida es que usted se transforme en una persona magnífica a la imagen de él, alguien con el carácter de Jesús. Eso es, sobre todo, lo que Dios quiere para su vida. Ninguna circunstancia puede impedirlo.

Todos lo entendemos, especialmente los padres. Si usted es padre, ¿quisiera tener esa clase de hijos a los que hay que decirles toda la vida: «Ponte esta ropa. Métete a estas clases. Ve a tal universidad. Postula a este trabajo. Cásate con esta persona. Compra esta casa», y siempre tiene que ver que hagan exactamente lo que les dice, por toda la vida? (La respuesta correcta a esta pregunta es «No». No, no querría que las cosas fueran así).

¿Por qué? Porque su meta principal no es que ellos sean pequeños robots que cumplen instrucciones; su meta es que ellos lleguen a ser personas de gran carácter y criterio. La única forma que pueden lograrlo es tomando muchísimas decisiones. Desde luego, esto quiere decir que tomarán muchas decisiones equivocadas. Esa es la principal manera de aprender.

Muchas veces, la voluntad de Dios para usted será: «Quiero que tú decidas», porque tomar decisiones es una parte indispensable de la formación del carácter. Dios se dedica principalmente a darle forma al carácter, no a darle forma a las circunstancias.

Y Dios se dedica a las puertas abiertas. Esto significa una nueva manera de ver a Dios. Él prefiere un «sí» a un «no». Le fascinan la aventura y la oportunidad.

Esto significa una nueva manera de ver la vida. No tengo que tenerle miedo al fracaso. No tengo que vivir con miedo a las circunstancias. Cada momento es una oportunidad para buscar una puerta que se abra a Dios y a su presencia.

Esto significa una nueva manera de verme a mí mismo. Ya no estoy limitado por mi pequeñez y mi debilidad. El Dios que me abre la puerta también es el Dios que sabe lo pequeño y lo débil que soy.

Esto significa una nueva manera de elegir. Ya no tengo que vivir bajo la tiranía de la elección perfecta. Dios puede usar incluso lo que parece la «puerta equivocada» si yo la atravieso con un corazón correcto.

Nuestra vida está llena de puertas.

Quizás usted tenga por delante su graduación. Según una encuesta reciente, los adultos jóvenes quieren, sobre todas las cosas, trabajar en un empleo que los inspire y les dé autonomía[7]. Usted quiere buscar su felicidad, pero quizás su felicidad todavía no se haya presentado.

Quizás esté en una transición. Hoy, más que nunca, las personas cambian de empleo, de empresa y de profesión. ¿Cómo puede elegir sabiamente?

Quizás esté estancado. Su vida es sólida, pero no es gratificante. Desea hacer algo más o ser algo más.

Quizás esté afrontando el nido vacío. De pronto, tiene la libertad, el tiempo y las posibilidades que no ha tenido durante unas cuantas décadas. ¿Cuál es la mejor manera de utilizarlos?

Quizás se esté jubilando. Pero sabe que la palabra *jubilarse* no está en la Biblia, y no está listo para morirse ni para dedicarse a juegos de ancianos. ¿Qué será lo próximo que Dios tiene para usted?

Quizás esté frente a un cambio repentino. El especialista en profesiones Andy Chan menciona que los adultos jóvenes enfrentarán, en promedio, veintinueve empleos en el transcurso de su vida. Investigadores de Oxford predicen que, durante las próximas dos décadas, casi la mitad de los empleos que existen en la actualidad serán reemplazados por la tecnología[8]. ¿Cómo se adapta usted al entorno cambiante?

Quizás algo lo apasione. Ha viajado fuera del país y ha visto grandes necesidades, o ha estudiado un problema y quiere cambiar las cosas. ¿Cuál será su próximo paso?

Tal vez sea un estudiante que está tratando de decidir a qué universidad ir o qué especialidad elegir. ¿Y si elige una especialidad que no esté en consonancia con su profesión final? (A propósito, todo el mundo elige una especialidad que no está en consonancia con su profesión. Dígales a sus padres que no se preocupen).

Tal vez esté al borde de una relación emocionante o pensando en casarse. ¿Cómo saber si esta es «la» persona correcta? ¿Y si se equivoca en su elección?

O tal vez esté frustrado por haber perdido una oportunidad en el pasado. ¿Tendrá Dios todavía otra oportunidad para usted?

Muchas personas se confunden en cuanto a tomar decisiones y «la voluntad de Dios para mi vida». Como veremos, aprender a reconocer y a atravesar las puertas abiertas es una habilidad adquirida. La mayoría de las veces, aprendemos más cuando comenzamos por las puertas pequeñas: una palabra amable, un acto de servicio, arriesgarse a una confrontación o una plegaria de confianza.

Cada mañana es una puerta abierta; cada momento puede convertirse en una. Algunos vemos las puertas y las aprovechamos y, de esa manera, la vida se convierte en una aventura divina. Algunos retrocedemos o no la vemos. Una habitación que no tiene puerta es una prisión. Negarse a aprovechar la puerta abierta es perderse la obra que Dios dispuso que nosotros lleváramos a cabo. Si queremos experimentar más del Espíritu de Dios en nuestra vida, tenemos que entrenarnos para buscar y responder a los momentos de la oportunidad divina.

Cada puerta que usted atraviesa significa dejar algo y llegar a alguna parte. ¿Cómo cambiará su vida? ¿Qué le costará? Cada viaje (el suyo, también) estará lleno de incertidumbre, misterio, aventura, frustración y sorpresa.

Desde el principio, las puertas abiertas de Dios se encuentran con los corazones cerrados de las personas. Abram dijo:

¿Cuáles son los lugares tan lejos adonde quieres que vaya?
¿Cuándo llegaré? ¿Podría pasar por alguna atalaya?

¿Necesitaré un plan? ¿Necesitaré un diploma?
¿Necesitaré otras cosas que no me dices ni en broma?

¿Dónde está el mapa del plan que tienes para cada cosa?
Debo saberlo todo. Debo hablarlo con mi esposa.

Soy viejo. No soy audaz. Hay mucho que te estás saltando.
¡Hay montones de detalles que me debes ir contando!

¡Y vaya! El Señor no le contó ningún detalle. El Señor es notoriamente vago acerca de detalles como esos. Saber demasiados detalles le quitaría toda la emoción a la aventura. Dios quería que Abram fuera su amigo, y los amigos confían el uno en el otro. No se puede aprender a confiar en alguien sin arriesgarse un poco, sin algo de incertidumbre ni vulnerabilidad.

Dios le dijo a Abram: «Vete a la tierra que yo te mostraré».
¡Oh, cuán lejos llegarás!
Allí es adonde conduce la puerta abierta. Los lugares lejanos adonde Dios guiará.

Dios abrió una puerta. Abram partió. Y el resto es historia.
Y las puertas de usted, ¿adónde lo llevarán?

CAPÍTULO 2

LAS PERSONAS DE PUERTAS ABIERTAS Y LAS PERSONAS DE PUERTAS CERRADAS

La universidad a la que asistí tenía cultos religiosos obligatorios. Los oteadores (llamados cariñosamente «los espías de la capilla») se sentaban en asientos especiales para registrar la asistencia de los demás, de manera que la universidad tenía que buscar un modo sistemático de asignar asientos en la capilla cada semestre. Generalmente nos ubicaban por orden alfabético, por carrera o por estado de residencia. Un semestre, los espías de la capilla nos dispusieron de acuerdo con las notas que habíamos obtenido en los exámenes de admisión. La información se filtró unas tres semanas después del comienzo del semestre. Nos dimos cuenta de que se podía descubrir qué tan inteligentes éramos de acuerdo al lugar en que estábamos sentados: las notas más altas se ubicaban hacia el frente, y las notas más bajas, al fondo. Esta novedad desencadenó un alboroto a pequeña escala. La administración de la capilla tuvo que volver a asignar asientos para todo el cuerpo estudiantil y desechar los registros de asistencia del primer mes.

¿A quién le importa si los demás saben qué tan inteligentes somos, no?

Bueno, la investigadora Carol Dweck dice que resulta que hay dos tipos de personas en el mundo: a unos les importa mucho, y a los otros no les importa en absoluto. Y esto, a su vez, tiene relación con si somos la clase de persona propensa a pasar por las puertas abiertas.

Dweck explora las actitudes y la capacidad de las personas de sortear la adversidad. Particularmente, le interesa cómo las personas manejan las limitaciones, los obstáculos, el fracaso y el cambio. En un estudio, tomó un grupo de niños de diez años y les dio problemas matemáticos cada vez más difíciles para ver cómo lidiaban con el fracaso. La mayoría de los estudiantes se desanimaron y se deprimieron, pero algunos tuvieron una reacción totalmente diferente. Un niño, frente al fracaso, se frotó las manos, hizo un chasquido con la boca y dijo: «¡Me encanta el desafío!». Otro niño, que fallaba en un problema matemático tras otro, dijo: «¿Sabes? Tenía la esperanza de que esto fuera informativo».

«¿Qué les pasa? —se preguntó Dweck—. Siempre pensé que uno sobrellevaba el fracaso o no lo sobrellevaba. Nunca me imaginé que a alguien pudiera *encantarle* el fracaso. ¿Eran niños extraterrestres, o habían captado algo?»[1].

Dweck se dio cuenta de que estos niños no solo no se desanimaban con el fracaso, es que ni siquiera pensaban que estaban fracasando. Creían que estaban *aprendiendo*. Dweck llegó a la conclusión de que los seres humanos tienen dos actitudes diferentes, casi opuestas, acerca de la vida. A unos los denominaré de «actitud cerrada». Los que tienen una actitud cerrada creen que la vida está llena de una determinada cantidad de dones y talentos, y que su valor depende de cuán talentosos sean. Por lo tanto, su trabajo consiste en convencer a los demás de que ellos tienen ese «algo», sea lo que sea ese «algo».

Si esa es la manera en la que pienso de mi vida, por supuesto que atravesar puertas abiertas será algo que principalmente debo evitar, porque cada vez que haya un desafío, mi valor estará en juego. Tal vez no tendré lo suficiente de ese «algo». Trataré de arreglar mi vida de manera que siempre tenga éxito y nunca fracase. Nunca, jamás, quiero cometer un error, porque si cometo un error, las personas podrían pensar que no tengo ese «algo».

Esto lo vemos desde las primeras etapas. Cuando hay un examen importante en la escuela, a veces algunos niños les dicen a los demás: «Sabes, ni siquiera estudié para este examen». ¿Por qué dirían tal cosa? Porque, de esa manera, si sacan una mala nota en el examen y los demás se enteran, los demás no pensarán que no son inteligentes. Siguen siendo inteligentes. Aún tienen ese «algo». Y si sacan una buena nota y los otros niños piensan que ellos no estudiaron, tienen aún más de ese «algo».

Es por eso que en mi universidad todos se conmocionaron por el hecho de que los sentaran según las notas del examen de admisión, todos excepto los que estaban en la primera fila. (Por cierto, a mí me sentaron en la platea alta. Pero eso fue porque yo no había dormido mucho la noche anterior al examen. Además, realmente no me esforcé al máximo. En realidad, tomé el examen de admisión alternativo. No es que me preocupe lo que usted piense, de todas maneras).

Dweck dijo que hay otra manera de andar por la vida, y que podría ser llamada una «actitud abierta». Las personas que tienen una actitud abierta creen que lo importante no es la capacidad natural; lo importante es el crecimiento. Siempre es posible crecer. Comprometerse con el crecimiento significa aceptar el desafío, de modo que el objetivo no es tratar de parecer más inteligente ni más capaz que los demás. El objetivo es crecer más allá del lugar donde están hoy. Por eso, el fracaso es indispensable y algo que ofrece la oportunidad de aprender.

Finalmente, la fe proporciona el mejor fundamento para una actitud abierta. La razón por la que no tengo que demostrar lo que valgo es que Dios me ama, pase lo que pase. La razón por la que puedo abrirme al mañana es que Dios ya está ahí.

Si queremos responder a la puerta abierta, debemos dejar nuestra manera cerrada de ver a Dios, a nuestra vida y a nosotros mismos. La mentalidad de la puerta cerrada puede disfrazarse de prudencia o de sentido común, pero realmente es rehusarse a confiar en Dios por miedo. La mentalidad de la puerta cerrada son los hermanos de David diciendo que no se puede combatir a Goliat. Son los israelitas diciéndole a Josué y a Caleb que sus enemigos son como gigantes y que los israelitas son como saltamontes, así que los israelitas deberían volver a Egipto y a la esclavitud. Es el joven rico tomando la decisión de que el discipulado sería algo lindo, pero que está un poco sobrevaluado. Soy yo cada vez que elijo el acaparamiento en lugar de la generosidad, o el silencio en lugar de decir la dura verdad en amor. Soy yo cuando afirmo que confío en Dios, pero cuando él me dice: «Ve», me quedo. Soy un *quedateísta*. La mentalidad de la puerta cerrada parece segura, pero es la más peligrosa de todas porque deja a Dios al otro lado de la puerta.

Ser una persona de puerta abierta significa adoptar una actitud abierta, junto con un compuesto de disciplinas y prácticas que nos ayuden a adoptar y a atravesar las puertas abiertas habitualmente. Veamos algunas características de las personas de puertas abiertas, que las hacen más propensas a atravesar las puertas abiertas de Dios.

Las personas de puertas abiertas están preparadas, «listas o no»
Las puertas abiertas siempre dan más miedo que las cerradas. Nunca sabemos con certeza qué sucederá cuando las atravesemos.

Cuando tenemos que tomar una decisión importante (aceptar un trabajo, emprender un traslado, comenzar una relación, tener un bebé) todos queremos saber con anticipación: «¿En qué exactamente estoy metiéndome?».

Nunca se sabe.

Y eso es muy bueno, porque, muchas veces, si supiéramos en qué nos estamos metiendo, no lo haríamos en primer lugar. Frederick Buechner dice: «La llegada de Dios siempre es inesperada, yo creo, y el motivo, si tuviera que adivinar, es que si él nos avisara con algo de anticipación, la mayoría de las veces nos esfumaríamos mucho antes de que llegara»[2].

La verdad sobre estar listo es que nunca estará listo. Cuando nació nuestra primera hija, Nancy tenía una infección renal, así que, encima de haber dado a luz, estaba enferma. En un momento, empezó a perder la compostura: «¿Y si la bebé se enferma? ¿Y si uno de nosotros la deja caer? ¿Y si la controlamos demasiado? ¿Y si la controlamos muy poco? ¿Y si somos dañinos? ¿Y si la arruinamos para toda su vida?».

Yo le expliqué con paciencia: «Nancy, siempre podremos tener más hijos».

Casi todos los padres que he conocido en mi vida, cuando llegan a la casa con ese primer hijo, piensan: *No me siento listo para esto*. Luego, el hijo crece y le llega el momento de irse del hogar y enfrentar el mundo, pero el mundo le da miedo y es caro, y entonces el hijo dice: «No me siento listo para esto». Y los padres le dicen: «Listo o no...».

Hay todo un síndrome en torno a este temor, llamado en inglés *failure to launch*, o en algunos lugares hispanohablantes «síndrome Bon Bril». Las personas suelen tener miedo de pasar por las puertas abiertas de la independencia económica, la orientación vocacional y las relaciones porque no se sienten listas. Pero el mundo dice: «Listo o no, aquí voy».

La vida, las oportunidades, los desafíos, las relaciones, con el tiempo la vejez y, finalmente, la muerte: todas estas realidades tienen una manera de decir: «Listo o no, aquí voy».

La inevitabilidad de la vida no significa que la preparación no sea importante. Yo preferiría que me opere del cerebro una persona que previamente haya tomado algunas clases, a un completo principiante. Pero que usted se «sienta listo» no es el criterio final para determinar cuán lejos irá.

Dios dice: «He puesto delante de ti una puerta abierta». No dice: «He puesto delante de ti un guión terminado». Una puerta abierta es un comienzo, una oportunidad, pero no es un final asegurado. No es una ojeada del final. Si se va a ingresar por ella, solamente se puede ingresar por fe.

El «sentirse listo» está sumamente sobrevaluado. Dios espera obediencia. Cuando Dios llevó al pueblo de Israel a la Tierra Prometida, primero los hizo entrar en el Jordán y *después* partió el río. Si ellos hubieran esperado primero una prueba, todavía estarían parados junto a la orilla. La fe madura cuando Dios dice: «Ve», y la persona acepta.

Posiblemente la mayor puerta abierta de la Biblia está al final del Evangelio de Mateo. Jesús envía a sus discípulos a cambiar al mundo, pero hay dos problemas notables. Uno es que solamente hay once discípulos. A lo largo de todo el Evangelio, el número doce les recuerda a los lectores que los discípulos han sido escogidos como un reflejo de las doce tribus de Israel, redimidas y renovadas. El doce es el número de la integridad, de la plenitud y de la preparación. En ese momento, no tenían suficientes jugadores.

Pero no era solamente que tuvieran la cantidad inadecuada. «Cuando vieron a Jesús, lo adoraron, ¡pero algunos de ellos dudaban!» (Mateo 28:17). Tenían un problema con la *cantidad*;

y ahora había otro problema, con la *calidad*. No tenían los discípulos suficientes, y los que había no creían lo suficiente.

Dale Bruner, erudito del Nuevo Testamento, escribe: «El número "once" renguea; no es perfecto como el doce. [...] La iglesia que Jesús envía al mundo está "onceada", imperfecta, falible»[3].

Este es el grupo que Jesús elige para cambiar al mundo. No dice: «Primero, lleguemos al número suficiente», o «Primero, consigamos la fe suficiente». Solamente dice: «Vayan. Trabajaremos en la cuestión de la fe y en la del número mientras ustedes se ocupan del tema de la obediencia. Yo los envío. Listos o no...».

En la Biblia, cuando Dios llama a alguien para que haga algo, nadie responde: «Estoy listo»:

- Moisés: «No tengo facilidad de palabra. [...] Se me traba la lengua y se me enredan las palabras» (Éxodo 4:10).
- Gedeón: «¿Cómo podré yo rescatar a Israel? ¡Mi clan es el más débil de toda la tribu de Manasés, y yo soy el de menor importancia en mi familia!» (Jueces 6:15).
- Abraham: «¿Cómo podría yo ser padre a la edad de cien años?» (Génesis 17:17).
- Jeremías: «Oh Señor Soberano [...] ¡Soy demasiado joven!» (Jeremías 1:6).
- Isaías: «¡Todo se ha acabado para mí! [...] Tengo labios impuros» (Isaías 6:5).
- Ester: «Cualquiera que se presenta ante el rey [...] sin haber sido invitado está condenado a morir» (Ester 4:11).

- El joven rico: «Se fue triste porque tenía muchas posesiones» (Mateo 19:22).
- Rut: «Un hambre severa azotó la tierra» (Rut 1:1).
- Saúl: (Samuel iba a ungir a Saúl como rey; el pueblo no podía encontrarlo y preguntó si él estaba presente). «Y el SEÑOR contestó: "Está escondido entre el equipaje"» (1 Samuel 10:22).

Demasiadas dificultades para expresarse, demasiado débil, demasiado viejo, demasiado joven, demasiado pecador, demasiado peligroso, demasiado rico, demasiado pobre, demasiado equipaje... *Nadie* dice jamás: «Está bien, Señor; me siento *listo*». Y Dios nos dice lo que siempre ha dicho, lo que Jesús les dijo a sus discípulos: «Listos o no...».

La verdad es que usted no sabe qué puede hacer hasta que efectivamente lo hace. El «listo» llega más rápido si usted ya está en movimiento. Si para ponerse en marcha espera hasta sentirse completamente listo, esperará hasta el día que se muera. Jesús no le dice: «Ve, estás listo». Él le dice: «Ve, yo iré contigo».

Hace unos años, un amigo me llevó a una montaña para darme una sorpresa. Me había anotado para hacer ala delta en las montañas San Gabriel. Me dijeron que me parara en una plataforma, que mirara a lo lejos desde el borde de un acantilado y luego, que saltara. Si el paracaídas no retenía el aire... bueno, mi esposa pronto estaría saliendo con alguien nuevo.

Así que, ahí estaba yo, parado al borde de un acantilado y mirando hacia abajo. Los instructores me preguntaron: «¿Está listo?».

Yo sabía que yo no estaba listo. Pero estaba conectado a alguien. Los instructores lo hacen salir acompañado, y la persona que iba conmigo estaba preparada. Los instructores gritaron: «¡Listos o no!». Y cuando mi compañera salió, yo salí.

Lo que no supe sino hasta que aterrizamos fue que esa también era la primera vez de mi compañera. Mi compañera no sabía lo suficiente ni para sentir miedo. Y yo pensé: *Es la última vez que salgo a hacer ala delta con una niña de diez años.*

Jesús lleva a sus amigos a lo alto de una montaña. No son suficientes. No tienen la fe suficiente. No importa. Lo importante no es si están listos. Lo importante es que *él* está listo. Y usted y yo nunca sabemos cuándo está listo. Él se encarga de eso.

La incertidumbre no es un impedimento para las personas de puertas abiertas

Uno de los grandes problemas que tienen las puertas abiertas es que no siempre están bien señaladas. Cuando Dios llama, es posible que el llamado no siempre sea claro. Con Dios, la regla general es que la información se brinda a medida que se necesita, y Dios decide quién necesita saber qué y cuándo.

Un ejemplo clásico de esto está en el libro de Hechos. La iglesia tiene que decidir si Dios está llamándolos a incluir a los gentiles de una manera nueva y radical. Después de mucha oración, emiten una carta: «Nos pareció bien al Espíritu Santo y a nosotros...» (Hechos 15:28).

¿En serio? ¿Les «*pareció* bien»? El futuro de toda la raza

humana está en juego, ¿y lo mejor que pueden decir es que les «*pareció*...»?

Sin embargo, los líderes de la iglesia se sintieron bastante satisfechos de enviar esta carta. Dios pudo haber puesto un aviso en Craigslist: «Ahora aceptamos a solicitantes gentiles». Pero, al parecer, su voluntad para su pueblo era que no supieran exactamente cuál era su voluntad. Aparentemente, él sabía que crecerían más si tenían que pensarlo, debatirlo y discutirlo, en vez de recibir un memorando. Y, aparentemente, ellos no exigieron certezas. Estuvieron dispuestos a conformarse con obediencia sincera.

Desde el comienzo de las interacciones de Dios con los seres humanos, parece que él solo da la información a medida que se necesita. La ambigüedad y la incertidumbre se entrelazan en la historia desde el comienzo.

Los primeros once capítulos de Génesis involucran los grandes temas: la Creación, la Caída, el Juicio; pero todos conducen a un momento en Génesis 12 cuando las cosas se reducen a la más mínima escala. Dios vendrá ahora a un individuo común. No a un rey sobre un escenario gigante: a una persona normal. Podría ser usted. Podría ser yo. Nunca sabemos de antemano todo lo que significan las puertas que enfrentamos.

Sabemos que un hombre llamado Taré vivía en una ciudad llamada Ur de los caldeos. Había nacido allí. Un día, se mudó. Tomó a su familia (que incluía a su hijo Abram y a la esposa de Abram, Sarai, quienes no tenían hijos) y «salieron de Ur de los caldeos. Taré se dirigía a la tierra de Canaán, pero se detuvieron en Harán y se establecieron allí.

Taré vivió doscientos cinco años y murió mientras aún estaban en Harán» (Génesis 11:31-32).

La historia prosigue:

El Señor le había dicho a Abram: «Deja tu patria y a tus parientes y a la familia de tu padre, y vete a la tierra que yo te mostraré. Haré de ti una gran nación; te bendeciré y te haré famoso, y serás una bendición para otros. Bendeciré a quienes te bendigan y maldeciré a quienes te traten con desprecio. Todas las familias de la tierra serán bendecidas por medio de ti».

Entonces Abram partió como el Señor le había ordenado, y Lot fue con él. Abram tenía setenta y cinco años cuando salió de Harán. Tomó a su esposa Sarai, a su sobrino Lot, y todas las posesiones —sus animales y todas las personas que había incorporado a los de su casa en Harán— y se dirigió a la tierra de Canaán. (Génesis 12:1-5)

En el relato, Dios dice «Vete», y hay dos partes del «Vete» de Dios. Siempre hay dos partes en el «Vete» de Dios: irse de e irse a. Dios dice: «Vete de tu país (y de la tierra que conoces) y de tu gente, de la cultura que te ha formado y de la casa de tu padre. Deja tu casa».

Los primeros lectores de esta historia habrán comprendido que cuando Dios vino a la familia de Abram, Ur era quizás la ciudad más grande del mundo. Cerca del año 2000 a. C., era *el* gran lugar. Toda la opulencia comercial que se dirigía hacia la antigua Mesopotamia de todas partes del Mediterráneo tenía que pasar por Ur. Era un lugar de mucha riqueza, mucho comercio, mucho conocimiento y mucha tecnología. El primer código legal escrito que dio inicio a la civilización estaba allí, en Ur. Era difícil irse de un lugar como Ur.

Dios le dijo a Abram: «Deja Ur. Vete a la tierra que yo te mostraré». Eso es... un poco impreciso.

Las personas de puertas abiertas se sienten cómodas con la ambigüedad y el riesgo. O, si no se sienten cómodas, por lo menos deciden no permitir que esos factores los paralicen.

«La tierra que yo te mostraré» resultó ser Canaán. Veamos, Canaán era todo lo que Ur no era. Era un lugar primitivo, sin cultura, sin desarrollo, sin cultivar: un lugar duro y difícil. Nadie que pudiera darse el lujo de vivir en Ur, la gran capital de la civilización, partiría para irse a Canaán. Sería un poco como mudarse de Manhattan a Minot, Dakota del Norte. (Tengo amigos de allá que me cuentan que el eslogan del pueblo es «Minot, ¿por qué no?»).

Nadie en busca de oportunidades se iría de Ur de los caldeos a Canaán. Pero las puertas abiertas de Dios no siempre son obvias. No están principalmente diseñadas para abrirse a la riqueza ni a la posición social. Atravesar las puertas abiertas significa que tendré que ser capaz de confiarle mi futuro a Dios cuando el camino que estoy llamado a tomar no parezca el más obvio.

La gran pregunta de Abram es: «¿Por qué? ¿Por qué quieres que me vaya?». El texto no dice la respuesta, pero nosotros, efectivamente, tenemos una buena pista, y tiene que ver con usted y conmigo. Más adelante en la Biblia, Dios le dice a Israel: «Hace mucho, tus antepasados, entre ellos Taré, el padre de Abraham y Nacor, vivían del otro lado del río Éufrates y rindieron culto a otros dioses. Pero yo tomé a tu antepasado Abraham de la tierra que está del otro lado del Éufrates y lo guié a la tierra de Canaán. Le di muchos descendientes» (Josué 24:2-3).

Abram había heredado el legado cultural de la idolatría. El problema con los ídolos, desde la perspectiva bíblica, no es solamente que malinterpretan el *nombre* de Dios, sino que malinterpretan el *carácter* de Dios. Desde el punto de vista bíblico, los ídolos ofrecen poder, pero no exigen lo que el Señor pide: «que hagas lo que es correcto, que ames la compasión y que camines humildemente con tu Dios» (Miqueas 6:8). La idolatría implica un sistema de creencias, actitudes y hábitos a los cuales Abram tenía que morir. Así como nosotros tenemos que morir a ellos.

Cuando Nancy y yo nos mudamos a Chicago, eso la lanzó a un recorrido espiritual inesperado. Quería tanto a California que le costaba encontrar a Dios en Chicago. «Es como si Dios hubiera aplastado todo con una plancha», solía decir. Poco a poco llegó a entender que ella estaba en las garras de una idolatría sobre la que nunca le habían advertido: la idolatría de un lugar. Atravesar esa puerta abierta la ayudó a librarse de un apego que le impedía poder encontrar a Dios en cualquier lugar.

Al mismo tiempo, a mí se me hizo difícil dejar que Nancy luchara en nuestro nuevo entorno. Yo quería darle la solución a su problema («¡Deja de quejarte! ¡Sé feliz!»)

o manipularla («Me parece que tomé la decisión equivocada...», no es que yo pensara que me había equivocado ni que ella creyera que me había equivocado, sino que pensaba que podría causarle remordimientos para que disminuyeran las quejas). Atravesar esa puerta abierta me ayudó a aprender a tener paciencia y cómo darle a Nancy la oportunidad de «no estar bien».

La puerta abierta tiene más que ver con adónde estoy yendo en mi interior que dónde está yendo mi exterior.

Dios tiene que empezar enseñándole a Abram una manera completamente nueva de entender el mundo, la fe y su propia identidad. Por eso le da un nuevo nombre: «Fuiste Abram, pero ahora te llamaré Abraham, el padre de muchas naciones, porque serás un hombre para todo el mundo. Todos los pueblos de la tierra serán bendecidos a través de ti» (vea Génesis 17:5). Dios había abierto una puerta delante de Abram: una nueva identidad, una nueva fe, un nuevo propósito.

Atravesar las puertas abiertas significa estar dispuesto a dejar atrás mis ídolos. Quedarse donde estaba Abram lo hubiera vuelto imposible. Todas sus viejas relaciones, su viejo comportamiento y su vieja manera de vivir lo habrían arrastrado nuevamente a la idolatría. Abram tendría que dejar todo lo que lo mantendría alejado de esta nueva vida. Él tendría que partir de viaje con Dios.

¿Qué le da Dios? Una promesa. Solamente una promesa: «Haré de ti una gran nación; te bendeciré y te haré famoso» (Génesis 12:2).

Esto es una mención a la historia de Babel, donde los seres

humanos dijeron: «Hagámonos un nombre famoso» (Génesis 11:4, LBLA). «Lograremos cosas impresionantes para que nos consideren importantes». El Dios de la puerta abierta invita a sus amigos a desistir del proyecto de engrandecer su nombre porque el valor solamente puede ser otorgado, nunca ganado. Desperdiciamos toda la vida diciendo: «Me haré un nombre para mí mismo», pero Dios dice: «Yo estoy haciendo algo maravilloso en el mundo y te daré lo que tú no puedes hacer por ti mismo». Atravesar las puertas abiertas significa que tengo que confiar en Dios con mi nombre.

Las personas de puertas abiertas *son* bendecidas *para* bendecir

Dios le dice a Abram: «Te bendeciré y te haré famoso, y serás una bendición para todos. Bendeciré a quienes te bendigan y maldeciré a quienes te traten con desprecio». (Esa es una promesa de protección divina). «Todas las familias de la tierra serán bendecidas por medio de ti» (Génesis 12:2-3).

Pero necesitamos rescatar esa palabrita, *bendición*, del cliché de las etiquetas de las redes sociales. La lingüista Deborah Tannen escribe: «"Bendecido" ahora se usa donde antes uno decía "afortunado"». Erin Jackson, una comediante de monólogos de Virginia, dice: «Hay una chica en mi Facebook que, en este instante, literalmente, acaba de subir una foto de ella misma mostrando sus pompis... y lo único que comentó es "bendecida". Espere un momento. ¿Es eso realmente una bendición?». «No hay nada como invocar la santidad para fanfarronear con la vida de uno. Pero llamar a algo "bendecido" se ha convertido en el término de referencia para quienes quieren jactarse de algún logro mientras fingen ser humildes», observa la escritora Jessica Bennett[4].

Para Abram, la bendición no era una oportunidad para «fanfarronear con humildad» en las redes sociales. («No puedo creer la cantidad de ganado, rebaños, descendientes y esposas que tengo. Me siento bendecido. #PatriarcaFeliz»). Era una oportunidad para conocer a Dios y vivir en su presencia, y eso incluía ser usado por Dios para mejorar a otras personas. Abram es llamado a construir su vida sobre este ofrecimiento: que él puede recibir un regalo de Dios, pero solo si permite que su vida se convierta en un regalo para los demás.

Confiar en esta promesa de Dios lleva a la dinámica esencial que se necesita para la mentalidad de la puerta abierta. Abram tiene una actitud de abundancia más que una actitud de escasez. Y eso le permite ver y pasar por la puerta abierta de llegar a ser una bendición para otros.

Cuando Abram y su sobrino Lot se separan, Abram deja que Lot elija la tierra que quiere para sí. Lot elige la que parece más fértil («tenía abundancia de agua, como el jardín del Señor», Génesis 13:10), dejándole las sobras a Abram. Pero, inmediatamente, Dios responde, prometiendo bendecir a Abram más allá de su capacidad de contar.

Luego, cuando Abram conoce al enigmático sacerdote-rey llamado Melquisedec, le da «una décima parte de todos los bienes» (Génesis 14:20). Abram inventó el diezmo. A pesar de que Lot eligió la tierra que era «como el jardín del Señor», Abram vivió de acuerdo con la promesa de la abundancia de

Dios y bendijo a los demás como consecuencia. Atravesar una puerta abierta siempre requiere un espíritu de generosidad. Y la generosidad brota de la actitud de abundancia, no de la actitud de escasez.

La relación entre la abundancia y la bendición descansa en Dios, quien combina ambas. En el relato de la Creación, descubrimos que «Dios creó grandes criaturas marinas y todos los seres vivientes que se mueven y se agitan en el agua. [...] Dios los bendijo con las siguientes palabras: "Sean fructíferos y multiplíquense. Que los peces llenen los mares"» (Génesis 1:21-22). «Quiero que haya muchos como ustedes», les dice Dios a los peces. «Cuando mire el agua, quiero ver peces por todas partes».

Me encanta esta imagen de Dios bendiciendo a los peces. ¿Cuántos peces hizo Dios? Muchos, una gran cantidad de peces. «Un pez, dos peces, pez rojo, pez azul. [...] Ninguno igual a los demás. No me preguntes por qué. Pregúntale a tu mamá»[5]. Esa es la razón por la cual existen tantas cosas: Dios quiere bendecir. Eso significa que él quiere tener cosas para poder bendecirlas.

Esta es la *missio Dei*, la misión de Dios. Cuando hablamos de las declaraciones de misión, se trata de algo muy anterior a las corporaciones u organizaciones humanas. La misión comenzó con Dios. Dios tiene una misión. Es por ese motivo que hizo un pueblo para sí mismo, pero su misión vino antes que el pueblo. Su misión vino antes que la Biblia. A su misión, le entregó una Biblia. A su misión, le entregó un pueblo. La misión de Dios, el proyecto de Dios, es bendecir. Las puertas abiertas son una invitación a ser parte de la *missio Dei*.

La razón por la que nos encantan las declaraciones de

misión es porque estamos hechos a la imagen de un Dios de misión. La misión de Dios es bendecir de su gran abundancia. Y esa también es la misión de usted. Simplemente, bendecir. ¿Dónde debe hacerlo? Donde sea que vaya. ¿Cuándo debe hacerlo? Como dice el libro *¡Oh, cuán lejos llegarás!*: «¡Enhorabuena! ¡Hoy es tu día!»[6].

En Génesis, Dios hace la creación para tener algo que bendecir. Dios bendice una y otra vez, pero luego llega el pecado, y viene la maldición. La palabra *maldición* se usa cinco veces entre los capítulos 3–11 de Génesis en respuesta al pecado; cada vez, significa la pérdida de libertad y de vida. Ahora, en el capítulo 12, Dios empieza de nuevo con este hombre, Abraham, y usa cinco veces la palabra *bendecir* en este pasaje. Está utilizando a un hombre para revertir la maldición.

En el mundo antiguo, la bendición era la forma más alta de bienestar posible para los seres humanos. Los griegos se referían a la dichosa existencia de los dioses como «bendita». Para Israel, la bendición incluía no solo los dones de Dios, sino, especialmente, la vida con Dios. La bendición incluiría todas las áreas de la vida de Abram: su familia, sus finanzas, su trabajo y su corazón. Eso significaba que él no solo había de *recibir* la bendición; debía *ser* la bendición. De hecho, es imposible ser bendecido, en el mayor sentido de la palabra, si uno no se convierte en una bendición. Una de las necesidades más profundas del alma humana es que otros sean bendecidos por medio de nuestra vida. Si quiere ver la diferencia entre ser rico y ser bendecido, observe a Ebenezer Scrooge al comienzo y al final de *Cuento de Navidad*. Todo el mundo ha de ser bendecido cuando Abram pase por esta puerta abierta, y el mundo ha de ser bendecido cuando usted y yo lo hagamos, también.

Las personas de puertas abiertas resisten y persisten

Las personas de puertas abiertas resisten el desánimo frente a los obstáculos y persisten en la fidelidad a pesar de los largos períodos de espera.

Dios le hace una promesa a Abram: «Ahora, habrá un pueblo "con Dios". Eso ocurrirá por medio de ti, a través del hijo que te daré a ti y a Sarai». Abram en seguida tiene buenos motivos para ser escéptico. Acabamos de leerlo: «Pero Sarai no podía quedar embarazada y no tenía hijos» (Génesis 11:30).

El alma humana siempre alberga un potencial para este anhelo en torno a los niños pequeños. En el mundo antiguo, la situación era distinta a la que tenemos en la actualidad. Los hijos representaban la seguridad económica. No había una red de protección social. No existían las pensiones ni los planes de ahorros para la jubilación. Los hijos eran la continuación del nombre familiar. Eran una forma de inmortalidad. En el mundo antiguo, consideraban que la mujer, en particular, estaba en este mundo con la finalidad de tener hijos. La imposibilidad de tener un hijo no solo era una desilusión; era un estigma, una vergüenza y una desgracia.

En este momento del relato, Abram tiene setenta y cinco años. Su esposa, Sarai, tiene sesenta y cinco. Su desilusión con la vida data de largo tiempo. Han ofrecido sacrificios a todos los dioses que conocen. Han suplicado en oración.

Nada. Ahora, este Dios extraño les dice: «Yo haré que suceda lo que ustedes han estado esperando, pero esto es lo que tienen que hacer. Tienen que irse». ¿Cómo se irán? Por fe.

El autor de Hebreos dice: «Fue por la fe que Abraham obedeció cuando Dios lo llamó para que dejara su tierra y fuera a otra que él le daría por herencia. Se fue sin saber adónde iba». Uno nunca sabe adónde va si está yendo por fe. «Incluso cuando llegó a la tierra que Dios le había prometido, vivió allí por fe, pues era como un extranjero» (Hebreos 11:8-9). Si uno va por fe, siempre es un extranjero en este mundo, porque su hogar es Dios.

«Fue por la fe que hasta Sara pudo tener un hijo, a pesar de ser estéril y demasiado anciana. Ella creyó que Dios cumpliría su promesa. Así que una nación entera provino de este solo hombre, quien estaba casi muerto en cuanto a tener hijos» (¿No le parece fascinante esta frase?), «una nación con tantos habitantes que, como las estrellas de los cielos y la arena de la orilla del mar, es imposible contar» (Hebreos 11:11-12).

Siempre habrá una excusa para detenerlo. La excusa de Abram era: «Soy demasiado viejo». No importa. Cuando usted recibe el «ve» divino, resiste y persiste. Va por fe.

No hace mucho escuché una gran frase dicha por un pastor llamado Craig Groeschel: «Si usted no está muerto, no ha terminado».

Abram, de setenta y cinco años, tiene que esperar otros *veinticuatro años*. Todavía no tiene un hijo con Sarai cuando Dios vuelve a él veinticuatro años después y le repite la promesa, y esta es la reacción de Abram: «Entonces Abraham se postró hasta el suelo, pero se rio por dentro, incrédulo. "¿Cómo podría yo ser padre a la edad de cien años? —pensó—. ¿Y cómo podrá Sara tener un bebé a los noventa años?"» (Génesis 17:17).

«Sara, tu esposa, te dará a luz un hijo», le responde Dios (Génesis 17:19). «No me importa qué tan vieja sea». Si usted no está muerto, no ha terminado. «De hecho —dice Dios—, Abraham, ahora te daré una señal de mi promesa, de mi pacto, porque quiero que pongas tu fe no en tu propia sabiduría ni en tu capacidad de saber qué está pasando, o de predecir el futuro, o de anticipar las circunstancias o de manipular los resultados. Quiero que pongas toda tu confianza en mí, en la vida conmigo».

Si usted no está muerto, no ha terminado. En la Biblia, la edad nunca es una razón para que alguien le diga que no a Dios cuando él le dice que se ponga en marcha. Moisés tiene ochenta años cuando Dios lo llama para que vaya al faraón y conduzca a los hijos de Israel fuera de Egipto. El Éxodo *comienza* cuando él tiene ochenta años. Caleb tiene ochenta cuando le pide a Dios que le dé una montaña más por conquistar en la Tierra Prometida.

Florence Detlor, una mujer de la iglesia en la que trabajo, decidió hace unos años que necesitaba un nuevo desafío, así que se registró en Facebook.

En ese momento, tenía 101 años.

Resulta que de las mil millones de personas, más o menos, que había en Facebook, Florence Detlor era la más vieja. De hecho, cuando Mark Zuckerberg se enteró, invitó a la

Florence Detlor de nuestra iglesia para que fuera a la sede central de Facebook para una visita personal y para tomarse una fotografía con él y con Sheryl Sandberg.

Cuando la primera entrevista televisiva salió al aire, Florence recibió, en un solo día, siete mil pedidos de amistad. Siete mil personas de todo el mundo le dijeron: «Florence, ¿serías mi amiga?». Ella dice que le está dando síndrome del túnel carpiano por tratar de responder a los pedidos de su amistad... a los 101 años. Si usted no está muerto, no ha terminado.

Abraham trató de decir que no porque era muy viejo. Timoteo trató de decir que no porque era muy joven. Ester trató de decir que no porque era del género equivocado. Moisés trató de decir que no porque tenía los dones equivocados. Gedeón trató de decir que no porque era de la tribu equivocada. Elías trató de decir que no porque tenía el enemigo equivocado. Jonás trató de decir que no porque fue enviado a la ciudad equivocada. Pablo trató de decir que no porque tenía un trasfondo equivocado. Dios seguía diciendo: «Ve, ve. Ve *tú*». A veces toma un tiempo para que las promesas de Dios se cumplan. Pero si usted no está muerto, esa es la señal de que no ha terminado.

Las personas de puertas abiertas sienten menos remordimiento
Algunas de las historias más tristes son sobre los llamados que nunca reciben respuesta, los riesgos que nunca se corren, la obediencia que nunca se ofrece, la generosidad alegre que nunca se brinda, las aventuras que nunca suceden, las vidas que nunca se llegan a vivir. Espero que a usted no le pase eso.

En las ciencias sociales, hay todo un campo de estudio en torno a la psicología del remordimiento. Uno de los descubrimientos más llamativos es cómo cambia el remordimiento a lo largo de nuestra vida. En la mayoría de casos, el remordimiento a corto plazo involucra el deseo de no haber hecho algo: Quisiera no haber comido esa tarta de durazno. Quisiera no haber invitado a salir a esa chica que luego me rechazó.

El mundo de las redes sociales incluso tiene un acrónimo para esto: YOLO («*you only live once*»; en español: «solo se vive una vez»). Esto tiene que ver con la búsqueda insensata de la diversión, dejando de lado las consecuencias de la razón y la responsabilidad. La mayoría de veces se usa cuando se elige la opción desafortunada. «Quién iba a saber que el patrullero de la autopista iba a ser tan quisquilloso por mandar mensajes de texto mientras conducía a 140 kilómetros por hora... YOLO».

Pero nuestra perspectiva cambia con el tiempo. A medida que envejecemos, llegamos a sentir remordimiento por aquellas cosas que *no hicimos*. La palabra de amor que nunca dijimos. La oportunidad de servir que nunca aprovechamos. El regalo caro que nunca dimos.

Comenzamos la vida sintiendo remordimiento por las cosas equivocadas que hicimos, pero la terminamos con remordimiento por las puertas abiertas que nunca atravesamos. ¿Qué tenemos que hacer ahora para no vivir con remordimiento después? Atravesar las puertas abiertas nos protege del remordimiento futuro. Quizás haya cosas por las que sintamos remordimiento a corto plazo si elegimos mal; pero atravesar las puertas abiertas nos evita preguntarnos cómo podría haber sido.

El «ve» divino les llega a todos, pero tenemos que estar dispuestos a salir antes de estar dispuestos a irnos.

Mientras leía la historia de Abram, me pregunté: *¿Qué habría pasado si esta historia hubiera sucedido hoy? En nuestro mundo, ¿qué tierra es famosa por su gran concentración de riqueza, tecnología, movilidad, educación y conocimiento?*

Y entonces me di cuenta: yo vivo en Ur de los caldeos. Vivo en un lugar que se enorgullece en gran manera de su riqueza, tecnología y educación. Puedo empezar a construir mi identidad y mi autoestima con base en eso. Quizás usted también pueda hacerlo.

¿Qué decimos nosotros cuando nos llega el «ve» de Dios?

Si lo hago, es posible que meta la pata, pero si no lo hago, si no me arriesgo, si no lo intento, si no digo que sí, nunca haré algo maravilloso para Dios. Si digo que sí, es posible que falle, pero si no lo hago, nunca llegaré a la tierra prometida de la vida con Dios para ser una bendición en su mundo.

En el pasaje, aparece un pequeño detalle sumamente fascinante sobre el papá de Abram: «Cierto día, Taré tomó a su hijo Abram, a su nuera Sarai (la esposa de su hijo Abram) y a su nieto Lot (el hijo de su hijo Harán) y salieron de Ur de los caldeos. Taré se dirigía a la tierra de Canaán, pero se detuvieron en Harán y se establecieron allí» (Génesis 11:31). Taré acompañó a Abram una parte del viaje a Canaán, pero entonces se detuvo.

No lo sabemos con certeza (el pasaje no brinda muchos detalles), pero he aquí lo que pudo haber sucedido. Taré y su familia comenzaron su historia en Ur, el gran centro de la riqueza y la educación y la tierra de ídolos. Luego, se lanzaron a este camino, que pasa por la ciudad de Harán y luego se dirige a Canaán. Pero se nos dice que para Taré, el padre de Abram, el camino terminó en Harán. Ahora bien, por otros pasajes bíblicos, sabemos que Harán era una ciudad muy parecida a Ur. Allí había mucha riqueza. Había ídolos.

¿Qué está pasando? No tenemos certeza, pero lo que sí sabemos a partir del texto es que Taré parte en camino a Canaán, pero cuando llega a un lugar muy parecido a Ur, se queda allí. Nunca sigue adelante.

Tal vez Dios le dijo a Taré: «¡Oh, cuán lejos llegarás!», pero Taré dijo: «No, no lo creo. Creo que me quedaré aquí».

Lo que bien podría estar pasando aquí es que Taré piensa: *Si yo siguiera más adelante de este lugar, podría perder todo lo que tengo. Seguro tendría que renunciar a mis ídolos.* Entonces elige la comodidad. Pero Abram elige decir que sí a su llamado.

A su vida llegará el «ve» divino, pero usted vive en Ur de los caldeos y tendrá que decidir entre la comodidad y el llamado. Taré es una imagen de lo que podría denominarse el camino no escogido.

Me pregunto si Taré sintió remordimiento por quedarse en la seguridad y la comodidad de Harán. Imagine que usted es Taré. Imagine que ha alcanzado una edad muy avanzada y se entera de que la historia de Dios continuó de maneras extraordinarias y que su nieto Isaac, el niño llamado Risa, fue la promesa cumplida de Dios. ¿Se arrepentiría de haber elegido la comodidad por encima del llamado? A diferencia de Taré, hay muchos errores de Abram registrados en las Escrituras. Pero, a diferencia de Abram, a Taré nunca se le conoció como un amigo de Dios. Tal vez las personas de puertas abiertas cometan más errores, pero sienten menos remordimiento.

A los pocos meses de casarme, mientras todavía estaba en la escuela de posgrado, recibí una llamada en la que me dijeron que se me ofrecía una beca para estudiar un año fuera del país. Le conté a Nancy y luego le hice una serie de preguntas. ¿Las clases contaban para mi título? (No). ¿Tardaría más tiempo en graduarme si iba? (Sí). ¿Habría suficiente dinero para el viaje? (No). ¿Alguien de la universidad nos esperaría? (No). ¿Nancy tendría que trabajar? (Sí, como servicio doméstico).

Colgué el teléfono, pensando que Nancy y yo teníamos un montón de pros y contras para poner en la balanza acerca de esta decisión. Pero cuando fui a buscarla para hablar con ella los detalles, descubrí que ya había hecho las maletas.

Fue ahí cuando me di cuenta de que estoy casado con una mujer de puertas abiertas. Ella dice que sí por naturaleza.

Dios está haciendo algo glorioso en este mundo. Cuando una puerta se abra, considere los costos, evalúe los pros y los contras, busque un consejo sensato, estudie qué le depara el camino tan lejos como pueda ver. Pero, en lo más profundo de su corazón, en el lugar más recóndito, tenga una leve inclinación por el *sí*. Desarrolle la *disposición* de atravesar las puertas abiertas, aunque no sea esta puerta en particular.

Dios se dirigió a Abram y le dijo: «Te bendeciré. Te haré famoso. Haré de ti un gran pueblo. Te protegeré. Todos los pueblos de la tierra serán bendecidos a través de ti».

Pausa.

¿Qué hizo Abram?

Abram se fue.

Taré se instaló; Abram se fue.

Dios dijo: «Vete»; Abram dijo que sí.

Y eso fue suficiente para Dios, aunque sabía que Abram no siempre haría las cosas a la perfección.

Las personas de puertas abiertas aprenden sobre sí mismas

Si voy a atravesar puertas abiertas, tendré que confiar en que Dios puede usarme a pesar de mis imperfecciones. Aprenderé sobre mí mismo, con todos mis defectos, como nunca hubiera podido hacerlo de otra manera.

Cuando pase por las puertas abiertas, muchas veces, me daré cuenta de que mi fe es realmente más débil de lo que pensaba antes de atravesarlas. Si he de pasar por las puertas abiertas, tendré que ser lo suficientemente humilde para aceptar el fracaso.

Un ejemplo clásico de esto es cuando Israel escapa de la esclavitud de Egipto. Luego de que Moisés se encuentra con Dios en la zarza ardiente, él y Aarón reúnen a los esclavos israelitas para contarles qué ha dicho Dios y mostrarles señales milagrosas, «con lo que el pueblo creyó. Y al oír que el Señor había estado pendiente de ellos y había visto su aflicción, los israelitas se inclinaron y adoraron al Señor» (Éxodo 4:31, NVI).

Ellos escuchan. Ellos creen.

Poco después de esto, cuando están saliendo de Egipto, ven que el faraón los persigue. Le dicen a Moisés: «¿Por qué nos trajiste a morir aquí en el desierto? ¿Acaso no había suficientes tumbas para nosotros en Egipto? [...] ¿Por qué nos obligaste a salir de Egipto? ¿No te dijimos que esto pasaría cuando estábamos aún en Egipto? Te dijimos: "¡Déjanos en paz! Déjanos seguir siendo esclavos de los egipcios» (Éxodo 14:11-12).

¿Dijeron eso en Egipto? ¡No! En Egipto dijeron: «Creemos». Cuando lo dijeron, fueron sinceros. Pero esa convicción resultó ser inconstante. Cuando las circunstancias cambiaron, resultó que *realmente* no creían en absoluto.

Nosotros lo hacemos todo el tiempo. Por ejemplo, si me pregunta, yo le diré que creo en el matrimonio de servicio equitativo, en el que el marido y la esposa comparten por igual la división de las tareas. En realidad (¿quiere adivinar adónde se dirige esto?), a menudo me doy cuenta de que hago mucho *más* que mi cuota justa en la casa y que le quito a mi esposa la oportunidad de servir.

También miento mucho.

O, para dar otro ejemplo, analicemos mi relación con el dinero. Jesús dijo: «Hay más bendición en dar que en recibir. No se preocupen por las posesiones ni por el dinero; confíen en su Padre celestial». Pienso: *Eso es lo que yo creo. Yo no confío en el dinero.* Pero luego, cuando tengo que pasar por una puerta de dar generosa o sacrificialmente, si la economía cae en picada o si, de repente, tengo menos dinero, me pongo ansioso, estresado y preocupado.

Resulta que yo pienso que no confío en el dinero, siempre y cuando *tenga* dinero. Pero cuando pierdo un poco (teniendo en cuenta que, aun así, no voy a pasar hambre y sigo estando en mejores circunstancias que la mayor parte de las personas del mundo), salen a la luz mis *verdaderas* convicciones. Al parecer, *sí* confío en el dinero. Bastante.

Cuando paso por una puerta abierta, suelo aprender cosas acerca de mí mismo que nunca habría aprendido si me hubiera quedado al otro lado.

Las personas de puertas abiertas no se paralizan por su imperfección

Tenemos la tendencia de ver a las personas que atraviesan las puertas abiertas de Dios como si fueran gigantes espirituales, poseedores de una fe que nosotros nunca podríamos alcanzar. Pero podemos adquirir una perspectiva maravillosa cuando prestamos atención a las palabras extraordinarias que usa Pablo para describir a Abraham:

> Aun cuando no había motivos para tener esperanza, Abraham siguió teniendo esperanza porque había creído que llegaría a ser el padre de muchas naciones. [...] Y la fe de Abraham no se debilitó a pesar de que él reconocía que, por tener unos cien años de edad, su cuerpo ya estaba muy anciano para tener hijos, igual que el vientre de Sara. Abraham siempre creyó la promesa de Dios sin vacilar. De hecho, su fe se fortaleció aún más y así le dio gloria a Dios. Abraham estaba plenamente convencido de que Dios es poderoso para cumplir todo lo que promete. (Romanos 4:18-21)

Pablo muestra a Abraham como alguien que creyó en Dios, «y, debido a su fe, Dios lo consideró justo» (Romanos 4:22). Otra manera de decir lo mismo es que Dios eligió trabajar con

Abraham de acuerdo con la disposición de Abraham de confiar en Dios, más que por el hecho de que Abraham siempre haya hecho lo correcto. Resulta que cuando uno lee la historia de Abraham, aun su creencia en Dios parece bastante precaria.

Tan pronto como Abram reúne a la familia para obedecer el llamado de Dios, viajan a Egipto y Abram le dice a su esposa: «Tú eres una mujer hermosa; tengo miedo de que los egipcios quieran asesinarme para que alguno te tome como su esposa, así que mintamos y digamos que eres mi hermana».

No parece muy confiado en que Dios lo protegerá. (Además, Sarai tenía sesenta y cinco años en ese momento). Vendió a su esposa para salvarse a sí mismo.

Efectivamente, el faraón lleva a Sarai al palacio para que forme parte de su harén y le entrega a Abram, el «hermano» de ella, un puñado de ovejas, bueyes, burros, sirvientes y camellos. En lugar de sentirse culpable y sincerarse, Abram simplemente dice: «Muchas gracias».

Luego el faraón descubre que Sarai en realidad es la esposa de Abram y que el Dios de Abram no está contento con ese acuerdo. Es interesante que el faraón le pregunta a Abram lo mismo y en el mismo idioma que Dios usó cuando se dirigió a Eva después de la Caída: «¿Qué has hecho?» (Génesis 12:18; vea Génesis 3:13). En otras palabras, este faraón pagano está más preocupado por hacer lo correcto que Abram, el hombre de Dios.

Y no solo eso, sino que cuando Abram y Sarai están en el Neguev, más adelante en Génesis, él hace la rutina de «ella es mi hermana» *por segunda vez.*

¿Por qué Dios no pierde la esperanza en él?

Porque, como veremos, lo único que Abram hace correctamente es que nunca pierde la esperanza en Dios. Quizás Dios mantendrá abierta la puerta de la oportunidad para nosotros, mientras que nosotros mantengamos abierta la puerta de nuestro corazón para él.

Cuando Dios todavía no les ha dado el hijo prometido después de once años de espera, Sarai le dice a Abram: «¿Por qué no vas y tienes un hijo con mi sierva Agar?».

¿Acaso Abram dice: «¡Dios nos libre! Confiemos en Dios»?

No. Él dice: «Bueno, cariño, lo que tú digas». Es un desastre total.

Y cuando Dios aparece tres años después para decirle a Abraham que Sara va a tener un hijo, ¿cuál es su reacción? «Entonces Abraham se postró hasta el suelo, pero se rio por dentro, incrédulo. "¿Cómo podría yo ser padre a la edad de cien años?"» (Génesis 17:17).

Además de eso, Sara se ríe cuando escucha la noticia. Entonces, el Señor le pregunta a Abraham: «¿Por qué se rio Sara [...]? ¿Existe algo demasiado difícil para el Señor?» (Génesis 18:13-14).

¿Acaso Abraham le responde como un hombre diciendo: «Bueno, Señor, para serte franco, yo también me reí un poco con eso»?

No. No dice nada.

Tiene tan poca fe que simula que Sara no es su esposa (dos veces). Tan poca fe que embaraza a una criada. Tan poca fe que se ríe por lo bajo ante la promesa de Dios. ¿Y *este* es el hombre del que Pablo dice «aun cuando no había motivos para tener esperanza, Abraham siguió teniendo esperanza porque había creído», «la fe de Abraham no se debilitó», «sin vacilar», «su fe se fortaleció aún más», «Abraham estaba plenamente convencido de que Dios es poderoso»?

Y Pablo era un rabino. Pablo conocía la historia. Entonces, ¿por qué tantos elogios para Abraham?

Retrocedamos y entremos en el mundo de Abraham. Cuando Abraham le dijo que sí a Dios, estaba empezando de cero. No existía el Antiguo Testamento. ¿Cuántos de los Diez Mandamientos conocía Abraham? ¡Ninguno! No existía la ley, ni el templo, ni los sacerdotes. Nada de salmos, ni David, ni Moisés. Tenía exactamente cero información sobre Yahveh. Él era el fruto de una cultura salvaje y supersticiosa.

Aquí está la clave: «Entonces Abraham partió como el Señor le había ordenado» (Génesis 12:4).

Las Escrituras deliberadamente no presentan a Abraham como el brillante genio espiritual que innovó el concepto del monoteísmo ético. Él estaba lleno de ignorancia, incertidumbre, errores y cobardía.

¿Por qué fue considerada fuerte su fe? Porque él decidió esperar al hijo que solamente Dios podía darle.

No era un estado de negación. «Contempló su propio cuerpo, que ya estaba como muerto» (Romanos 4:19, LBLA). Era un hombre anciano, que tenía una esposa anciana y un cuerpo de anciano, y no había empresas farmacéuticas que lo ayudaran.

Abraham no permitió que su vida se viera condicionada

solamente por lo que es posible a través del poder humano. Se marchó cuando Dios le dijo: «Vete». Partió en un viaje que solo podía tener éxito si Dios cumplía con su palabra. De esa manera (y, tal vez, *únicamente* de esa manera), Abraham verdaderamente dependió de Dios.

La historia *no* depende de la certeza de Abraham. Él no dijo: «Sara, solo necesitamos *creer en Dios* para tener este bebé. Solo tenemos que *declarar* la promesa».

El héroe de esta historia no es Abraham. Es Dios.

Taré pudo haber tenido una fe mucho más fuerte que la de su hijo Abraham, pero la depositó en el lugar equivocado. A pesar de que cometió muchos errores a lo largo del camino, Abraham hizo bien lo principal: no volvió a Ur. Fue adonde Dios le dijo que fuera.

Es mejor tener una pequeña fe en un gran Dios, que una gran fe en un dios pequeño. Por eso es que Jesús dijo que solamente necesitamos tener fe como una semilla de mostaza.

Una vez escuché al pastor y escritor Tim Keller hablar sobre la huida de los israelitas de Egipto. Mientras el faraón los perseguía, Dios abrió las aguas del mar Rojo, y los israelitas pasaron caminando sobre la tierra seca. Lo más probable es que algunos de ellos se regodearan en eso: «¡En tu cara, faraón! ¡Ahora vamos sobre ruedas!».

Pero es probable que, al mismo tiempo, otros estuvieran diciendo: «¡Todos vamos a morir! ¡Todos vamos a morir!».

No es la *calidad* de nuestra fe lo que nos salva, dijo Tim. Es el *objeto* de nuestra fe.

Por eso, Pablo hace calzar esta descripción del Dios en

el que creía Abraham: «Abraham creyó en el Dios que da vida a los muertos y crea cosas nuevas de la nada» (Romanos 4:17). El carácter de la fe de Abraham está determinado por el carácter del Dios en quien él creyó[7].

Resulta que, al fin y al cabo, usted no solo vive una vez. Lo único que Dios necesitaba para poner en marcha este proyecto redentor era la confianza de Abraham. No necesitaba perfección. No necesitaba esfuerzos sobrehumanos. Simplemente, confianza. Dios puede hacer su obra con eso.

El peor año de mi vida fue quizás el mejor en la vida de mi esposa. Durante muchos meses, yo había vivido con una profunda depresión y un sentido de dolor que no se iba. Me parecía claro que el trabajo de mi vida sería cada vez menos eficaz. Al mismo tiempo, Nancy había aceptado un nuevo trabajo de jornada completa y andaba boyante con un nivel de energía y de gozo que yo nunca había visto en ella.

Recuerdo estar acostado en cama por las noches, escuchándola en juntas en la planta baja de nuestra casa con los empleados que ella dirigía; oía las risas, el entusiasmo y la planificación que tenían de manera recreativa, y me sentía completamente miserable. Su vigorizante éxito hacía que mi propia y penosa deficiencia pareciera aún más profunda. Me di cuenta de que le tenía bastante envidia.

Una noche, mientras luchaba con esto, surgió una pregunta en mi mente: *¿Quiero ser el tipo de hombre que necesita que su esposa sea menos exitosa que él para sentirse mejor consigo mismo?*

Me quedé quieto por varios minutos, esperando una pregunta más fácil.

Pero sabía la respuesta. Había muchas cosas que no tenía en claro, pero sabía que no quería ser la clase de persona que necesita que su cónyuge se vea más pequeña para poder sentirse más grande.

Curiosamente, ver esa debilidad y esa necesidad en mí fue el comienzo de la sanación. En *The Spirituality of Imperfection* (La espiritualidad de la imperfección), Ernest Kurtz dice que, irónicamente, el perfeccionismo es el gran enemigo del crecimiento espiritual. Un antiguo sabio llamado Macario solía señalar que si lo único que hiciéramos fuera avanzar, nos volveríamos arrogantes, y la arrogancia es la principal ruina de los cristianos.

Tal vez, parte de la causa de que Dios nos permita ver con tanta claridad las imperfecciones de los personajes bíblicos es para que podamos reconocer más claramente las nuestras. En una historia hasídica, un hombre muy rico visita a un rabino y le confiesa que, en el fondo, a pesar de sus riquezas, es miserable. El rabino le pregunta qué ve cuando mira por la ventana, y el hombre le dice:

—Personas. Veo personas que pasan caminando.

Luego, el rabino le pregunta qué ve cuando mira el espejo, y el hombre le dice:

—Me veo a mí mismo.

—Quizás ese sea el problema —dice el rabino—. Observa que en la ventana hay un vidrio, y en el espejo hay un vidrio. Pero, ni bien se le adhiere un poco de plata, dejas de ver a los demás y te ves solamente a ti mismo[8].

Dios comienza el proyecto redentor con un llamado al imperfecto Abraham. Y después viene Isaac, luego Jacob y, con el tiempo, pescadores, recaudadores de impuestos, leprosos y prostitutas.

A veces, las personas respondían al llamado y atravesaban la puerta abierta. Cuando lo hacían, llegaban a ser parte de la historia. Otras veces, algunos decían que no, como fue el caso del joven rico. Cuando Jesús le dijo: «Ve, vende todo lo que tienes. Luego, ven y sígueme», el hombre se fue triste, porque vivía en Ur de los caldeos y su ídolo era el dinero. No pudo tomar la decisión de atravesar la puerta divina.

Todo eso empezó con la oportunidad que Abraham tuvo delante de sí: «Vete, y todos los pueblos de la tierra serán bendecidos». Y continuó sin parar hasta Jesús: «Vayan y hagan discípulos de todos los pueblos de la tierra, sean sus nombres "Juan o Pedro o Rosalía o Mordejai, Alí del Campo o María". Por fin, tantos años después de Abraham, todos los pueblos serán bendecidos. "¡Tú moverás montañas!"»[9].

Por cierto, el Dr. Seuss no inventó la idea de mover montañas. Jesús dijo: «Si tuvieran fe, aunque fuera tan pequeña como una semilla de mostaza, podrían decirle a esta montaña: "Muévete de aquí hasta allá", y la montaña se movería» (Mateo 17:20). No se trata de la calidad de nuestra fe; es el objeto de nuestra fe.

Al final de su ministerio, antes de ascender al cielo, Jesús les dijo a sus alumnos, a sus egresados (ya sé que esto en realidad no está en el libro, que Mateo se olvidó de dejarlo escrito, pero estoy casi seguro de que lo que se dijo fue esto): «¡Oh, cuán lejos llegarán! Viajarán por el mundo. Se presentarán ante reyes. No tendrán ni un centavo y serán exageradamente felices. Los encerrarán en la cárcel, y ustedes cantarán canciones. Los molerán a palos por su fe, y ustedes se sentirán honrados por haber sufrido por el nombre. No tendrán nada. No tendrán ahorros de retiro, ni fondos para la jubilación, ni atención médica, y confiarán en mí hasta lo más profundo de su ser».

Luego, Jesús los invitó a salir, así como todavía nos invita a nosotros, porque esta es su misión.

Porque un día, anterior a toda la eternidad, el Padre le pidió al Hijo que fuera: «Hijo, te irás del cielo. Irás a un pesebre, y te irás a una pequeña carpintería, y huirás a Egipto como un prófugo.

»Irás a banquetes a los que ningún rabino iría jamás, donde habrá recaudadores de impuestos y prostitutas, e irás a casas donde harán agujeros en el techo para bajar hasta ti, porque estarán muy emocionados de que estés allí. Irás adonde estén los leprosos. Irás a los discapacitados. Irás a los ciegos. Irás a los pobres. Irás a los que están llenos de pecado y a los que no tienen esperanza.

»Luego, un día, Hijo, irás a una cruz y sangrarás, y morirás para perdonar los pecados del mundo. Luego, irás a la tumba, pero entonces, Hijo, la muerte descubrirá que no puede retenerte ni puede detenerte.

»Y al tercer día, la piedra será rodada. Traerás regocijo al mundo hasta tan lejos como haya llegado la maldición. La maldad será vencida y la tierra paz tendrá».

Él sigue llamando. Él sigue enviando.

Y si usted dice que sí...

Oh, cuán lejos llegará.

CAPÍTULO 3

YA NO «FOMO»: SUPERANDO EL MIEDO A PERDERSE ALGO

Varios estudios han expuesto que entrar a Facebook tiende a deprimir a las personas[1]. A menudo, queremos usar nuestro perfil de Facebook para mejorar nuestra imagen, para compartir fotos que nos hagan ver más atractivos de lo que realmente somos y, también, para registrar logros y omitir fracasos con el fin de levantar nuestra autoestima. (Irónicamente, es la vulnerabilidad, no la invencibilidad, la que da lugar a las conexiones humanas que tanto ansiamos. Tal vez nos serviría mejor un «Caer de cara-*book*»). Nos convertimos en los conservadores de nuestra propia persona, pero resulta que entrar a Facebook hace más probable que terminemos envidiando a los demás y sintiéndonos menos valiosos.

Me dejó pensando. ¿Cómo sería si Dios estuviera en Facebook? ¿Cómo sería su página? ¿Y si él encarara su perfil como lo hacemos la mayoría de nosotros?

La Divinidad
Situación sentimental: Trino y serenamente feliz
Cantidad de amigos: Solo Dios sabe
Contactos eliminados: Lista bloqueada en este momento
Fotos: Ninguna disponible (vea el segundo mandamiento)
Línea de tiempo: Sábado, 22 de octubre del 4004 a. C.: Creación del mundo... o quizás no.
¿En qué estás pensando?: ¿En qué no estoy pensando?
Publicaciones recientes:

• ¡Soy el Rey del mundo!
• Estoy pensando en escribir otro libro: el primero sigue siendo el más vendido de todos los tiempos y de cada año.
• En este momento, tengo unos mil millones de adoradores. ¿Qué le pasó a Zeus?
• Tomándome el día libre. ¡Gracias a mí, es viernes!

Gracias a Dios que cuando él se volvió visible, el rostro que vimos fue el de Jesús, quien se humilló a sí mismo y sirvió a los demás. Gracias a Dios que somos llamados a buscar su rostro y no su Facebook.

Resulta que esta epidemia de comparar nuestra vida con la de los demás, que las redes sociales han incrementado, ha engendrado una nueva enfermedad de transmisión electrónica. Sherry Turkle, profesora de MIT (el Instituto Tecnológico de Massachusetts), la llama FOMO (*fear of missing out* o, en español, el miedo a perderse algo).

Tenemos miedo de que los demás estén haciendo cosas más interesantes que nosotros, o que estén haciendo más amigos de los que tenemos nosotros, o que estén descubriendo mejores maneras de mantenerse en forma, o que estén ahorrando más dinero o manejando mejor sus emociones que nosotros. Un libro de gran éxito comercial escrito por Mindy Kaling tiene un título vívidamente FOMO: *Is Everyone Hanging Out without Me?* (¿Están todos pasando el rato sin mí?). Tenemos miedo de que esté sucediendo algo estupendo en alguna parte y que nos lo estemos perdiendo. ¿Estamos trabajando en el lugar equivocado, o estamos relacionándonos con las personas equivocadas, o hicimos el compromiso equivocado, o elegimos el evento equivocado?

Tenemos miedo de estar perdiéndonos el crecimiento de nuestros hijos. Miedo de perdernos lo que podría ser una gran profesión. Miedo de perdernos las oportunidades financieras que otros están aprovechando, o las extraordinarias vacaciones que otras personas están tomando, o las maravillosas habilidades que otras personas están adquiriendo.

Seguimos leyendo en línea de las experiencias maravillosas que viven nuestros amigos u otros, a veces en tiempo real, y cada vez tenemos más miedo de que nuestra vida sea aburrida e insignificante en comparación. Para sobrellevar esto, publicamos las fotografías y las experiencias que hacen que nuestra vida parezca más encantadora de lo que realmente es, lo cual, a su vez, hace que otras personas teman que *ellos* se lo están perdiendo.

Ahora es peor porque tenemos más opciones que nunca. Si usted tiene menos de treinta años, hay muchas posibilidades de que algún día tenga un empleo que todavía no ha sido inventado. Ahora es peor porque tenemos más oportunidades que nunca de compararnos con otras personas, y el miedo a perdernos algo a menudo se alimenta de la comparación. Pero he aquí un buen consejo: «Nunca compare sus momentos de "entre bambalinas" con las "selecciones destacadas" de los demás»[2].

El miedo a perderse algo, en un sentido, estuvo detrás del mismísimo primer pecado. La serpiente le pregunta a Eva: «¿De veras Dios les dijo que no deben comer del fruto de ninguno de los árboles del huerto? [...] Dios sabe que, en cuanto coman del fruto, se les abrirán los ojos y serán como Dios» (Génesis 3:1, 5). Caín y Abel, Jacob y Esaú, Raquel y Lea, y David y Betsabé, todas son historias del pecado impulsado por el miedo a perderse algo.

Sin embargo, aún con todos sus peligros, el miedo a perdernos algo nos revela una cosa fundamental de nosotros mismos. Tenemos un hambre insaciable de tener más. Queremos más de la vida de lo que estamos viviendo en este momento. Si se maneja bien, el miedo a perdernos algo puede conducirnos hacia las puertas abiertas de Dios.

El apóstol Pablo estaba encarcelado y encadenado, y escribió acerca del Dios que supera nuestra imaginación:

Que toda la gloria sea para Dios, quien puede lograr mucho más de lo que pudiéramos pedir o incluso imaginar mediante su gran poder, que actúa en nosotros. ¡Gloria a él en la iglesia y en Cristo Jesús por todas las generaciones desde hoy y para siempre! Amén. (Efesios 3:20-21)

Dios puede hacer lo que pedimos.

Dios puede hacer lo que pedimos *y lo que imaginamos*.

Dios puede hacer *todo* lo que pedimos e imaginamos.

Dios puede hacer *más de* todo lo que pedimos e imaginamos.

Dios puede hacer *inmensamente* más de todo lo que pedimos o imaginamos.

Ese es Dios.

El miedo a perderse algo está detrás del encanto del mayor genio creativo de la historia estadounidense. No me refiero a Walt Disney, a Steve Jobs o a Thomas Edison, sino a Ron Popeil, el fundador de Ronco, quien ideó el Veg-O-Matic, el Dial-O-Matic, el Dice-O-Matic, el Bass-O-Matic y el increíble cabello en lata, así como también otros cien inventos que han cambiado la vida de la gente. Pero su mayor creación no es ninguna de las cosas mencionadas. Es el eslogan que aparecía constantemente en los comerciales nocturnos de las teletiendas. «Pero ¡espere! Todavía hay más». Sin importar cuán maravilloso sea el último electrodoméstico, cuán tentadora sea la última oferta, la imaginación humana siempre se pone en marcha con esa promesa:

Pero ¡espere! Todavía hay más.

Cheryl Forbes dijo una vez que las personas que viven una vida creativa son gente de *¿qué tal si?* A las ideas y a las actividades responden con la actitud *¿qué tal si?* Se comportan al estilo de *¿qué tal si? ¿Qué tal si?* es una gran idea, tan grande como Dios, porque es la costumbre de Dios. Nuestro Dios piensa: *¿Qué tal si hago un universo? ¿Qué tal si hago a las personas a mi propia imagen? ¿Qué tal si, cuando ellos pecan, no los abandono?*

Jesús se nos acerca y nos invita a ser personas de *¿qué tal si?* A sus primeros seguidores, les dijo: «Quiero que se imaginen un reino (el *verdadero* reino mágico). Imaginen un reino en el que los últimos son los primeros, donde los más pequeños son los más grandes, los sirvientes son los héroes, los débiles son fuertes, y los marginados son amados y estimados. Imaginen un mundo donde los extraños se convierten en los iniciados, donde las personas que pierden la vida terminan encontrándola; donde los que mueren a sí mismos, a su culpa, a su pecado y a su egoísmo terminan volviendo a la vida. Imaginen que su pequeña historia quebrantada puede llegar a ser parte de una historia más grande que termina bien».

Entonces, en el momento más inimaginable en la historia de la humanidad, Jesús se planteó: *¿Qué tal si muero en una cruz y me hago cargo de todo el pecado, todo el sufrimiento, todo el dolor, toda la culpa y toda la muerte que ahora hunden a la* *humanidad?* Y lo hizo. Pusieron su cuerpo en una tumba y, tres días después, Dios le dijo a Jesús: «Ahora, ¿qué tal si te levantas?». Él se levantó, y la muerte nunca volvió a ser igual. La *vida* nunca volvió a ser igual.

Después de que se levantó de esa sepultura, reunió a los once seguidores incultos, sin relaciones ni recursos, y les dijo: «Pero ¡esperen! Todavía hay más. Hay algo más que la vida y que la muerte. ¿Qué tal si les dijera que, además de esta enseñanza inigualable que he estado dándoles, además del perdón para sus pecados, voy a agregar una nueva comunidad de hermanos y hermanas que serán como una familia para ustedes?

»Imaginen que recibirán al Espíritu Santo para que los dirija y los guíe a todos juntos. Serán enviados, se dispersarán por todo el mundo. Finalmente, los matarán. Desde luego, la muerte no puede ponerle fin a su relación con Dios ni puede evitar este sueño. Este movimiento, esta comunidad, seguirá extendiéndose hasta que llegue a más personas, en más lugares, adopte más culturas y dé forma a más vidas que cualquier otro movimiento en la historia humana».

Entonces, así hizo. Sucedió de verdad, y aquí estamos nosotros. La fe es, entre otras cosas, un acto de la imaginación. La Biblia dice: «La fe demuestra la realidad de lo que esperamos; es la evidencia de las cosas que no podemos ver» (Hebreos 11:1). Eso significa que Dios todavía está buscando personas de *¿qué tal si?* porque... ¡espere! Todavía hay más.

El verdadero y profundo motivo de que exista el FOMO es que *sí* fuimos hechos para más y *sí* nos lo estamos perdiendo. Solo que «más» no es más dinero, más éxito ni más experiencias impactantes que yo pueda relatar en Facebook. Mi deseo de tener más se vuelve insaciable si trato de satisfacerlo queriendo más para *mí*.

Eso nos lleva a una de las cualidades más importantes de las puertas abiertas en la Biblia. Bíblicamente hablando, las puertas abiertas son invitaciones divinas para hacer que nuestra vida valga, con la ayuda de Dios, para beneficio de los demás. Si me olvido «del bien de los demás», mi búsqueda de las puertas abiertas se convierte en otro intento condenado al fracaso de publicar algo impresionante en Facebook. Frederick Buechner escribe: «Viajar en pro de salvar nuestra propia vida es dejar, poco a poco, de vivir en un sentido que realmente importe, incluso a nosotros mismos, porque solamente cuando viajamos por el bien del mundo (aun cuando el mundo nos aburra, nos enferme y nos asuste terriblemente) es que, poco a poco, empezamos a revivir»[3].

«Más», si solamente es más para *mí*, resulta ser menos. Narciso buscaba un espejo, no una puerta abierta. El secreto de la puerta abierta es que aparece más a menudo cuando dejamos de obsesionarnos con nuestra propia ambición y, en vez de eso, buscamos oportunidades para amar.

Lo cual nos lleva a una mujer llamada Rut.

El amor encuentra las puertas que la ambición nunca podría encontrar

«En los días en que los jueces gobernaban Israel, un hambre severa azotó la tierra» (Rut 1:1).

En medio de la hambruna, vemos a esta pequeña familia

que va a padecer hambre: Elimelec y Noemí, con sus dos hijos, Mahlón y Quelión. Entonces dejan su hogar y se van a una tierra llamada Moab.

Los moabitas fueron los grandes enemigos de Israel. Eran paganos. Adoraban ídolos. Los moabitas ni siquiera tenían permitido ir al templo y adorar en Israel. Así que, un israelita que leyera esta historia habría sabido que sería una historia quebrantada. Era una mala situación. A nadie le gustaban los moabitas.

Luego de diez años exiliados en este país malo, el padre y ambos hijos de la familia mueren. Noemí queda viuda, exiliada, sin marido, sin hijos y sin nietos que la cuiden cuando sea vieja. El nombre de su esposo, *Elimelec*, significa «Dios es el rey». Si Dios es el rey, tiene una manera rara de reinar.

Entonces, hay un pequeño giro en la historia: «Estando en Moab, Noemí se enteró de que el Señor había bendecido a su pueblo en Judá al volver a darles buenas cosechas. Entonces Noemí y sus nueras se prepararon para salir de Moab y regresar a su tierra natal» (Rut 1:6).

Hay un indicio de una pequeñísima puerta abierta.

Las nueras de Noemí, Orfa y Rut, irán con ella. Salen del pequeño pueblo donde viven en Moab y se ponen en camino. Pero cuando salen del pueblo, Noemí se detiene y les dice a las muchachas: «Vuelva cada una a la casa de su madre, y que el Señor las recompense por la bondad que mostraron a sus esposos y a mí. Que el Señor las bendiga con la seguridad de un nuevo matrimonio» (Rut 1:8-9). Luego de estas palabras, se despide de las muchachas, y todas se echan a llorar.

Es una escena realmente conmovedora. A Noemí no le queda nada para darles a sus nueras. No tiene dinero ni contactos. No puede ayudarlas. Lo único que puede hacer es liberarlas de la carga de tener que cuidarla. Así que, eso es lo que les da. Les dice: «Tendrán más oportunidades de conseguir un marido si se quedan aquí». En esa cultura, casarse no solo tenía que ver con el amor. Era sobrevivencia. Era el bienestar económico.

Sorprendentemente, las muchachas rehúsan obedecer. Responden: «Nada que ver. Nos quedaremos contigo», aunque Noemí no pueda ayudarlas en absoluto. Noemí será una carga para ellas.

Entonces, Noemí lo intenta nuevamente: «Regresen a la casa de sus padres, porque yo soy demasiado vieja para volverme a casar. Aunque fuera posible, y me casara esta misma noche y tuviera hijos varones, entonces, ¿qué? ¿Esperarían ustedes a que ellos crecieran?» (Rut 1:11-13). En el mundo antiguo, la idea era que si el esposo de alguien fallecía, quizás la familia que le había entregado ese esposo lo reemplazaría. Pero Noemí está explicándoles a las muchachas cuál es su situación. «Aun si pudiera ayudarlas, tardaría demasiado tiempo».

Noemí prosigue: «"¡Por supuesto que no, hijas mías! La situación es mucho más amarga para mí que para ustedes, porque el SEÑOR mismo ha levantado su puño contra mí". Entonces volvieron a llorar juntas y Orfa se despidió de su suegra con un beso, pero Rut se aferró con firmeza a Noemí» (Rut 1:13-14).

Fíjese que hay dos nueras en esta situación. Dos puertas:

una indica «Quedarse» y la otra, «Irse». Dos mujeres jóvenes: una llamada Rut y la otra, Orfa. Una de ellas, Orfa, escucha a Noemí. Orfa regresa a su casa. Orfa se queda en Moab. Nunca más volvemos a saber nada acerca de ella, sino hasta muchos años después, cuando se convierte en una famosa presentadora de un programa de entrevistas*.

Pero Rut no vuelve a Moab. Noemí lo intenta otra vez: «Mira —dijo Noemí—, tu cuñada se vuelve a su pueblo y a sus dioses. Vuélvete con ella» (Rut 1:15, NVI). Cuatro veces en este breve pasaje, Noemí le dice a Rut «Vuelve», y Rut se encuentra en el suplicio de la decisión. Ahora, su destino será resuelto. De esta joven (esta viuda desamparada, indigente, pagana, moabita), proviene una de las mayores declaraciones de devoción de toda la literatura humana, por no decir de toda la Biblia:

No me pidas que te deje y regrese a mi pueblo. A donde tú vayas, yo iré; dondequiera que tú vivas, yo viviré. Tu pueblo será mi pueblo, y tu Dios será mi Dios. Donde tú mueras, allí moriré y me enterrarán. ¡Que el Señor me castigue severamente si permito que algo nos separe, aparte de la muerte! (Rut 1:16-17)

Una devoción increíble, casi sin precedentes.

Dos personajes, dos nueras, Orfa y Rut. Orfa hace lo que es prudente, conveniente, esperado y racional. La Biblia no la critica por hacerlo. En absoluto. Ella hace lo que haría cualquier persona razonable. Toma una decisión razonable. Vive

---

* Nota: El nombre *Orfa* es *Orpah* en inglés, de donde se derive el nombre de la célebre Oprah.

una vida sensata. Rut hace lo que haría una persona poco racional. Rut decide vivir una vida irracional.

Dios no le pidió que hiciera esto; fue ella quien lo eligió, y ahora vivirá en el reino, en compañía de Dios. Ahora le sucederán cosas sorprendentes, pero ella no lo sabe cuando toma esa decisión. Apuesta todo lo que tiene por amor.

Me pregunto qué está escogiendo usted. Sé que vivimos en una sociedad que le dirá: «Sea razonable. Sea prudente. Edifique una carrera exitosa. Vaya a lo seguro. Use todo su tiempo, su energía y sus recursos». Puede hacer eso, si quiere (un gran currículum, grandes beneficios), o puede apostar todo lo que tiene por amor.

Cuando nació la orden jesuita, escogieron como lema una sola palabra que su fundador, Ignacio, usaba para incentivar a los hechos heroicos: *magis*, la palabra latina que significa «más». Este simple lema capturaba «un espíritu más abierto, un impulso inquieto por imaginar si no hay un proyecto aún más grande por lograr o una manera mejor de atacar el problema actual». Ignacio de Loyola mismo describió al jesuita ideal como alguien que vive «con un pie levantado», siempre dispuesto a pasar por una puerta abierta. Hacia el año 1800, se estimaba que una quinta parte de Europa era instruida por las escuelas dirigidas por los jesuitas[4]. Fuimos hechos para «más»; no para *tener* más por amor a uno mismo, sino para *hacer* más por amor a Dios.

Pero ¡espere! Todavía hay *magis*.

No tiene que parecer grande.

Veo a Hank, un empresario brillante, reorganizar su

vida cuando a su esposa le diagnostican la enfermedad de Parkinson. Las horas que en otro tiempo dedicaba a emitir directivas y a generar enormes ingresos ahora las consagra a ayudar a empujar la silla de ruedas de su esposa para llevarla a los parajes que le dan alegría. Veo a Sarah graduarse en una universidad de élite y elegir dedicar su tiempo a ayudar a los estudiantes jóvenes en una organización de voluntarios en la que ella tendrá que conseguir su propio y escaso respaldo económico. Todos los días hay héroes no reconocidos entre nosotros que se sacrifican para cuidar a padres mayores, a hijos con síndrome de Down o a pandilleros huérfanos. A menudo da la impresión de que han sacrificado la aventura de las oportunidades por esto. Pero qué tal si...

«Cuando Noemí vio que Rut estaba decidida a irse con ella, no insistió más» (Rut 1:18). Simplemente caminaron juntas. Esto es extraordinario. Es muy fuera de lo común, quizás inaudito en la literatura antigua. Es una historia de viajes sobre una relación de compañerismo, solo que se trata de dos mujeres, en lugar de dos hombres. Se enfrentan al mundo. Son Thelma y Louise yéndose juntas de Moab a Israel. Vivas o muertas, son ellas dos hasta el final del camino.

Rut no tiene ni idea, pero la decisión que tomó le abrirá la puerta para llegar a ser parte de una historia más grande de lo que sueña. Su nombre será recordado durante miles de años. Se convertirá en un ejemplo a seguir y en una oración: «Que seas como Rut y como Ester». Pero ella no eligió irse con Noemí por ninguno de esos motivos. Simplemente escogió la oportunidad de amar.

Percibir verdaderamente a las personas nos lleva a puertas

En el segundo capítulo de la historia, Rut y Noemí están en Israel. «Un día Rut la moabita le dijo a Noemí: "Déjame ir a los campos de cosecha a ver si alguien en su bondad me permite recoger las espigas de grano dejadas atrás"» (Rut 2:2). En el primer capítulo, cuando estaban en Moab, era simplemente «Rut». Pero ahora es una extranjera, diferente, «otra»: «Rut *la moabita*».

Va al campo de Booz, y resulta que él, en realidad, es un pariente lejano de Noemí, así que quizás se interese por la situación de Noemí. Y lo hace. Ahora, la puerta del favor de Dios empieza a abrirse para Rut. Booz escucha la historia de lo que Rut está haciendo y se conmueve por su carácter. Entonces, llama aparte a Rut y le dice: «Puedes espigar en mis campos cuando vengas cada día. Les he ordenado a mis hombres que no te pongan una mano encima. Sé que una viuda pobre e indefensa podría ser vulnerable, y por eso les he dicho a esos tipos que sean amables».

Le dice: «Cuando tengas sed porque hace calor y porque este es un trabajo arduo, les dije a los muchachos que te den agua para beber». Es una consideración conmovedora de parte de Booz. En el mundo antiguo, y en muchos lugares de los dos tercios del mundo actual, sacar agua es una tarea realmente difícil y, generalmente, es un trabajo de la mujer. Las mujeres suelen tener que conseguir agua no solo para sí mismas, sino para los hombres que trabajan en el campo, o donde sea que estén trabajando. Booz le dice: «Les he dicho a mis hombres no solo que *tú* no tienes que sacar agua para *ellos*, sino que *ellos* tienen que sacar agua para *ti*, una viuda extranjera».

Porque Rut fue buena con Noemí, sin darse cuenta puso en marcha una cadena de acontecimientos en la que Booz va a ser bueno con ella. A lo largo de esta historia, la oportunidad de hacer algo bueno por el «extranjero» trasciende los límites que normalmente separarían a las personas y hace que se vean mutuamente con otros ojos. Las puertas se abren cuando realmente les presto atención y me intereso por personas a las que, de otra manera, quizás ignoraría.

Leí sobre una mujer que dejó las llaves adentro de su auto, en un barrio difícil. Trató de abrirlo con una percha, pero no logró que eso funcionara. Finalmente, oró: «Dios, envíame a alguien que me ayude». Cinco minutos después, un viejo auto herrumbroso se detuvo. Un hombre barbudo y tatuado que usaba el pañuelo de un motociclista caminó hacia ella. La mujer pensó: *¿En serio, Dios? ¿Él?* Pero estaba desesperada.

Entonces, cuando el hombre le preguntó si podía ayudarla, ella dijo: «¿Puede forzar la cerradura de mi auto?». Él respondió: «Ningún problema». Tomó la percha y abrió el auto en unos segundos. Ella le dijo: «Usted es un hombre muy amable» y le dio un gran abrazo. Él le respondió: «No soy un hombre amable. Acabo de salir de la cárcel. Estuve preso dos años por robar autos y hace apenas un par de horas que salí de la prisión». La mujer volvió a abrazarlo y gritó: «¡Gracias, Dios, por enviarme un profesional!».

Cuando busco las puertas abiertas de Dios, empiezo a ver

hasta las circunstancias rutinarias de mi vida como una oportunidad para servir a los demás. Hubo un artículo en primera plana del *San Francisco Chronicle* sobre una operadora de transporte público llamada Linda Wilson-Allen[5]. Ella ama a las personas que toman su autobús. Conoce a los que viajan siempre. Se aprende sus nombres. Los espera si llegan tarde, y luego recupera el tiempo durante el recorrido.

Una mujer de unos ochenta años llamada Ivy tenía unas pesadas bolsas de compras de supermercado y estaba luchando con ellas. Entonces, Linda salió de su asiento de conductora del autobús para subir las bolsas con las compras de Ivy. Ahora Ivy deja pasar a otros autobuses en su parada para poder tomar el de Linda.

Linda vio a una mujer llamada Tanya en la caseta del autobús. Podía ver que Tanya era nueva en la zona. Podía ver que estaba perdida. Era casi el Día de Acción de Gracias, así que Linda le dijo a Tanya: «Estás sola aquí. No conoces a nadie. Ven a mi casa para Acción de Gracias y pásalo conmigo y con los niños». Ahora son amigas.

El periodista que escribió el artículo viaja todos los días en el autobús de Linda. Dice que ella ha formado una pequeña comunidad de tal bendición en ese autobús que los pasajeros le ofrecen a Linda el uso de sus casas de vacaciones. Le llevan plantas en macetas y ramos de flores. Cuando se enteraron que le gusta usar bufandas para adornar sus uniformes, empezaron a regalárselas a Linda. Un pasajero mejoró su regalo y le llevó un cuello de piel de conejo. El artículo dice que Linda podría ser la conductora de autobús más querida desde

Ralph Kramden en el programa *The Honeymooners* (¿Alguien se acuerda de Ralph Kramden?).

Piense qué tarea más ingrata puede ser conducir un autobús en nuestro mundo de hoy: pasajeros de mal humor, averías del motor, embotellamientos en el tránsito, goma de mascar en los asientos. Usted se pregunta: *¿Cómo es que ella tiene esta actitud?* «Su humor empieza a prepararse a las 2:30 de la mañana, cuando se arrodilla para orar durante 30 minutos», dice el *Chronicle*. «"Hay un montón de cosas para hablar con el Señor", dice Wilson-Allen, miembro de la iglesia Glad Tidings de Hayward».

Cuando llega al final de su recorrido, ella siempre dice: «Eso es todo. Los quiero. Cuídense». ¿Alguna vez ha escuchado que un conductor de autobús dijera «Los quiero»? Las personas se preguntan: *¿Dónde puedo encontrar el reino de Dios?* Yo les diré dónde. Pueden encontrarlo en el autobús número 45 que va por San Francisco. Las personas se preguntan: *¿Dónde puedo encontrar la iglesia?* Se los diré: detrás del volante de un vehículo del transporte público.

Invitamos a Linda a hablar en nuestra iglesia. Personas que tienen todo tipo de sueños al estilo Silicon Valley se sintieron motivadas a ovacionar de pie a una mujer que conduce un autobús. Muchos esperaron en fila para hablar con ella después del mensaje. Porque la puerta del autobús número 45 se abre al reino de Dios.

Las puertas abiertas están en todas partes, todos los días. Cuando seguimos la guía de Dios, recibimos la bendición de ver el mundo y nuestro lugar en él como Dios lo ve.

Las puertas abiertas dan lugar a la intimidad en las relaciones
Cuando Noemí se entera de la bondad de Booz, se sorprende mucho y se le ocurre una idea. Piensa: *A lo mejor, en el corazón de Booz hay algo más que solo compasión y generosidad.* Entonces le dice a Rut: «Quiero que vuelvas adonde está Booz. Esta vez, ve a él de noche». Y después le dice a Rut: «Báñate, perfúmate y vístete con tu ropa más linda» (Rut 3:3).

Noemí le está dando a Rut consejos para el noviazgo. Recuerde que en la época de los jueces no existían artículos sobre el noviazgo. Orfa todavía no había lanzado su revista, así que los consejos solamente se transmitían de boca en boca. Rut sigue las sugerencias de Noemí y, usando el simbolismo de su época, invita a Booz a que la cubra con su manto durante la noche. Es una escena realmente tierna y un poco cargada.

Básicamente, Rut está proponiéndole matrimonio a Booz. Ella sabe que, como Booz es pariente de Noemí, si Booz la cuida a ella, Noemí también recibirá cuidado. Booz lo entiende y se siente inmensamente emocionado. Le dice a Rut: «Muestras aún más lealtad familiar ahora que antes, pues no has ido tras algún hombre más joven, sea rico o pobre» (Rut 3:10). La idea de este pasaje no es que Booz era un viejales ruin. En el antiguo Medio Oriente, el pudor extremo era considerado buena educación, de manera que sería normal que el hombre dijera: «Podrías tener hombres mucho más guapos que yo». Entonces, se esperaba que la mujer dijera: «No, tú eres mucho más guapo de lo que alguna vez pensé que conseguiría». Ese es el tipo de interacción que se está realizando aquí.

Es, simplemente, una bella historia. Una parte de lo que la hace bella es que Rut y Booz se sintieron mutuamente atraídos por el carácter del otro. La atracción física es un regalo, pero cuando usted busca un cónyuge, también debería haber esa muy profunda evaluación de «¿Cuál es el carácter de esta persona?». Puede vivir con una persona que tenga una inmensa belleza exterior y ser realmente desdichado, pero la belleza interior... Eso es lo que pasa en esta historia.

Booz está realmente conmovido. Quiere hacerle saber a Rut que a él le gustaría avanzar, pero tiene que aclarar las cosas con otro pariente que podría tener un derecho prioritario. Entonces Rut se va a casa, y se produce una escena muy dulce. Me encanta: «Cuando Rut volvió a donde estaba su suegra, Noemí le preguntó: "¿Qué sucedió, hija mía?" Rut le contó a Noemí todo» (Rut 3:16).

Esa última palabra, «todo», es la que me hace preguntarme cómo siguió la conversación. A veces me encuentro con algún amigo (incluso, algún buen amigo) y, después, cuando mi esposa me pregunta: «¿Cómo anda Rick? ¿Cómo están Sheri y los niños?», me doy cuenta de que no sé la respuesta a ninguna de esas preguntas, y Nancy se pregunta de qué estuvimos hablando todo ese rato. (Aparentemente, no de mucho). Pero en esta historia no hay un gran déficit de detalles: «¡Cuéntame todo! ¿Qué ropa te pusiste? ¿Qué ropa tenía él? ¿Qué le dijiste? ¿Qué te dijo él? ¿Te besó? ¿Besa bien? ¿Te emocionaste? ¿Él estaba emocionado?». Es un hermoso momento de una historia hermosa. El hecho de que Rut quisiera que su suegra estuviera al tanto de todo es otra pequeña señal del amor que Rut tenía por Noemí. Compartir los detalles fue una manera de abrirle su corazón. Ella «le contó todo».

Entonces, Noemí le dice a Rut: «Ten paciencia, hija mía, hasta que sepamos lo que pasa. El hombre no descansará hasta dejar resuelto el asunto hoy mismo» (Rut 3:18). La cuestión *sí* se resuelve, Booz y Rut se casan y tienen un hijo. Noemí se convierte en una especie de segunda madre para el niño. Todos viven felices para siempre.

A veces, las personas se obsesionan tanto con las puertas abiertas de la profesión que se vuelven ciegas a las puertas abiertas a las relaciones. Una vez hablé con un hombre de mediana edad, muy ocupado y exitoso en su profesión, quien me dijo que él realmente quería casarse.

—¿Tiene alguna posibilidad a la vista? —le pregunté.

—Bueno, había una mujer que había dado indicios de que estaba interesada —me contó.

Él le dijo que se contactara con su asistente administrativa para arreglar una cita. Ay, no.

Cada corazón viene con una puerta. Que alguien le abra a uno la puerta de su corazón es uno de los grandes regalos de la vida. Responder bien requiere tiempo, energía, vulnerabilidad y discernimiento.

La mejor manera de encontrar corazones que tengan las puertas abiertas es simplemente practicar el amor. En la iglesia donde sirvo, un grupo de adultos mayores decidió involucrarse en una escuela secundaria que atiende a muchos estudiantes de bajos recursos, en su mayoría provenientes de los barrios de alto riesgo de San Francisco. Tienen un equipo de oración, un equipo de apoyo para profesores, un equipo de desarrollo de recursos, un equipo de hospitalidad para los almuerzos y un equipo de tutoría que, según dicen con orgullo, consta de tipos viejos que peinan canas. (No me sorprende. Algunas de las personas más piadosas que conozco son tipos viejos que peinan canas).

Uno de ellos es Grant Smith, de ochenta y dos años. Cada semana va a la escuela secundaria local para tutorizar a estudiantes adolescentes. Una semana no apareció, y uno de sus alumnos dijo: «Oye, ¿dónde está mi compinche?». Una puerta abierta puede hacer que un piloto retirado de ochenta y dos años, de los suburbios, pueda ser el compinche de alguien.

El amor abre puertas. Uno de los mejores ejemplos que he visto de ello es Louie Zamperini, quien corrió en las Olimpíadas y sobrevivió meses en una balsa en el Pacífico y luego años de tortura en un campo de prisioneros durante la Segunda Guerra Mundial. Después de haber sobrevivido a todo eso, la ira, el dolor y el alcoholismo casi le arruinaron la vida, hasta que entregó su historia quebrantada para que fuera parte de la historia más amplia de Dios. Hace varios años, toda nuestra iglesia leyó su historia en *Unbroken* (*Inquebrantable*), y un fin de semana invitamos a Louie para entrevistarlo. Su interés en conectarse con cada una de las personas que le fuera posible y su entusiasmo eran asombrosos.

Habló de la importancia de orar por las personas. Cuando

volvió de la guerra, estaba en un club de golf en Hollywood cuando alguien le dijo que Oliver Hardy (del dúo Laurel y Hardy) quería conocerlo en el vestuario. Cuando Louie llegó allí, Oliver salió rápidamente de la ducha, lo abrazó empapado, comenzó a llorar y le dijo: «Cuando eras un prisionero de guerra, yo oré por ti cada día».

Cuando las personas se acercaban a Louie, él solía orar por ellas en ese mismo momento. «Cualquiera puede orar por alguien», decía. Su vida se llenó de energía porque él no la consideraba como *su* vida; cada momento era una oportunidad para relacionarse con alguien, para aprender algo de alguien, para hacer sonreír a alguien. El fin de semana que vino a nuestra iglesia, se había quebrado una pierna una semana atrás, y el médico le dijo que no podía volar, así que su hijo lo condujo en auto en un viaje de siete horas, con una pierna quebrada.

En ese momento tenía noventa y cinco años.

La manera de arreglar una historia quebrantada...

Pero ¡espere! Todavía hay más.

Un último detallito, un pequeño remate. Un epílogo que sorprenderá a cada israelita que lo lea.

Rut y Booz tuvieron un niño, y Noemí es como su segunda madre. Lo llaman Obed, y Obed se convierte en el padre de Isaí. Las últimas palabras del libro dicen: «Isaí fue el padre de David» (Rut 4:22). El *rey* David. El *héroe* David. Resulta que Rut (una gentil, una moabita, una *pagana*) es la bisabuela de David. Es extraordinario. Resulta que David, el mejor rey de Israel, no era un israelita de sangre pura. Tenía algo de moabita.

Recuerde, el libro comienza: «En los días en que los jueces gobernaban Israel»: esos días violentos, dictatoriales e idólatras. Nadie lo sabía, pero esos días estaban contados. Nadie lo sabía, pero un rey estaba por llegar. Nadie podría haberlo adivinado, pero sucedió porque una viuda pagana moabita gentil amó a su prójimo como a sí misma. Hizo algo poco razonable con su vida. Atravesó una puerta abierta.

Eso significó que entró en las bendiciones del reino de Dios. Llegó a ser tan heroica, que a sus vecinos les costaba describirla: «Tu nuera que te ama y que te ha tratado mejor que siete hijos» (Rut 4:15). En esa cultura patriarcal, que una hija (¡o nuera!) fuera mejor que un solo hijo era algo increíble; que fuera mejor que *siete* hijos (siendo el siete el número perfecto) debe haber sido un récord mundial.

Pero ¡espere! Todavía hay más. Rut llegó a ser una heroína no solo en su época, sino que sería recordada por los siglos de los siglos, y escribirían sobre ella. Y no solamente en el Antiguo Testamento. Su historia no terminó con el nacimiento de su biznieto David. ¿Recuerda a quién llama el Hijo de David en el Nuevo Testamento?

Ese sería Jesús.

Esto me encanta. Jesús mismo no es un israelita de sangre pura. Jesús tenía algo de moabita. La historia de Rut se convierte en parte de la historia de Jesús.

Cada vez que usted atraviesa una puerta abierta, su historia y la historia de Jesús comienzan a entrelazarse la una con la otra, y usted se convierte en una parte de la obra de Dios en este mundo. La única manera de arreglar una historia quebrantada es integrarla en una historia más amplia que comienza y termina bien. Como se dijo una vez, lo volveremos a decir...

Pero ¡espere! Todavía hay más.

CAPÍTULO 4

MITOS COMUNES SOBRE LAS PUERTAS

MUCHOS AÑOS ATRÁS, Mike Ditka, el entrenador de los Chicago Bears, fue despedido, y en su conferencia de prensa dijo: «Como dicen las Escrituras: "Esto también pasará"». Yo he vivido en Chicago, y «da Coach» es un tipo querido, pero no es conocido por ser un gran erudito en la Biblia. Resulta que en ninguna parte de la Biblia dice: «Esto también pasará». Suena bíblico, pero, en realidad, no está en la Biblia. Eso pasa muy a menudo.

Cuando estaba en el seminario, tuve una discusión con la

tía de mi esposa. Estábamos de vacaciones, y ella decía que le encanta el versículo bíblico que dice: «Ayúdate, y Dios te ayudará». Yo le dije:

—Eso no está en la Biblia. En realidad, eso es lo opuesto a la mismísima idea de la Biblia, que dice que Dios nos ayuda; que nosotros *no podemos* ayudarnos a nosotros mismos.

Ella me respondió:

—No solo está *en* la Biblia; es mi versículo favorito.

Le dije:

—Yo voy al seminario. Le apuesto veinte dólares a que no está en la Biblia.

Se quedó toda la noche despierta buscando ese versículo. No pudo encontrarlo, porque el que lo dijo fue Benjamín Franklin. No está en la Biblia. (En realidad, se lo atribuyen a Benjamín Franklin, pero no estoy seguro de que haya sido su idea. Ni siquiera estoy seguro de que se pueda apostar sobre lo que está en la Biblia, pero fue la única vez que gané algo de dinero por ir al seminario, así que estaba contento por eso).

Hay una sorprendente cantidad de frases que la gente cree que están en la Biblia, pero no es así. Por ejemplo: «Dios nunca te dará más de lo que tú puedas manejar». ¿Alguna vez la escuchó? No está en la Biblia. La Biblia dice que Dios no dejará que alguien sea *tentado* más allá de lo que pueda soportar, pero nunca dice que Dios no permitirá que usted reciba más de lo que pueda manejar. Las personas reciben mucho más de lo que pueden manejar todo el tiempo. Me vuelvo loco cuando la gente cree que eso está en la Biblia.

O «La letra con sangre entra». No es bíblico. O «Dios obra

de maneras misteriosas». Está en una vieja canción, pero no en la Biblia. Steven Bouma-Prediger, profesor de Religión en el Hope College, dice que en su clase bíblica a veces cita el versículo de 2 Vacilaciones 4:3. Son estudiantes de una clase bíblica en una universidad reformada neerlandesa, y algunos de ellos ni siquiera saben que no existe tal versículo ni tal libro en la Biblia.

Otro profesor, el rabino Rami Shapiro de la universidad estatal de Middle Tennessee, contó que una vez tuvo que convencer a un estudiante de que el refrán «¡A otro perro con ese hueso!» realmente no es un versículo de Proverbios. Ya sabe: «Ciertamente os digo, ¡a otro perro con ese hueso!». Suena un poco como algo que la Biblia diría, pero no está en la Biblia[1].

Lo menciono porque hay otra frase que muchas personas creen que está en la Biblia, pero no es así: «Cuando Dios cierra una puerta, abre una ventana».

En realidad, la Biblia nunca dice eso. Lo dijo la Madre Superiora de *La novicia rebelde*, pero la Biblia no. (Por cierto, hay mil variantes de esta frase. Mi favorita es «Cuando Dios cierra una puerta, Julie Andrews abre una ventana»).

Lo que la Biblia realmente dice es «Lo que él abre, nadie puede cerrar; y lo que él cierra, nadie puede abrir» (Apocalipsis 3:7).

Lejos está de mi intención criticar a la Madre Superiora. (Ya tiene bastante que cumplir con las expectativas, con el título que le pusieron. ¿Por qué no bastaba llamarla Madre Bastante Buena?). Pero me parece que, tal vez, parte de la razón por la cual nos gusta la versión de «abre una ventana» es porque nos da la posibilidad de volver, disimuladamente, adonde siempre quisimos estar. La versión bíblica propiamente dicha reduce considerablemente nuestras alternativas. La primera puerta cerrada en la Biblia llegó después de la Caída, cuando Dios echó a Adán y a Eva del Edén y «puso querubines poderosos al oriente del jardín del Edén; y colocó una espada de fuego ardiente —que destellaba al moverse de un lado al otro— a fin de custodiar el camino hacia el árbol de la vida» (Génesis 3:24). El pasaje no dice nada de que Dios además abriera una ventana para que Adán y Eva pudieran escurrirse y eludir al querubín. Toda la idea de que Dios cerrara una puerta tiene que ver con «No entrar allí». Hay un motivo por el cual todavía oramos: «Perdona nuestras transgresiones». De hecho, en un capítulo posterior veremos que las puertas cerradas pueden ser un regalo tanto como las puertas abiertas.

Pero la frustración de la puerta cerrada no hizo su aparición hasta el pecado y la Caída; terminará cuando todas las cosas sean redimidas. A Dios le encanta abrir puertas para sus criaturas. Un equipo de baloncesto suele tener un jugador base a quien le encanta hacer asistencias para que los demás jugadores puedan saborear la gloria de encestar; también necesita un Hombre Grande a quien le encante bloquear los tiros de los rivales. Dios se parece más a un base que a un bloqueador de tiros. Las puertas que Dios abre son así: «oportunidades ilimitadas de hacer algo que valga la pena; grandes aperturas a aventuras nuevas y desconocidas en una vida significativa; oportunidades hasta ahora jamás imaginadas de hacer el bien, de hacer que nuestra vida cuente para la eternidad»[2].

Pero, precisamente porque las puertas tienen que ver con el futuro y las posibilidades, y porque se cruzan profundamente con nuestros deseos e involucran las maneras misteriosas con las que Dios interactúa con el mundo, nuestro concepto sobre las puertas divinas puede estar lleno de ideas equivocadas y de superstición. A veces no estamos haciendo otra cosa que cumplir deseos de manera levemente espiritualizada: «Si Dios realmente quiere que yo vaya a esa universidad a la cual, de todas formas, realmente quiero ir, Dios hará que mañana el sol salga por el este como una señal». A veces apelamos a la Providencia en un intento de negar la realidad: «No puedes romper conmigo; Dios ya me dijo que tú eres la persona para mí». A veces citamos las puertas abiertas para justificar nuestros excesos personales: «Dios nos permite tener esta mansión enorme y carísima para que tengamos un lugar agradable para celebrar fiestas de la iglesia y recibir a los misioneros cuando vienen de visita».

En la Biblia, hay todo un mundo de diferencia entre la fe en el Dios sobrenatural, por un lado, y el tratar de usar la magia o la superstición, por el otro. El problema con la superstición no es solamente que sea ignorante. Es tratar de usar algún poder o alguna fuerza sin someterse uno mismo en obediencia al Ser que se preocupa por la justicia y el amor.

Cuando trato de usar a Dios de la manera que otro usa una güija, o una Bola 8 Mágica o un horóscopo, transgredo la naturaleza de la relación entre Dios y ser humano. Me pongo en el rol del amo y convierto a Dios en el genio de la lámpara. Transformo en mi ídolo lograr el resultado correcto.

Y me alejo del crecimiento espiritual, que es el deseo más profundo que Dios tiene para mí; la voluntad principal de Dios para mí es la persona en la cual me convierto y no las circunstancias que vivo.

El programa televisivo infantil *Plaza Sésamo* solía tener un segmento llamado «Una de estas cosas no es como las otras». Imagine ese segmento con tres entidades: la fe, la magia y la ciencia. En la actualidad, muchas personas dirían que la fe y la magia se parecen porque tienen en común la creencia en lo sobrenatural, mientras que la ciencia no.

Pero en un sentido más profundo, la magia y la ciencia son iguales. Los que creen que la magia o la ciencia contienen las verdades más profundas sobre la existencia sostienen que nuestros mayores problemas están «ahí afuera». Tanto la ciencia como la magia nos ofrecen un poder que usamos para remodelar el mundo exterior a nuestro gusto. La fe nos dice que lo que más necesita transformación no es nuestro mundo exterior, sino nuestro ser interior. La fe no se trata de que yo consiga lo que quiero en el mundo exterior; tiene que ver con que Dios logre lo que él quiere en mi mundo interior.

¿Cómo hago para que las puertas sean parte de un recorrido más amplio de fe y no un ejercicio de la superstición? Veamos algunos mitos comunes acerca de Dios, de las puertas y de la verdad que hay detrás de ellas.

«Dios no está involucrado en mi pequeña vida»

Uno de los mitos más paralizantes acerca de Dios es que él es como un gerente ejecutivo humano: está tan ocupado haciendo funcionar una empresa inmensa que las actividades de alguien tan pequeño e insignificante como yo no pueden ser el enfoque de su atención. Según la manera de pensar de este mito, creo que ahí afuera hay grandes personalidades que quizás vivan aventuras impresionantes con las puertas divinas, pero yo no debería tener semejante expectativa en cuanto a mí mismo. O bien no soy lo suficientemente espiritual o no soy lo suficientemente importante.

En el Antiguo Testamento, un funcionario llamado Zorobabel estaba tratando de reconstruir el templo luego de años de exilio y abandono. Pudo dirigir apenas un mísero comienzo, que rápidamente fue anulado por la oposición de los de afuera y por la depresión de los de adentro. Se sintió desanimado y fracasado. Pero a través del profeta Zacarías, llegaron las palabras que destruyeron el mito: «No menosprecien estos modestos comienzos, pues el SEÑOR se alegrará cuando vea que el trabajo se inicia» (Zacarías 4:10).

Un muchacho va a escuchar una charla dada por un gran maestro. Humanamente hablando, el muchacho no tiene nada de especial. Lleva un almuerzo común compuesto por cinco hogazas y dos peces comunes que le empaquetó una madre común. Nadie en esa multitud se destacaba menos que él. Sin embargo, cuando los discípulos buscaban quién tenía comida para compartir, al muchacho se le disparó un pensamiento en la cabeza. Él podía compartir lo que había llevado; podía dar lo que tenía. Su pequeño obsequio, en las manos del Salvador, se multiplicó mucho más allá de lo que hubiera imaginado. Esa historia se ha celebrado durante dos mil años.

Una viuda pasa junto a la caja de las ofrendas del templo. Mete dos moneditas en la caja, todo lo que tiene. Sabe que será la ofrenda más pequeña que alguien dará; que desde el punto de vista humano, no cambiará nada; que, desde su perspectiva, es casi insensato. No tenía manera de saber que un hombre estaba observándola; que él diría que ella había dado más que cualquier otra persona. No tenía manera de saber que su historia inspiraría a millones de personas a ofrendar sacrificialmente miles de millones de dólares a lo largo de los siglos.

No menosprecie el día de las cosas pequeñas, pues no sabemos qué es pequeño a los ojos de Dios. La talla espiritual no se mide de la misma manera que la talla física. ¿Qué unidad usaríamos para medir el amor? Y, sin embargo, el amor es real, más real que todo lo demás. Cuando Jesús dijo que la viuda dio *más*, no era solo una expresión bonita; era una medida espiritualmente exacta. Es que nosotros aún no tenemos esa vara de medir.

Ningún proyecto es tan grande como para no necesitar a Dios. Ningún proyecto es tan pequeño como para no interesarle a Dios.

Uno de los mejores líderes y personas que he conocido en mi vida se llama Steve Hayner. Es una persona muy brillante y capaz, doctorado en St. Andrews, que tiene una combinación de inteligencia emocional y destreza organizativa muy fuera de lo común. Su instrucción temprana fue formada por una mujer extraordinaria llamada la Sra. Goddard, quien no tenía «credenciales», pero tenía la genialidad de no despreciar las cosas pequeñas. A Steve se le encargó la tarea de enviar notas de agradecimiento a las personas que habían sido voluntarias en la iglesia. La Sra. Goddard le dijo: «No puedes enviar notas de agradecimiento como esas; las estampillas son muy feas. Tienes que conseguir estampillas que embellezcan los sobres y deleiten a los destinatarios». Él pudo haberse molestado por tener que hacer un mandado tan poco importante. Pero en lugar de eso, reconoció una puerta abierta, una invitación a ir más allá para agradecer a las personas de la manera más humilde.

Entonces, Steve Hayner, doctorado en St. Andrews, fue a la oficina de correos a buscar las estampillas más bonitas. Y nunca olvidó esa historia, la cual ha inspirado a miles de personas a mostrar cuidado a través de los actos más pequeños. Luego, se convirtió en director ejecutivo de una organización multinacional llamada InterVarsity Christian Fellowship (Comunidad cristiana InterVarsity) y, posteriormente, en el presidente de una gran institución académica.

Hace pocos meses, le diagnosticaron un cáncer muy grave. Su mundo, que había llegado a ser tan grande, de pronto se redujo a un tamaño muy pequeño: reunir la energía suficiente para recibir el tratamiento, ser capaz de orar, decir gracias. En su cumpleaños, escribió unas palabras asombrosas contando cómo ya no podía «aprovechar el día», pero todavía podía procurar darle la bienvenida al día.

Cuando nacemos, nuestro mundo es muy pequeño. A medida que crecemos, puede llegar a hacerse muy grande. Si vivimos lo suficiente y envejecemos lo suficiente, volverá a achicarse. Si no aprendemos a encontrar a Dios en nuestros pequeños mundos, nunca encontraremos a Dios en absoluto.

No menosprecie el día de las cosas pequeñas. Otro de esos versículos que es difícil de encontrar es: «"Amo la grandiosidad", dijo el Señor». La Madre Teresa solía aconsejar: «No trates de hacer grandes cosas para Dios. Haz cosas pequeñas con un gran amor».

No menosprecie el día de las cosas pequeñas, porque de ellas es el reino de Dios. Algo pequeño es como una semilla de mostaza, que en el reino será ciertamente grande, pero que para los ojos humanos se ve pequeña e insignificante. Es como la levadura, que con el tiempo se extiende y transforma todo, pero que a nosotros nos parece el ingrediente más pequeño. Los bebés y los pesebres parecen pequeños e insignificantes, pero así es como Dios viene a nosotros.

La mayoría de las veces, Jesús hizo cosas pequeñas. Hablaba con individuos desconocidos: una mujer samaritana que estaba junto a un pozo, una prostituta deshonrada, un recaudador de impuestos. Pasaba el tiempo con niños tan insignificantes que sus discípulos trataban de alejarlos. El último milagro que hizo antes de su juicio y de la crucifixión fue restituir una oreja que había sido cortada.

No tenemos ni idea de qué es grande o pequeño a los ojos de Dios. Pero, con certeza, nunca pasaré por una puerta «grande» si no me humillo para la tarea de discernir y atravesar todas las pequeñas.

No menosprecie el día de las cosas pequeñas. Pues ese, también, es el día que hizo el Señor. Es ahí donde lo encontramos.

«Si no sé qué puerta elegir, o Dios está haciendo algo mal, o lo estoy haciendo yo»

Yo he aprendido esto a las malas. Raras veces ha sido simple para mí la decisión frente a una de las «puertas grandes». Cuando estaba tratando de elegir una vocación, recuerdo que oraba durante horas, sintiéndome frustrado hasta las lágrimas. «Dios, solo dime qué hacer, y yo lo haré. No importa de qué se trate. Solamente quiero saberlo».

Grillos.

Durante muchos años, no me di cuenta de que lo que yo estaba buscando no era tanto «la voluntad de Dios para mi vida». Lo que realmente buscaba era el alivio de la ansiedad que conlleva la responsabilidad de tener que tomar una decisión difícil.

Dios es un abridor de puertas, pero no es un facilitador celestial. Él ni siquiera necesita los doce pasos; ¿a quién le entregaría él su voluntad?

Esto es fundamental para comprender correctamente la noción de las puertas abiertas: la principal voluntad de Dios para usted es la persona en la cual se transforma.

El apóstol Pablo dice que «Incluso antes de haber hecho el mundo, Dios nos amó y nos eligió en Cristo para que seamos santos e intachables a sus ojos» (Efesios 1:4). En otras palabras, la voluntad de Dios para usted no es lo que usted haga, dónde viva, si se casa o no, o cuánto gane; es quién llegue a ser usted. La principal voluntad de Dios para su vida es que usted se convierta en una persona con un excelente carácter, una sana vivacidad y el amor de Dios. A eso es a lo que apuntan las palabras como *santos* y *piadosos* (que tan a menudo se convierten en clichés religiosos).

Como mencioné en el primer capítulo, tomar decisiones es una herramienta indispensable para la formación de personas excelentes. Cualquiera que sea padre lo sabe. Imagine un padre que siempre dirige la vida y las decisiones de su hijo. (Quizás esté pensando: *Eso me recuerda a mis padres*; en cuyo caso, deberá consultar a un terapeuta. Tal vez esté pensando: *¡Eso me parece un excelente arreglo!*; en cuyo caso, sus hijos deberán consultar a un terapeuta).

Si el deseo de los padres es que su hijo o hija llegue a ser una buena persona de verdad, a menudo *insistirán* en que el hijo tome sus propias decisiones. Las personas de voluntad, criterio y carácter excelentes no se forman de ninguna otra manera.

Eso quiere decir que la voluntad de Dios para su vida muchas veces será: «Decídelo tú». A veces, usted consultará al cielo en busca de indicaciones, y Dios le dirá: «No me importa». Eso no significa que a Dios no le importa *usted*. Significa que a Dios le importa más la persona y el carácter de usted que cualquier otra cosa (que, por supuesto, es lo que esperaríamos de un Dios verdaderamente amoroso).

A veces, Dios podrá tener un encargo específico para alguien (como que Moisés se enfrentara al faraón), y él es perfectamente competente para explicarse con claridad. Y la sabiduría misma nos ayudará a saber cuál es el rumbo correcto en muchas selecciones de puertas, como veremos en el próximo capítulo.

Pero me resultó enormemente útil para mi comprensión de la fe y la oración darme cuenta de que no tener guía celestial acerca de cuál puerta escoger no significaba que o Dios o yo hubiera fallado. Muchas veces, era exactamente lo contrario: Dios sabía que yo crecería mucho más al tener que tomar una decisión, que si recibía un memorando del cielo, que podría impedirme madurar.

«Si realmente es una puerta abierta, mis circunstancias serán fáciles»

Según este mito, si yo elijo la puerta correcta, podré saberlo porque mi vida será más fácil. Elegir la pareja adecuada significa que el matrimonio será fácil. Todas las mañanas deberíamos despertarnos con un aliento agradable y con una disposición aún más agradable. Ninguna cosa de la otra persona debería molestarnos jamás, no *de verdad*. Ella debería hacer que yo me sienta estupendo conmigo mismo y, cuando esté lejos de mí, debería estar ansiando servirme.

Si tenemos hijos, ellos deberían amar a Dios; tener buenas calificaciones; estar por encima del promedio en su aspecto, en su coeficiente intelectual, en su roce social y en sus aptitudes deportivas. Deberían sortear la adolescencia sin acné ni perturbaciones emocionales, ingresar a una universidad que nos haga sentir orgullosos y casarse con alguien que mejore nuestro estatus familiar. Deberían ser completa y enfáticamente independientes y, a la vez, creer en lo que nosotros creemos y hacer lo que nosotros aprobamos.

Si he elegido la puerta vocacional correcta, mi trabajo

debería apasionarme y satisfacerme todos los días. Las evaluaciones sobre mi rendimiento deberían ser completamente excelentes; debería ser el empleado favorito de mi jefe y, a la vez, las personas que tengo bajo mi cargo deberían escribirme habitualmente preguntándome cómo pueden hacerme más exitoso. Los compañeros de trabajo con los que cuesta llevarse bien deberían identificarse a sí mismos rápidamente y ser transferidos a otra organización, preferentemente una en Alaska.

Si elijo las puertas correctas, mi vida económica debería estar libre de estrés. Alguien debería estar atento a que mi jubilación, mi fondo de retiro o mis ahorros sean invertidos en medios que no conlleven ningún riesgo y que se dupliquen cada tres o cuatro años. Debería poder adquirir todo lo que quiera y seguir teniendo la bien ganada reputación de ser pródigamente generoso.

Si «facilidad» es mi criterio para evaluar las puertas, entonces cada vez que me encuentre con «dificultad», me llenaré de dudas sobre Dios, sobre mí mismo y sobre lo que elegí. Pero una puerta abierta no promete una vida fácil.

De hecho, cuando Dios llama a las personas a atravesar las puertas abiertas, generalmente pasa que la vida se vuelve mucho más difícil. Abraham se va de su hogar y se enfrenta a la incertidumbre y al peligro. Moisés tiene que confrontar al faraón y soportar las quejas interminables de su propio pueblo. Elías huye de una reina trastornada por el poder. Ester tiene que arriesgar su vida para prevenir un genocidio. Todo el libro de Nehemías está organizado en torno a la resistencia a la obra de Nehemías, tanto externa como interna.

Pablo les escribió a los de la iglesia de Corinto que «se me ha abierto una puerta grande para el servicio eficaz, y hay muchos adversarios» (1 Corintios 16:9, LBLA). No era solo una puerta; era una puerta *grande*. Se podría conducir un camión a través de ella. Pero Pablo consideraba a la resistencia y a los oponentes como una confirmación de que esta era la puerta que Dios había abierto para él.

Evitar los problemas es tentador, pero no ennoblece. La madurez espiritual es ser capaz de enfrentar los problemas sin inquietarse. Al final de nuestra vida, los problemas que hayamos enfrentado por una causa mayor son los que tendrán más sentido.

David Garrow describe cómo sufrió Martin Luther King Jr. durante el boicot de los autobuses de Montgomery. Lo peor llegó cuando empezó a recibir amenazas racistas llenas de odio que no solo decían que lo matarían a él, sino que pondrían una bomba en su casa y destruirían a su familia. Una vez, a la medianoche, asustado y solo, clamó a Dios y le dijo que él era demasiado débil para seguir. «Y en ese momento, me pareció que podía escuchar una voz interna diciéndome: "Martin Luther, defiende la rectitud. Defiende la justicia. Defiende la verdad. Y he aquí, yo estoy con vosotros todos los días, hasta el fin del mundo"».

Garrow agrega: «Fue la noche más importante de su vida, la que él siempre recordaría en los años futuros cuando las presiones nuevamente le parecían demasiado grandes»[3].

Jesús no dijo: «Mi encargo será fácil». Más bien, dijo: «Entonces los arrestarán, los perseguirán y los matarán. En todo el mundo los odiarán por ser mis seguidores» (Mateo 24:9).

No dijo: «El mundo será fácil». Más bien, dijo: «en el mundo tendrán muchas pruebas y tristezas» (Juan 16:33). Jesús usó la palabra *fácil* una sola vez. Pero no se refería a nuestras circunstancias. El mismo Jesús que dijo: «Yo soy la puerta» (Juan 10:7), también dijo: «Mi yugo es fácil de llevar» (Mateo 11:30).

Él no dijo: «Les daré una vida fácil». Dijo: «Les daré un *yugo* fácil». Ponerse el yugo de un rabino era una metáfora de aceptar su manera de vivir. Jesús dijo que aceptar su yugo (arreglar nuestra vida para recibir constantemente el poder y la gracia transformadora del Padre) conduciría a una nueva experiencia interior de paz y bienestar con Dios. En otras palabras, lo fácil no viene de afuera. Viene del interior. «Fácil» no describe mis problemas. Describe la fortaleza que viene de más allá de mí, con la cual puedo soportar mis problemas.

La oferta de Jesús es de un alivio de espíritu por dentro, es la presencia de la paz y el gozo en medio de las circunstancias difíciles. Si apunto a estar en calma por dentro, puedo resistir las dificultades de afuera. Si apunto a estar en calma por fuera, no estaré en calma ni por fuera ni por dentro.

«Las puertas abiertas tienen que ver con el glamoroso éxito espiritual para los gigantes espirituales»

A menudo, confundimos las puertas abiertas con las historias espiritualizadas de cómo lograr lo que pensamos que nos hará más felices. Sin embargo, las puertas abiertas generalmente son invitaciones pequeñas y silenciosas a hacer algo humilde para Dios y con Dios, en un momento inesperado.

Las puertas abiertas para servir.

Las puertas abiertas para dar.

Las puertas abiertas para arrepentirse.

Las puertas abiertas para ser sincero.

Si a veces usted piensa que su vida es demasiado pequeña o que su trabajo no es lo suficientemente glamoroso para merecer que Dios le preste la atención de abrirle puertas, quizás le interese leer sobre los recabitas. Fueron un clan oscuro que tal vez ni siquiera debería haber llegado a estar en la Biblia; se cree que originalmente no habían formado parte de Israel, que no habían estado en el Sinaí ni habían conocido la Torá. Pero Jonadab, el hijo de Recab, les dijo que Dios les había abierto una puerta para que ellos jugaran un papel especial para él. Sin embargo, era un papel para el cual nadie querría ofrecerse voluntariamente: no debían beber vino, ni cultivar viñedos, ni sembrar semillas, ni construir casas ni radicarse en ningún lugar. *Genial*, pensaron aparentemente. *Somos excelentes en* no *hacer cosas.*

Por varias generaciones, fueron fieles a esas órdenes. Su llamado no tenía nada de encantador; vivían como nómadas, como si la agricultura nunca hubiera sido descubierta. Nadie los consideraba líderes importantes. En el Medio Oriente eran el equivalente de los *amish* montañeses.

Pero, siglos después, cuando Israel estaba a punto de ser exiliado, Dios usó a los recabitas como una pequeña muestra de excelencia en la obediencia. Como parte de una representación de arte profética, Jeremías invitó a los recabitas a ir a la casa del Señor. Cuando llegaron, les comunicó que habían llegado justo a tiempo para el cóctel. Pero ellos le explicaron que todavía eran abstemios por el antiguo mandamiento. Dios le dijo a Jeremías que le dijera a todo Israel que debían aprender una lección de esos nómadas humildes: que la fidelidad, aun a las tareas más modestas, tiene valor ante los ojos de Dios. La familia recabita (extranjeros, sencillos y rudos pastores gentiles de cabras) le dio una lección de inspiración y fidelidad al pueblo de Dios en el momento que más la necesitaba. Dios elogió a los recabitas y les dijo que siempre habría un descendiente de ellos sirviéndolo. En esa época de solidaridad tribal, eso fue una promoción enorme para toda la familia[4].

No es la tarea que hagamos lo que nos engrandece ante los ojos de Dios; es nuestra actitud al hacerla. Dios abrirá puertas a las personas de corazón humilde, no a las del amor propio henchido ni de los talentos gigantes.

A menudo, una puerta abierta es algo tan simple como volver a pensar algo: hacer lo correcto, por más pequeño que sea. Hacer lo que cualquier ser humano decente haría en esa situación. Respetar los compromisos, aunque sea más fácil pasarlos por alto. A veces, atravesar una puerta abierta es, simplemente, no ser un patán. Si la puerta no tiene un cartel que diga «glamoroso», confórmese con «obediente».

«Siempre hay una puerta correcta para cada decisión»
No, no la hay. Si usted realmente cree eso, nunca pasará del desayuno.

Cuando las personas usan anteojeras espirituales, no pueden ver todas las opciones que tienen. El obispo J. Brian Bransfield dice que muchas veces las personas se acercan a él con un dilema; inquietos, dicen: «No sé qué quiere Dios que yo haga», y lo miran a él para que actúe como vocero. Normalmente, él los desafía a ampliar su perspectiva:

En realidad, hay dieciocho cosas que a Dios lo harían muy feliz que usted eligiera. Usted no está acorralado entre convertirse en un sacerdote o no. No está acorralado entre casarse con esta mujer o no hacerlo. Hay seis mil millones de personas en el mundo. ¿Usted me está diciendo que Dios lo miró a usted y le dijo: «Hay una sola cosa que puedes hacer en la vida; yo lo sé y tú tienes que adivinarlo, o ya verás»? ¿No será que usted le está imponiendo *sus* limitaciones a Dios?[5]

Somos llamados a la perfección, no a ser perfeccionistas. *Perfección* es la excelencia inmaculada. El *perfeccionismo* es un trastorno moral obsesivo-compulsivo. La Biblia dice que Dios es perfecto, no un perfeccionista.

Si hay una sola manera correcta de hacer un escarabajo, ¿por qué Dios hizo 300.000 especies? Si hay una sola manera correcta de hacer una persona, uno de nosotros dos está de más... y le apuesto que sé quién es. La vida no es un juego de trile en el que constantemente tengo que adivinar debajo de qué vaso está la pelotita. Vivir de esa manera es aguantar la presión constante y devastadora de adivinar mal. En el Edén había un árbol inapropiado, pero Adán y Eva podían «comer libremente» de cualquier otro árbol (Génesis 2:16); no tenían que tratar de averiguar cuál árbol era el correcto. A Dios le encanta dar opciones porque las opciones desarrollan nuestro carácter.

«Si quiero algo desesperadamente, Dios tiene que abrir una puerta para que yo pueda conseguirlo»

No es así. No tiene que hacerlo.

«Dios no puede obligarme a pasar por una puerta que no me gusta»

El faraón no quería dejar que el pueblo de Dios se fuera, pero aferrarse a ellos resultó ser más difícil de lo que él creía.

Saúl no quería ser el rey, pero la corona le llegó de todas maneras.

Jeremías trató que Dios le diera su puesto a otro, pero no había otras personas para aceptarlo.

Jonás intentó huir de Nínive, pero Dios es astuto y tiene muchos medios de transporte a su disposición.

Por otro lado, un profeta llamado Balaam quería viajar a Moab, y Dios usó su burra no solo para evitar que pasara, sino también para confrontar a Balaam con el mensaje de «no golpees a la burra» que se adelantó unos miles de años a las organizaciones como PETA.

El salmista escribe: «No seas como el mulo o el caballo, que no tienen entendimiento, que necesitan un freno y una brida para mantenerse controlados» (Salmo 32:9).

El salmista hace una distinción entre las dos formas de guiar. Una forma apela a la razón y a la elección: el tipo de dirección apropiada para las personas maduras. La otra forma («un freno y una brida») es el uso de la presión y el dolor para forzar el cumplimiento. Generalmente, si esto sucede en la vida, toma la forma de la ley de las consecuencias y, la mayoría de las veces, implica un problema. No espere hasta que el sufrimiento de la vida lo obligue a atravesar una puerta que la sabiduría lo invita a elegir ahora.

«No tengo más tiempo para dedicarle a mi hija», dice el padre adicto al trabajo. Pero su hija, después de años de abandono, huye de su hogar para vivir en la adicción y la rebeldía. Él se pasa una incalculable cantidad de horas tratando de localizarla, y luego, con terapeutas y programas. Al fin y al cabo, él tenía tiempo, pero no lo usó con sensatez hasta que se vio obligado.

«No tengo tiempo para cuidar mejor mi cuerpo». Pero, entonces, viene un derrame cerebral, un infarto al corazón o la diabetes y, de pronto, me doy cuenta de que sí tengo tiempo, porque mi cuerpo ya no puede hacer lo que yo contaba que hiciera.

«No necesito solucionar mi problema de postergación; al menos, no ahora». Pero una seguidilla de proyectos inconclusos y promesas incumplidas representa fracasar en los estudios o perder un trabajo, y ahora no puedo fingir que las cosas, de una manera u otra, se resolverán.

«Yo puedo manejar mis problemas con el alcohol/el apostar/la sexualidad». Pero con el tiempo, sufro un colapso.

Pierdo mi trabajo, o pierdo mi dinero, o pierdo mi matrimonio. El dolor y la presión me obligan a encarar lo que me negué a reconocer todo el tiempo.

Recuerdo a un hombre que conozco, quien tenía una gran preocupación por el problema de la desigualdad educativa. Pero se dio cuenta de que no podía librarse de su deseo de ganar mucho dinero para dedicar tiempo a esa causa. Sus obsesiones económicas lo llevaron a aislarse de su familia e, irónicamente, sus inversiones resultaron mal. Tuvo que declararse en quiebra. Al final, eso lo llevó a tener que dar clases en una escuela en una zona de bajos recursos. Lo único que lamenta es que le haya llevado tanto tiempo.

«Si he elegido la puerta equivocada, me he perdido "la voluntad de Dios para mi vida" y tendré que conformarme con algo de segunda»

Esta es una forma de lo que los científicos sociales denominan «razonamiento contrafáctico», según el cual una persona a la que no le gusta el resultado de una decisión se obsesiona con lo que podría haber pasado en un escenario hipotético alternativo. La típica frase es: «Si solo...». «Si solo hubiera aceptado ese trabajo/salido con esa persona/elegido esa universidad/hecho esa inversión en lugar de esta otra».

El comerciante llega a creer que debería haber sido pastor y vive con un sentimiento de culpa crónico.

Una mujer cree que se casó con el hombre equivocado y fantasea con un matrimonio imaginario con un hombre que, según ella, era el Plan A de Dios.

Somos propensos a pensar de manera contrafáctica en un sentido negativo más que en uno positivo. Pensamos desproporcionadamente en aquellos resultados que nos desilusionaron y no en los que nos llenaron de gratitud y que podríamos haber dejado pasar. Y el razonamiento contrafáctico erróneo lleva a la parálisis, la depresión, la autocompasión y el estancamiento. Dios nunca nos llama a pasar por esa puerta.

Pablo hace una distinción útil para la iglesia de Corinto. Dice que hay una «tristeza que proviene de Dios [que] produce el arrepentimiento» y una «tristeza del mundo [que] produce la muerte» (2 Corintios 7:10, NVI). La tristeza correcta después de una mala decisión siempre produce *energía*, en lugar de desesperanza. Nos permite aprender de los errores pasados y madurar a una gran sabiduría. La tristeza que proviene de Dios está llena de esperanza.

La tristeza del mundo nos consume la energía. En nuestra tristeza mundana, vemos nuestras decisiones equivocadas como si el mundo (en vez de Dios) fuera nuestra única esperanza. Vivimos en la autocompasión y el remordimiento. Nos obsesiona pensar cuánto mejor sería nuestra vida si hubiéramos elegido la primera puerta.

La voluntad de Dios para mi vida se enfoca principalmente en la persona en la que él quiere que yo me convierta. Él y yo tenemos toda la eternidad para trabajar en eso, así que nunca me lo he perdido, a menos que lo rechace. Puede que no todos mis caminos conduzcan a Dios, pero todos le pertenecen a él. Dios puede usar incluso el camino equivocado para llevarnos al lugar correcto[6].

Jesús no dijo: «El reino de Dios está por llegar; ¡sientan remordimiento y crean en la Buena Noticia!». La diferencia entre sentir remordimiento y arrepentirse es la diferencia de una puerta abierta hacia un futuro nuevo.

Las puertas de Dios, como sus misericordias, son nuevas cada mañana.

Frederick Buechner escribe: «Las cosas tristes que sucedieron hace mucho siempre serán parte de quienes somos, así como también lo serán las cosas alegres y misericordiosas, pero, en lugar de ser una carga de culpa, recriminación y remordimiento que nos hace tropezar constantemente mientras caminamos, aun las cosas más tristes pueden convertirse, una vez que hayamos hecho las paces con ellas, en una fuente de sabiduría y fortaleza para el viaje que aún queda por delante»[7].

«Dios es tan poderoso y omnisciente que no podría identificarse nunca con la angustia que me producen las puertas cerradas»

En la historia del arte, uno de los cuadros más famosos acerca de una puerta lo pintó un artista llamado William Holman Hunt hace más de un siglo. Muestra la figura de un solo hombre, parado afuera de la pequeña casa a la que quiere entrar, golpeando la puerta para que le permitan pasar. No sabemos si hay alguien adentro o si la puerta alguna vez se abrirá.

Está inspirada en una frase de Apocalipsis 3. Pocos versículos antes, en el mismo capítulo, leemos sobre la «puerta abierta» que Dios coloca delante de la raza humana. Pocos versículos después, leemos acerca de la puerta al cielo que se mantiene abierta.

En esta ocasión, es Jesús el que está del lado de afuera de la puerta: «¡Mira! Yo estoy a la puerta y llamo. Si oyes mi voz y abres la puerta, yo entraré y cenaremos juntos como amigos» (Apocalipsis 3:20).

Es un gesto de gran humildad ir a la casa de alguien y quedarse parado afuera llamando a la puerta, sin saber si le permitirán entrar. Dios le ha dado a cada ser humano la llave de su propio corazón, y él mismo no entra a la fuerza.

Eso quiere decir que ningún ser humano ha experimentado jamás el dolor del rechazo tanto como Dios. Dios no solo es el que abre las puertas; es el que se queda llamando a las puertas cerradas.

Dios es la persona más rechazada en la historia del universo. Si él está dispuesto a esperar frente a la puerta y llamar, ¿quién soy yo para darme por vencido?

«Algunas puertas están tan cerradas que ni siquiera Dios puede hacer algo con ellas»

En realidad, las puertas cerradas con llave son algo así como la especialidad de Dios.

Una vez estuve en Capadocia y visité una asombrosa ciudad subterránea en la que vivieron veinte mil personas en la antigüedad. Vivían en cavernas que fueron construidas hasta ocho pisos bajo tierra. Allí, vi una enorme puerta redonda hecha de piedra. La hacían girar hacia el frente de una entrada para sellarla para que no se abriera jamás. Así pude comprender, de una manera distinta, qué habían quitado de la tumba de Cristo.

Luego de que esa puerta fue abierta, quién sabe qué sucederá.

Si Dios puede abrir la pesada puerta de una tumba sellada, no hay ninguna puerta circunstancial que esté demasiado cerrada para él. Tenga en cuenta qué sucedió después de la resurrección:

> Al atardecer, los discípulos estaban reunidos con las puertas bien cerradas. [...] De pronto, ¡Jesús estaba de pie en medio de ellos! «La paz sea con ustedes», dijo. [...]
> Ocho días después, los discípulos estaban juntos de nuevo, y esa vez Tomás se encontraba con ellos. Las puertas estaban bien cerradas, pero de pronto, al igual que antes, Jesús estaba de pie en medio de ellos y dijo: «La paz sea con ustedes». (Juan 20:19, 26)

Las puertas de nuestra vida no están cerradas a Dios. Él tiene el poder para involucrarse en nuestras circunstancias y honrarnos con su presencia. Está en la Biblia. Usted podría buscarlo.

CAPÍTULO 5

¿LA PUERTA 1 O LA PUERTA 2?

¿Cómo elijo la puerta correcta? En Apocalipsis 3:8, la iglesia de Filadelfia recibe este mensaje: «Te he abierto una puerta que nadie puede cerrar». Pero ¿cómo sé cuál es esa puerta? ¿Y qué sucede si paso por la puerta equivocada?

¿Debo salir con alguien? De ser así, ¿quién debería ser? ¿Cómo sé si debemos casarnos, si ella es «la persona» para mí? ¿Qué hago si yo sé que ella es la persona para mí y Dios sabe que es la persona para mí, pero ella todavía no ha recibido la comunicación? ¿A qué universidad debo ir? ¿Qué carrera debo elegir en la universidad? ¿Cuál es la orientación profesional correcta que debo seguir? ¿Qué trabajo debo aceptar? ¿Dónde debería vivir? ¿Qué casa debería comprar?

¿Dios quiere que persevere en esta situación difícil porque se supone que debo crecer? ¿O quiere que desista porque, después de todo, quiere que yo sea feliz?

Desde tiempos remotos, los seres humanos han querido consultar a entidades sobrenaturales de autoridad para conocer el futuro, para saber qué elegir. Han leído la palma de la mano, las hojas del té, las estrellas y las vísceras de animales. Han consultado a oráculos, cartas del tarot y güijas. Han sorteado palitos y han echado suertes. En la antigua Roma, los augures (palabra proveniente del término del latín para «adivinos») estudiaban el vuelo de las aves para predecir el futuro. Lo llamaban «tomar los auspicios» y, aún en la actualidad, hablamos de un día «auspicioso» para actuar o insinuamos que algo no es un buen «augurio» para el resultado que queremos.

Hasta el día de hoy persisten estas prácticas, a pesar de que hay ciertas inconsistencias lógicas. La gente llama a la línea directa de Psychic Friends; si son amigos videntes, ¿no deberían ellos llamarlo a *usted*? Si usted va a ver a un vidente, ¿no debería ser innecesario hacer una cita? Se cuenta de un hombre que dijo que estuvo a punto de salir con una chica vidente, pero ella rompió con él antes de que la conociera.

La fe de Israel era bastante intolerante con estas prácticas; no solo porque no sirven, sino por la diferencia fundamental entre la fe y la magia. De hecho, hay una historia rara y fascinante sobre el rey Saúl que nos ayuda a entender la diferencia. Saúl ha rechazado el liderazgo de Dios en su vida. Ha escogido la puerta del poder, de la envidia, del engaño y del ego. Los filisteos amenazan con una guerra. Saúl está desesperado por saber qué hacer; por ese motivo, de repente busca «la voluntad de Dios para su vida»: ¿debe pelear contra los filisteos o no?

Pero en realidad, Saúl no quiere «la voluntad de Dios». No quiere arrepentirse, humillarse, confesar sus maldades ni hacer una reparación. Lo único que quiere es que su propio programa tenga éxito. Así que el cielo se queda callado. Dios no puede responder al pedido de Saúl de ninguna manera que sea realmente útil para Saúl.

Saúl no logra recibir una respuesta a su oración, por lo que consulta a una médium en Endor y le pide que invoque al fallecido profeta Samuel. (La nigromancia, la búsqueda de discernimiento sobre el futuro por consulta a los muertos, es una de las formas más antiguas de adivinación).

Samuel aparece y molesto le pregunta a Saúl qué quiere. Saúl le contesta: «Estoy en graves dificultades. [...] Los filisteos están en guerra conmigo y Dios me ha dejado y no me responde ni por medio de profetas ni por sueños, entonces te llamé para que me digas qué hacer» (1 Samuel 28:15).

Lo que impulsaba a Saúl, y lo que muchas veces nos impulsa a nosotros, está revelado en la primera frase: «Estoy en graves dificultades». Tomar decisiones es estresante. Y a veces no busco «la voluntad de Dios», sino una garantía acerca de los futuros resultados para sacarme de encima la responsabilidad de tomar la decisión. Dios *tiene* que decirme qué hacer porque yo «estoy en graves dificultades».

Samuel no le da a Saúl el consejo que busca. En cambio, Samuel repite el dictamen moral y espiritual que podría haber salvado a Saúl pero que Saúl ya había rechazado.

Hay una enorme diferencia entre la fe, por un lado, y la magia o la superstición, por el otro. En la superstición, mi intención es usar alguna fuerza sobrenatural para lograr mi propio programa. Martin Buber dijo: «La magia desea lograr sus efectos sin involucrarse en una relación, y practica sus trucos en el vacío»[1]. Tenemos la tentación de usar la superstición para no sufrir ansiedad, o para evitar la culpa por nuestros propios desaciertos, o para que nos rescate de una dificultad o para buscar información confidencial para conseguir lo que queremos. La magia nos da la ilusión del conocimiento cuando ninguno existe en realidad. Supuestamente fue Groucho Marx quien dijo: «Si un gato negro se cruza por su camino, significa que el animal está yendo a alguna parte».

La superstición procura usar lo sobrenatural para mis propósitos. La fe busca rendirse a los propósitos de Dios. La fe nos enseña que hay una Persona detrás del universo y que esa Persona responde a la comunicación tal como lo hacen todas las personas. La oración es la principal manera de comunicarse con Dios y, por eso, la oración tiene una relación tan estrecha con la búsqueda y el discernimiento de las puertas abiertas.

Pero en la práctica real de nuestra fe, la superstición es una tentación tan grande para nosotros como lo fue para Saúl.

Una vez, tuve una entrevista para un cargo en una iglesia del sur de California. Una mujer de la iglesia (llamémosla Endora) me dijo que había orado por el tema y que había recibido una «palabra del Señor», que era que yo iría a trabajar a esa iglesia, pero que eso sería en el futuro, no en ese momento. Lo que no me mencionó en la conversación fue que su esposo había postulado para el mismo puesto, y si yo lo obtenía, él lo perdería.

Un hombre que conozco estaba convencido de que una mujer con la que él se había obsesionado era la que Dios había elegido para él. La máxima señal de confirmación le llegó cuando escuchó en la radio una canción que le hizo pensar en ella, y oró diciendo que si realmente era «la persona» para él, que Dios hiciera que la misma canción sonara en otra estación radial y, *efectivamente*, la misma canción sonó en otra estación. Sin embargo, él claramente estaba equivocado, porque ella se casó con otro. Además, era una canción de Village People, y creo que ni siquiera el cielo usaría esa canción.

A veces, cuando quiero desesperadamente «la voluntad de Dios», lo que *realmente* quiero no tiene nada que ver con la voluntad de Dios. Lo que realmente quiero es lo que yo quiero. O deseo deshacerme de la angustia de tener que tomar decisiones.

Walter Kaufmann, un filósofo de Princeton, acuñó la palabra *decidofobia*. Se dio cuenta de que los seres humanos tienen miedo de tomar decisiones. No queremos la ansiedad que acompaña la posibilidad de equivocarnos. Las decisiones nos agotan.

Una vez estaba en un restaurante en el que a cada cosa que elegíamos, el camarero respondía «Estupendo», o «Perfecto», o «Excelente decisión». Sucedió tan reiteradamente durante los aperitivos, las entradas y los postres que finalmente le pregunté si alguna vez le había dicho a alguien que había escogido una pésima opción. Nos contó que los gerentes del restaurante habían descubierto que los comensales tienen miedo de elegir mal; por lo que imprimieron una lista de «palabras aprobatorias» que todos los camareros tenían que decir en respuesta a cada pedido. Aun tener que elegir la comida nos hace tan vulnerables que los restaurantes convierten a sus camareros en terapeutas.

Elegir viene del meollo de nuestro ser. Cuando verdaderamente elegimos, no tenemos a quién echarle la culpa ni dónde escondernos. Elegir nos estremece. Elegir nos llena de miedo. Elegir es fundamental para la personalidad. El poeta Archibald MacLeish ha dicho: «¿Qué es la libertad? La libertad es el derecho a elegir: el derecho a crear para uno mismo las alternativas de elección. Sin la posibilidad de elegir, un hombre no es un hombre, sino un miembro, un instrumento, una cosa»[2].

Dios quiere que aprendamos a elegir bien. Ese puede ser el porqué de que cuando leemos la Biblia, no hay ningún capítulo dedicado a «Cómo conocer la voluntad de Dios para su vida». Muchas veces, cuando estamos frente a una decisión de la vida real, la Biblia no parece ser de mayor ayuda que la vieja máxima de Yogi Berra: «Cuando encuentres una encrucijada en el camino, tómala». Pablo no escribe acerca de «los seis pasos para determinar si él es la persona para ti» o «las cinco maneras de discernir el trabajo que Dios tiene para ti».

Lo que sí vemos son frases como esta: «Si a alguno de ustedes le falta sabiduría, pídasela a Dios, y él se la dará, pues Dios da a todos generosamente sin menospreciar a nadie» (Santiago 1:5, NVI).

O «Esto es lo que pido en oración: que el amor de ustedes abunde cada vez más en conocimiento y en buen juicio, para que disciernan lo que es mejor» (Filipenses 1:9-10, NVI).

Dios quiere que seamos excelentes escogedores.

Otro filósofo ha dicho: «No es nada simple, me temo que ya verás, para un Decididor-Decidido decidirse a decidir»[3]. Y Dios está desarrollando a Decididores-Decididos, no solamente a cumplidores de mandados.

Si estoy frente a una decisión y quiero descubrir la voluntad de Dios para mi vida, no empiezo preguntando qué decisión es la que Dios quiere para mi vida. Tengo que empezar pidiendo sabiduría.

La señora Sabiduría llama

¿Alguna vez ha tomado una decisión absurda? Hace poco murió un hombre de Florida porque había entrado en un concurso para ver quién podía comer la mayor cantidad de cucarachas vivas; el ganador recibiría una serpiente pitón viva. Ganó, pero se atragantó con las cucarachas. Hay que preguntarse: ¿qué parte de toda esta aventura pudo parecerle a alguien una buena idea como para hacer que se inscribiera?

Si alguna vez ha tomado una decisión insensata de

cualquier índole: económica, vocacional, sobre su salud física o espiritual. Si alguna vez ha dicho algo que luego lamentó. Si alguna vez ha tomado una decisión insensata acerca de una relación o una selección sentimental. Si alguna vez no ha sido completamente perspicaz sobre la administración del tiempo, o el establecimiento de metas, o la crianza de los hijos o qué programas de televisión ver. Si alguna vez ha tomado una decisión que, gracias a la retrospectiva, podría describirse como *necia*, este capítulo es para usted.

Nosotros tomamos decisiones, y las decisiones que tomamos nos forman: lo que digo, lo que pienso, lo que como, lo que leo, dónde voy, con quién estoy, qué hago, cómo trabajo, cuándo descanso. Haga la suma de 1.788.500 pequeñas decisiones, y esa suma dará una vida. Atravesamos puertas, y lo que encontramos al otro lado es la persona en la que nos hemos convertido.

La Biblia tiene una palabra para las personas que eligen bien las puertas, y esa palabra es *sabio*. No afortunado. No pudiente. No exitoso. En la Biblia, la sabiduría no es lo mismo que tener un coeficiente intelectual muy elevado, ni está restringida a las personas que tienen títulos formativos superiores. En la Biblia, la sabiduría es la capacidad de tomar grandes decisiones. La sabiduría es el arte de vivir bien. Al pueblo de Israel le fascinaba tanto la sabiduría que no podía dejar de hablar de ella. La atesoraban. Reflexionaban en ella. La celebraban. Aprendían de memoria los refranes sabios. Hablaban de ella con sus hijos.

Les fascinaba la historia del rey Salomón, a quien,

cuando se convirtió en rey, se le ofreció la posibilidad de pedirle a Dios cualquier regalo, que Dios se lo concedería. Salomón pidió: «Yo te ruego que le des a tu siervo discernimiento para gobernar a tu pueblo y distinguir entre el bien y el mal. De lo contrario, ¿quién podrá gobernar a este gran pueblo tuyo?» (1 Reyes 3:9, NVI). La primera decisión de Salomón fue pedir la sabiduría que guiaría todas sus demás decisiones. Y el pasaje dice que Dios quedó encantado con este pedido.

En el libro de Proverbios, íntimamente relacionado con Salomón, se nos dice:

¿Escuchan el llamado de la señora Sabiduría?
¿Pueden escuchar que madame Perspicacia levanta la voz? Ella ha tomado su posición en la Calle Primera y la Principal, en la encrucijada más movida, justo en la plaza de la ciudad donde el tráfico es más denso. Ella grita: «¡Ustedes! ¡A todos ustedes les hablo! Todos los que están aquí afuera en las calles, ¡escuchen! Ustedes, imbéciles, ¡aprendan el buen juicio! Ustedes, necios, ¡espabílense! No se pierdan ni una palabra de esto. Estoy diciéndoles cómo vivir lo mejor posible. [...] Soy la señora Sabiduría. Vivo en la calle de al lado de la Sensatez. En la misma calle viven el Conocimiento y la Discreción. Temer a Dios significa odiar el mal, cuyos caminos yo aborrezco con todo mi corazón». (Proverbios 8:1-6, 12-13, paráfrasis mía)

La mayor diferencia entre las personas que prosperan en la vida y las que no, no es el dinero, la salud, el talento, los contactos o las apariencias. Es la sabiduría: la capacidad de tomar buenas decisiones.

Al pueblo de Israel le fascinaba la sabiduría.

Durante mi infancia en el Medio Oeste de los Estados Unidos, si alguien decía: «¡Me encanta este perro caliente!», se consideraba muy gracioso responder: «Si tanto te encanta, ¿por qué no te casas con él?». Nos parecía gracioso en el lugar donde crecí, pero el nivel de lo que nos parecía gracioso era muy bajo. A los israelitas les fascinaba tanto la sabiduría que querían casarse con ella, de manera que la personificaron. Hablaban de ella como si fuera una persona. Hablaban de la sabiduría como si fuera la persona más maravillosa del mundo. De hecho, la retrataban como una mujer. El motivo por el que la Biblia describe a la sabiduría como una mujer es porque las mujeres tienden a ser sabias.

En el mundo antiguo, muchos pueblos tenían gran cantidad de literatura sapiencial. De hecho, parte de esa literatura llegó a la Biblia. Al pueblo de Israel le fascinaba la sabiduría, dondequiera que la pudieran encontrar, pero entendían que hay algo más en juego con la sabiduría que el solo hecho de sortear la vida exitosamente en términos humanos. Proverbios dice que la sabiduría «envió a sus sirvientes para que invitaran a todo el mundo. Ahora convoca desde el lugar más alto con vista a la ciudad: "Entren conmigo", clama a los ingenuos. Y a quienes les falta buen juicio, les dice: "Vengan, disfruten mi comida y beban el vino que he mezclado. Dejen atrás sus caminos de ingenuidad y empiecen a vivir; aprendan a usar el buen juicio"» (Proverbios 9:3-6).

En el mundo antiguo, el punto más alto de la ciudad siempre era donde situaban el templo. Así era en Jerusalén. En otras palabras, la señora Sabiduría es una expresión poética de la sabiduría de Dios. Donde está la sabiduría, de algún modo, está Dios.

Por lo tanto, en el resto de este capítulo veremos algunas maneras en las que la sabiduría de Dios puede llevarnos a (y ayudarnos a atravesar) las puertas abiertas que encontramos.

Deje de esperar un estallido espontáneo de pasión

Un amigo mío que se llama Andy Chan dirige la Oficina de Personal y Desarrollo Profesional de la universidad de Wake Forest. Antes de eso, dirigió la colocación profesional de la Stanford Graduate School of Business (la escuela de postgrado de negocios de Stanford), y el *New York Times* ha dicho que él es el «gurú del desarrollo profesional». Andy dice que uno de los mayores obstáculos sobre los que tiene que advertir a los jóvenes adultos es la ilusión de que hay alguna pasión dando vueltas por ahí que lleva escrito el nombre de ellos y que, si fueran capaces de descubrir cuál es su pasión, cada día de su vida laboral estaría lleno de una emoción palpitante y una motivación fácil y constante. La gente lee historias de líderes, artistas o emprendedores exitosos, y supone que, una vez que eligieron su ámbito, se despertaron cada mañana sostenidos por grandes reservas de energía para su trabajo. La presión sobre este asunto es comparable a la idea de que ahí afuera, en el mundo, hay un alma gemela perfecta con la cual usted puede casarse, y si no la encuentra, está destinado a la insatisfacción sentimental.

Nadie tiene una vida como esa.

Thomas Edison solía decir que la genialidad se trata de un uno por ciento de inspiración y 99 por ciento de transpiración. Y la vida es prácticamente lo mismo. Cuando yo estudiaba en el Seminario Teológico Fuller, admiraba mucho a su rector, David Hubbard, quien además era un erudito, un orador y un fecundo escritor. Muchos años después de que me gradué, lo escuché decir que los estudiantes comúnmente tenían la idea errónea de que su vida estaba llena de actividades glamorosas y momentos inspiradores. La mayor parte de lo que él hacía, dijo el Dr. Hubbard, involucraba el lento y constante progreso de una tarea tras otra. Escribir notas para una conferencia. Presidir una reunión con el profesorado. Pedirle a un potencial contribuyente que tuviera en cuenta la posibilidad de hacer una donación. Todas esas tareas llevan a una obra maravillosa, pero no son una sucesión de momentos pensados para que usted se sienta como que acaba de ganar la lotería del trabajo.

Es indispensable para el alma creer en la importancia de nuestras contribuciones. Pero pensar que elegir la puerta correcta nos llevará a una catarata de motivación continua, es una ilusión que hará que nos enojemos con Dios y nos sintamos frustrados con nosotros mismos. No espere que la pasión lo lleve a un lugar en el cual no está. Empiece por ponerle pasión al lugar donde se encuentra ahora.

Practique con las puertas pequeñas

Muchas veces no se me ocurre pedir sabiduría hasta que me enfrento a una decisión importante. Pero Pablo escribé: «Siempre que tengamos la oportunidad, hagamos el bien a todos» (Gálatas 6:10).

¿Cuán a menudo tenemos una oportunidad? Las puertas están por todas partes:

- En un parque, una mamá está observando jugar a sus dos hijos preescolares. Yo podría detenerme un momento y comentarle qué regalo son esos dos niños.
- Al principio de nuestro matrimonio, Nancy y yo estábamos comiendo en un restaurante mejor de los que acostumbrábamos ir (no se podía pedir la comida desde el auto). Alguien que nos conocía nos vio y, en secreto, pagó nuestra comida. Nunca hemos olvidado ese regalo y, porque esa persona hizo un gesto tan divertido, nosotros hemos hecho lo mismo muchas veces por otros. Nunca que hice eso, pensé después: *Siento remordimiento por haber gastado dinero de esa manera.*
- Tengo una noche libre. En lugar de encender automáticamente la televisión, hago una pausa para orar por un momento y pregunto cómo podría pasar las próximas horas para que, cuando lo haya hecho, me sienta bien sobre lo que elegí.
- Es el primer día laboral de alguien en la organización donde yo trabajo. Recuerdo mi primer día, hace

muchos años, y cómo era ese sentimiento de «Me siento como un niño al principio de la secundaria y no estoy seguro de caerle bien a alguien y este no es mi puesto». Entonces, le escribo un correo electrónico para darle la bienvenida a la escuela secundaria y le cuento que recuerdo cómo se siente.

Elegir puertas siempre implica un proceso: reconocer la oportunidad, identificar las opciones, evaluar, elegir y aprender. Si espero hasta que lleguen las decisiones gigantes, mi capacidad de elegir con sabiduría estará subdesarrollada. Tomar una decisión que a uno le altere la vida es como manejar en la carrera Indy 500 o tocar ante un auditorio repleto en el Carnegie Hall: es bueno practicar con anticipación. Y las oportunidades para practicar están en todas partes.

Dedique tiempo y energía a las decisiones de las puertas grandes

Uno de los principales motivos por los cuales «encontrar la voluntad de Dios para mi vida» es un tema tan importante hoy en día es porque estamos agobiados por las decisiones que debemos tomar.

Barry Schwartz dice que el supermercado de su barrio ofrece 285 variedades de galletitas y 175 marcas de aderezos. El menú de The Cheesecake Factory es más largo que *La guerra y la paz*. La belleza de los *blue jeans* solía ser simplicidad: eran azules y eran de *jean*. Ahora tiene que elegir: corte de bota, ajuste relajado (qué gentileza, esa forma de decirlo), de pitillo, gastado (para tener pantalones que combinan con su estado de ánimo), con lavado ácido, lavado a la piedra, raído, de campana, de corte recto, con botones, con cremallera, con impresiones digitales, sin cinturón o unipierna. (Yo inventé ese último).

Pensamos que tener más opciones significa más libertad, y más libertad significa vivir mejor. Pero tener demasiadas opciones no produce liberación; produce parálisis. Según un estudio, cuantas más opciones se les ofrecían a las personas para invertir el dinero de su pensión, *menos* probable era que invirtieran. Aunque sus compañías les ofrecían *igualar* la suma de dinero que invertían para su jubilación, las personas dejaban ese dinero sin cobrarlo[4].

Hemos transformado nuestro mundo en un gran bufé de elecciones, y eso nos está haciendo morir de hambre. Nos hemos vuelto adictos a la elección. Ni siquiera los doce pasos nos pueden ayudar porque requieren que le entreguemos nuestra voluntad a un Poder Superior, y ya no nos queda la habilidad de tomar ni una decisión más.

Los personajes bíblicos no tuvieron que enfrentar estas cosas. Isaac no tuvo que preguntarle a Yahveh si Rebeca era «la voluntad de Dios para su vida». No tuvo que decidir a qué universidad ir, y su trabajo como un agricultor nómada le fue asignado al nacer.

Pero el mundo antiguo tiene sabiduría para nosotros. Las personas de puertas abiertas tienden a simplificar su vida para poder guardar su reserva finita de fuerza de voluntad para las decisiones más importantes. En las comunidades monásticas, las personas no necesitan gastar energía decidiendo qué se van a poner para los viernes informales. Juan el Bautista, Johnny Cash y Steve Jobs siempre supieron qué ponerse, así que pudieron ahorrar su energía mental para los asuntos más importantes.

Resulta que elegir nos agota. Consume nuestra energía. Así es que las personas sabias dirigen bien su «energía para elegir».

Por este motivo es que las personas sabias nunca toman decisiones importantes en el estado emocional incorrecto. Cuando Elías se enteró de que la reina Jezabel lo perseguía, se dispuso a dejar su labor como profeta y a morir. Dios le regaló un enorme tiempo fuera. Elías durmió una siesta, comió un poco, durmió otra siesta y luego tuvo cuarenta días de descanso, oración y recuperación antes de decidir cuáles serían sus pasos siguientes. Ahora estaba listo para decidir según su fe y no su miedo. Y su decisión fue muy diferente al término de los cuarenta días de descanso de lo que habría sido antes.

He visto a personas tomar decisiones terribles cuando estaban agotadas, cansadas, desanimadas o temerosas, que nunca habrían tomado en otras circunstancias. Nunca trate de elegir el proceder correcto cuando esté en el estado de ánimo incorrecto.

La sabiduría bien puede hacerlo esperar para tomar una decisión importante hasta que haya descansado. Nueve de cada diez veces, tomará una decisión terrible si su mente está angustiada y su cuerpo está exhausto. Pablo dice: «Y la paz de Dios, que sobrepasa todo entendimiento [humano], cuidará sus corazones y sus pensamientos en Cristo Jesús» (Filipenses 4:7, NVI). Si voy a tomar una buena decisión, necesito esa paz, ese estímulo de saber que estoy con Dios.

¿Cuál es su problema?

¿Tiene un problema? Quizás usted esté sentado tranquilamente en su casa, desayunando con su familia, y el problema esté sentado a su lado. Si no tiene un problema, llame a su iglesia y ellos le asignarán uno.

En cierta forma muy importante, usted será definido por su problema. Su mayor problema lo definirá. Si quiere, puede elegir dedicar su vida al problema de «¿Cómo puedo ser rico?» o «¿Cómo puedo tener éxito?» o «¿Cómo puedo estar seguro?». O puede consagrarse a un problema más noble.

Su identidad se define por el problema que adopta. Dígame cuál es su problema, y yo le diré quién es usted.

Las personas que tienen un alma pequeña tienen problemas pequeños: cómo hacer que su vida sea más segura o más cómoda; cómo poner en su lugar a un vecino molesto; cómo lograr que las arrugas se les noten menos; cómo lidiar con los compañeros de trabajo malhumorados o con la falta de reconocimiento. Las personas pequeñas se ocupan de cosas pequeñas.

Las personas con grandeza de alma se ocupan de los problemas grandes. Cómo ponerle fin a la pobreza extrema; cómo detener la trata de personas; cómo ayudar a que los niños en riesgo reciban una excelente educación; cómo promover la belleza y el arte en una ciudad.

Usted necesita un problema del tamaño de Dios. Si no tiene uno, su verdadero problema es que no tiene un problema. La vida es enfrentar y resolver problemas. Cuando Dios llama a las personas, las llama a enfrentar un problema. La palabra común para la condición de estar realmente libre de problemas es *muerto*.

Ichak Adizes escribe: «Tener menos problemas no es vivir. Es morir. Abordar y ser capaces de resolver problemas cada vez más grandes significa que nuestras fortalezas y capacidades están mejorando. Necesitamos emanciparnos de los problemas pequeños para liberar la energía para ocuparnos de los problemas más grandes»[5]. El crecimiento no es la habilidad de evitar los problemas. El crecimiento es la habilidad de encargarse de problemas más grandes y más interesantes.

Una de las mejores preguntas para hacerle a alguien es «¿Cuál es su problema?», y es posible que quiera hacerlo ahora mismo. Deberíamos preguntarnos unos a otros periódicamente: «¿Cuál es su problema?», con lo que quiero decir: «¿Tiene algún problema digno de sus mejores energías, digno de su vida?».

¿A qué cosa por resolver le dedica su vida? ¿De qué manera quiere que el mundo sea diferente porque usted está en él? Las personas que siguen a Jesús hacen esta pregunta: «Dios, ¿para encarar qué problema de tu mundo te gustaría usarme?». Los seguidores de Jesús aceptan los problemas con toda intención.

Muchas veces, las personas quieren saber «¿A qué tipo de problemas debería dedicarme?». Eso es parte de querer saber

«¿Cuál es la voluntad de Dios para mi vida?». Es una pizca de la verdad que se esconde tras la ilusión de la pasión espontánea. No puedo esperar un estallido de emoción que me motive para siempre. Sin embargo, puedo preguntarme qué necesidad del mundo hace que mi espíritu se sienta genuinamente preocupado.

Muy a menudo, una sensación de llamado llega cuando las personas empiezan a prestarle atención a lo que conmueve su corazón. Muchas veces, cuando alguien ve un problema en el mundo y se enardece, dice: «¡Alguien tiene que hacer algo respecto a esto!». Generalmente, ese es el comienzo del llamado.

En la Biblia, hay un patrón. Moisés no soporta que los israelitas estén bajo el yugo de la opresión y la esclavitud, y Dios le dice: «De acuerdo. Ve y dile al faraón: "Deja salir a mi pueblo"». David no soporta escuchar que Goliat se burla del pueblo de Dios, y Dios le dice: «De acuerdo. Enfréntalo». Nehemías no puede dormir porque se entera que la comunidad de Jerusalén está en ruinas, y Dios le dice: «De acuerdo. Reconstruye tú la muralla». Ester no soporta que el pueblo de Dios se convierta en víctima de un maniático genocida, y Dios le dice: «De acuerdo. Ayuda tú a rescatarlos». Pablo no puede soportar que los gentiles no escuchen el evangelio de Jesús, y Dios le dice: «De acuerdo. Ve tú y háblales».

¿Qué cosa le parte el corazón a usted? Las murallas, como la muralla en la Jerusalén de Nehemías, están destrozadas en este mundo que nos rodea. El hambre de los niños, el aborto de una infinidad de vidas, la trata de personas, la falta de educación, la pobreza extrema, los millones de individuos que ni siquiera saben quién es Jesús. Hay muchísimas murallas destruidas.

¿La puerta 1 o la puerta 2? Su seria preocupación por uno de los graves problemas mundiales puede darle la respuesta.

Diga la oración de Lloyd

Por supuesto, cuando uno empieza a exponer su problema ante Dios, suceden cosas. Una vez, un hombre de edad avanzada llamado Lloyd tuvo un serio ataque al corazón, y los médicos le dijeron que debería haber muerto, pero no fue así. Todavía estaba vivo. Él comenzó a preguntarse: «¿Por qué estoy aquí todavía?».

Esa es otra gran pregunta. «¿Por qué estoy aquí todavía?». Tal vez usted quiera dirigirse a alguien con quien trabaja o vive, y preguntarle hoy: «¿Por qué estás aquí todavía?». Yo debo hacerme esa pregunta a mí mismo todos los días. «¿Por qué estoy aquí todavía? ¿Estoy aquí solo por mí, realmente? ¿La única razón por la que aún estoy en este mundo es para permanecer aquí en este mundo o para hacer que mi vida sea más agradable? ¿En serio? ¿Todo se reduce a ascender?».

Todos somos más sensatos que eso, y la razón por la que somos más sensatos es que la verdad del reino de Dios, de la realidad espiritual y de un destino eterno en el gran universo de Dios, está escrita en nuestro corazón. Lloyd se hizo esa pregunta. Escuchó a un conferencista hablar acerca de usar una nueva tecnología para llevar un mensaje pregrabado del evangelio a grupos de personas de todo el mundo que carecían de un lenguaje escrito. El conferencista dijo que necesitaban un panel solar, pero que los paneles costaban cuarenta dólares cada uno, así que era muy difícil avanzar en eso.

La necesidad que tienen las personas de escuchar el evangelio atravesó el corazón de Lloyd. Lloyd trabajaba en ventas en Florsheim Shoes. Nunca había construido un panel solar. No era ingeniero, pero esto rompió su corazón. Se enardeció por este tema. «Alguien tiene que hacer algo», dijo, y decidió que le tocaba a él, así que empezó a orar al respecto. Reunió a algunos ingenieros y les dijo: «Deberían diseñar un panel solar más barato para Jesús».

Lo hicieron, y terminó entrando en la producción masiva. Casi veinte mil paneles solares fueron producidos gracias a Lloyd Swenson. Comenzaron a acondicionarlos para difundir el mensaje de Jesús por todo el mundo.

¿Cuál es su problema? Si no tiene un problema, necesita un problema que sea del tamaño de Dios. ¿Por qué está aquí todavía? La razón puede parecer dramática. O tal vez no. No necesariamente tiene que ser algo que le dé grandiosidad, pero nosotros fuimos hechos para la puerta abierta.

Pídale ayuda a personas sabias

Todos necesitan un comité para la selección de puertas.

Busque el consejo sabio. Si quiere sabiduría, no trate de conseguirla toda usted solo. Rodéese de personas en cuyo carácter usted confíe, que sean de buen juicio, que lo amen y que se interesen por su bienestar. Dígales: «Tengo enfrente esta decisión. Dime qué piensas para mi vida». Muchas veces, Dios nos transmite su sabiduría por medio de otra persona.

Salomón, el ícono de la sabiduría en el Antiguo Testamento, escribió Proverbios 12:15: «El camino del necio es recto a sus propios ojos» (LBLA). ¿Por qué? Porque es necio. Eso es parte de lo que significa ser necio, y todos llevamos un necio adentro. Yo tengo un necio en mi interior. Usted tiene un necio en su interior.

«El camino del necio es recto a sus propios ojos, mas el que escucha consejos es sabio». Un espíritu que se deja aconsejar es esencial para la sabiduría. Todos lo necesitamos.

Estaba trabajando en este capítulo cuando mi esposa me llamó para avisarme que acababa de salir del juzgado. Había dejado que nuestro perro Baxter se soltara de su correa, y el Policía de Perros la atrapó y la multó. Fue al juzgado para disputarlo, aunque sabía que era completamente culpable. El juez le preguntó: «¿Usted permitió que el perro se soltara de la correa?». Ella le respondió: «Sí, pero es que eso lo hace muy feliz». Ese fue su principal argumento: la satisfacción del perro. (Esta justificación logró reducir la multa a la mitad. ¿Quién lo hubiera dicho?).

Entonces, ella me comentó algo sorprendente: «El juzgado está lleno de personas que tomaron malas decisiones». Pensé: *Bueno, sí; tú fuiste una de ellas.* No le dije eso a ella, lo cual fue una buena decisión, pero sí lo pensé. Vaya a un juzgado cualquier día de la semana. Nadie está sentado allí porque tuvo una persona sabia, afectuosa y confiable que le hablara la verdad sobre la decisión que tomó. El camino del necio es recto a sus propios ojos. Y hay un necio dentro de cada uno de nosotros.

Irónicamente, uno de los mayores profanadores de este proverbio, años después, fue Salomón mismo. Salomón, el que le había pedido sabiduría a Dios. Unos pocos capítulos después, leemos «[Salomón] tuvo setecientas esposas que eran princesas, y trescientas concubinas; todas estas mujeres hicieron que se pervirtiera su corazón» (1 Reyes 11:3, NVI). ¡No me diga! Aquí tiene una pequeña porción de sabiduría: no se case con mil mujeres, y ya está por encima del tipo más listo del mundo. Algo de lo que nos enseña la vida de Salomón es que la batalla por la sabiduría nunca se termina. Uno puede tener sabiduría y tomar un montón de buenas decisiones, pero todos tenemos una debilidad. Todos tenemos un punto ciego.

Uno de los mejores consejos que recibí hace muchos años fue que le pidiera a unas cuantas personas sabias y de confianza que formaran una especie de junta directiva personal para mí. Les pregunté si podíamos charlar como una vez al mes durante un período de tiempo prolongado, por una o dos horas, sobre lo que es más importante: mi alma, mi familia, mi matrimonio, el trabajo que hago, mis relaciones, mi vida afectiva, mis finanzas.

El tipo que me habló del tema está muy cerca del final de su vida ahora. Es una de las personas más sabias que jamás haya conocido. Ha vivido muy bien. Si tiene que tomar una decisión importante, piense en este momento en una o dos personas a las que pueda recurrir. Pregúnteles: «¿Podrías tener una palabra de sabiduría para mi vida? Esto es lo que estoy pensando. ¿Qué te parece?». Casi todas las pésimas decisiones que toman las personas (y todos las tomamos) podrían evitarse solo con pedirle a una persona sabia que nos hable seriamente de nuestra vida, y luego escucharla.

Las decisiones que tomamos reciben el impacto de factores ajenos a nosotros que van mucho más allá de lo que conocemos. En un estudio que se ha repetido muchas veces, las personas que recibieron grandes baldes de palomitas de maíz comieron un promedio de 53 por ciento más de palomitas que las personas que recibieron un balde pequeño. No importó cuál fuera la película. Ni siquiera importó si las palomitas de maíz estaban duras. Dele más a las personas, y alguna parte misteriosa del cerebro dirá: «Supongo que comeré más».

El entorno que nos rodea influye sobre las oportunidades que identificamos y las opciones que elegimos. Por eso, asegúrese de pedirle ayuda a las personas correctas.

En Hechos 13, leemos que la comunidad de los creyentes se reunió y dedicó una considerable cantidad de tiempo a orar, adorar y ayunar. De esa experiencia se nos revela que «el Espíritu Santo dijo: "Apártenme ahora a Bernabé y a Saulo para el trabajo al que los he llamado"» (versículo 2, NVI). ¿Cómo supieron que el Espíritu dijo eso? ¿Cómo sonó su voz? El pasaje no lo dice. Quizás fue un momento espectacular; quizás fue una directiva que recién después pudieron reconocer claramente que era del Espíritu. (A menudo, vemos mejor la guía de Dios a través del espejo retrovisor que a través del parabrisas). Pero lo que está claro es que recibieron la guía de Dios *juntos*, como comunidad.

Por nuestra cuenta, tendemos a pasar por alto las puertas. A uno de los errores que cometemos, Chip y Dan Heath lo llaman «encuadre estrecho»: por causa de nuestra mentalidad limitada, se nos escapa la completa gama de opciones que Dios nos ha puesto por delante. Preguntamos cosas como: «¿Tengo que ponerle fin a esta relación o no?», en lugar de «¿Cómo puedo mejorar esta relación?». O «¿Compro esto o no?», en lugar de «¿Cuál es la mejor manera de usar este dinero?»[6].

Muchas veces, la elección no se trata de la puerta 1 *o* la puerta 2. Es la puerta 14.

Por nuestra cuenta, tendemos a padecer sesgo de confirmación. Buscamos la información que confirme lo que ya queremos, en lugar de buscar la simple verdad. La gente mira los canales de cable que reafirman sus tendencias políticas. Simulamos que nos interesa la verdad («¿Qué te parece mi tatuaje?» «¿Te cae bien mi novia?»), pero lo que realmente queremos es la reconfirmación de las posturas que ya hemos tomado.

Esta dinámica era muy reconocida en los tiempos bíblicos. Isaías habló de las personas que «a los videntes les dicen: "¡No tengan más visiones!"; y a los profetas: "¡No nos sigan profetizando la verdad! Dígannos cosas agradables, profeticen ilusiones"» (Isaías 30:10, NVI).

Necesitamos que otros nos ayuden a reconocer nuestras puertas. Pero no cualquiera puede ayudar. Necesitamos personas con la sabiduría para ser discernidores y con el valor para ser sinceros.

A veces, la comunidad de fe puede llegar a ser *peor* para discernir. Un hombre de un grupo de la iglesia toma una mala decisión. Cuando el grupo se lo cuestiona, su respuesta es: «Pero Dios me *dijo* que hiciera esto». No. Dios no fue. Esa fue una decisión absurda, y Dios, claramente, no es absurdo. Eso está en la Biblia.

Es peor tratar de manipular a los demás usando un lenguaje espiritual para atribuirle la autoridad divina a mi propia voluntad necia. Cuando las personas normales cambian de trabajo, generalmente dan motivos normales: un ascenso, más dinero o una mayor oportunidad de hacer una contribución. También puede haber problemas involucrados: un conflicto con el jefe o no poder trabajar eficazmente. Pero en las iglesias, cuando los pastores anuncian que se van, lo que generalmente dicen es «Recibí un llamado». El *llamado* es una palabra demasiado importante como para que se abuse de ella para disimular conflictos, incompetencia, ambición o una cultura nociva. Además, semejante lenguaje envía a las congregaciones el mensaje de que los pastores tienen acceso a un «canal del llamado» sobre sus decisiones vocacionales que otras personas no tienen.

El llamado de Dios generalmente involucra discusiones muy honestas sobre tales asuntos; no es una forma de evitarlos. Es fascinante que en Hechos 13 la iglesia se sintiera guiada por el Espíritu para enviar a Pablo y a Bernabé. Pocos capítulos más adelante, Pablo y Bernabé tuvieron un conflicto tan serio sobre una cuestión del equipo de trabajo que se separaron («Su desacuerdo fue tan intenso que se separaron»,

Hechos 15:39). Aquí, la sinceridad de Lucas es refrescante. Muchas iglesias contemporáneas dirían: «Bernabé sintió el llamado a una nueva etapa en el ministerio, que Dios lo bendiga...».

Pruebe, experimente y aprenda la tolerancia al fracaso

¿Existen casos en los que Dios da una orientación para una decisión en particular? Por supuesto.

¿Tiene Dios una guía para cada decisión? Por supuesto que no.

Yo debería estar abierto a su guía; debería buscarla y escucharla. Pero no debería tratar de forzarla, ni debería tomarla como un fracaso si no la percibo o si no la recibo.

Toda mi vida he estado en el ministerio de la iglesia. Recuerdo que me dijeron: «No te conviertas en un pastor a menos que no tengas la posibilidad de hacer ninguna otra cosa», un criterio que podría generar una comunidad pastoral algo menos que competente.

Yo no encajé dentro de esa categoría. Lo mejor que pude discernir, fue que Dios me decía: «Elige tú». Lo mejor que pude discernir fue que Dios entendió que si yo tenía que tomar una decisión, crecería de maneras en que nunca lo haría si recibía una tarjeta postal del cielo. Eso fue lo que me pasó en cada iglesia en que serví. Nunca recibí un correo electrónico celestial. Tuve que elegir.

Entonces sucedió algo raro. Había estado en mi iglesia actual durante uno o dos años. Enfrentaba un fin de semana difícil, que incluía el mal comportamiento de algunos miembros del personal y otros problemas. Mientras iba manejando hacia la iglesia, un pensamiento terriblemente vívido entró en mi cabeza: *No pierdas tiempo preguntando si este es el trabajo adecuado para ti. No pierdas tiempo preguntando si otra persona podría hacerlo mejor o si tú podrías hacer otra cosa mejor. Si pones tu mano en el arado y sigues trabajando, crecerás como no lo harías de otra forma. Toma tu presencia en esta iglesia como mi llamado para tu vida.*

En ese momento no estaba buscando que el cielo me guiara. Ya había decidido aceptar este trabajo hacía más de un año. Pero lo mejor que puedo discernir es que pienso que Dios me estaba hablando. Creo (como suele ser el caso) que su guía no tenía tanto que ver con qué quería hacer él *a través de* mí, sino qué quería hacer *en* mí.

Reconozco que en esto soy falible. Reconozco que el llamado es un rito comunitario y que descansa en la mano de la congregación a la cual sirvo, y no en mi propio entendimiento subjetivo. Pero aun así. Después de todos estos años, estoy agradecido por esa sensación de llamado.

El llamado no significa que uno no puede fallar. Cuando nuestra iglesia estaba emprendiendo un nuevo ministerio, un miembro del equipo se me acercó y me preguntó: «¿Qué pasa si fallamos? ¿Significará que no discernimos correctamente la voluntad de Dios? ¿Cómo sabemos que tendremos éxito?».

Discernir las puertas abiertas nunca es lo mismo que encontrar el éxito asegurado. De hecho, Dios llamó a muchas personas para que pasaran por puertas que los llevarían a dificultades enormes y que no tendrían ninguna recompensa visible. A Jeremías le decían el profeta llorón por un motivo. Juan el Bautista perdió la cabeza. En Silicon Valley, donde trabajo, los inversionistas de capital de riesgo suelen tener como norma no invertir nunca en alguien que no haya fracasado con una cantidad importante de dinero y de tiempo. ¿Por qué? Porque saben que las personas aprenden del fracaso, que los que se preocupan de evitar el fracaso nunca se arriesgarán lo suficiente como para realizar una innovación audaz. ¿Por qué tenemos el concepto de que a Dios le interesa ayudarnos a vivir la vida evitando el fracaso?

En Hechos 16, Pablo está preso en Filipos, a pesar de haber sido llamado a ir allí por medio de una visión. Un terremoto hace temblar la prisión y las puertas de la cárcel se abren, ¡pero Pablo no sale a través de ellas! Al parecer, para él no es una decisión particularmente difícil. Aunque la puerta de su celda está abierta de par en par, ve otra puerta más grande que se abre para él. Tiene muy en claro el propósito de su vida: abrir puertas espirituales para otros. Puede hacer eso mejor estando encadenado que como un prófugo, como vemos cuando leemos que su carcelero llega a la fe en Cristo a través del testimonio de Pablo. Pablo elige la puerta más grande, aun cuando parece un fracaso.

La puerta definitiva

La sabiduría es maravillosa. Al pueblo de Israel le fascinaba la sabiduría. A los pueblos de la antigüedad les fascinaba la sabiduría. La sabiduría da lugar a mejores amistades, un mejor carácter, una mejor vida, mejores finanzas, mejores trabajadores, mejores comunidades, mejores ciudadanos, mejores países, mejores padres. Pero las personas sabias también se enferman de cáncer. A las personas sabias también las traicionan. Las personas sabias también se mueren. La literatura sapiencial bíblica reconoce los límites de las decisiones humanas sabias. Es por eso que, en la Biblia, la sabiduría es algo más que el manejo de la vida. La sabiduría clama desde el lugar más alto de la ciudad, y luego, un día, vino al lugar más bajo de la tierra.

Hay un tema interesante de la sabiduría en la vida de Jesús. Él decía cosas tan extraordinarias que Marcos dice que las personas preguntaban: «¿De dónde sacó toda esa sabiduría y el poder para realizar semejantes milagros?». Poco a poco, con el tiempo, estos autores del Nuevo Testamento que habían sido criados para amar, venerar y apreciar la sabiduría, se dieron cuenta de que algo había sucedido en Jesús. Pablo se maravilla de las riquezas disponibles en Cristo, en quien «están escondidos todos los tesoros de la sabiduría y el conocimiento» (Colosenses 2:2-3).

Pablo escribe este fabuloso pasaje de Colosenses usando imágenes que describen la sabiduría en el Antiguo Testamento, pero aquí las aplica todas a Jesús. Dice: «Cristo es la imagen visible de Dios, que es invisible; es su Hijo primogénito, anterior a todo lo creado» (Colosenses 1:15, DHH). Vea, eso es sabiduría. «Por medio de él fueron creadas todas las cosas [...] sean tronos, poderes, principados o autoridades: todo ha sido creado por medio de él y para él. Él es anterior a todas las cosas». Cualquiera que leyera eso identificaría que todas esas son las declaraciones que Dios hizo sobre la sabiduría de Dios, que a ellos siempre les habían fascinado tanto: «que por medio de él forman un todo coherente» (versículos 16-17, NVI).

«Cristo, en quien están escondidos todos los tesoros de la sabiduría y del conocimiento» (Colosenses 2:2-3, NVI). Dios ha hecho algo asombroso. La Sabiduría, que habita en el lugar más alto, ha descendido al lugar más bajo. La sabiduría que se ve en la Biblia (la sabiduría que se ve hoy) no es solamente la habilidad de tomar buenas decisiones. Un día, la sabiduría entró a la carne humana, la Palabra (*logos*). ¿Toda esa cuestión al principio del Evangelio de Juan? Todo es el lenguaje de la sabiduría. La Sabiduría vino en carne y dijo cosas raras que nadie jamás había dicho antes.

El pueblo de Israel sabía cuál era su problema: Roma. Y sabía cuáles eran sus opciones: la puerta 1 era derrocar a los romanos por odio (los zelotes); la puerta 2 era replegarse de los romanos con desprecio (un grupo llamados los esenios); la puerta 3 era colaborar con los romanos por interés propio (los saduceos). Jesús, quien es la Sabiduría en forma humana, vio una alternativa que nadie había identificado: el amor sacrificial y el poder de la resurrección. Al elegir encarnar esta opción, Jesús es el único que nos abrió el camino hacia Dios.

Y así lo dijo: «Yo soy la puerta; los que entren a través de mí serán salvos. Entrarán y saldrán libremente y encontrarán buenos pastos» (Juan 10:9). La puerta definitiva es una Persona.

La Sabiduría nombró la puerta menos elegida: «Toma tu cruz y muere a ti mismo y, luego, si mueres, vivirás».

La Sabiduría amó, y la Sabiduría sufrió en una cruz, y la Sabiduría murió y la Sabiduría volvió a la vida. La Sabiduría, gracias a Dios, es mucho más que el sentido común, los consejos prácticos y sortear la vida prudentemente y bien. La Sabiduría lo apuesta todo en Dios, muere en una cruz y resucita al tercer día. La Sabiduría está viva hoy y puede caminar conmigo al pasar por las puertas que tengo enfrente. Los autores del Nuevo Testamento se dieron cuenta de que todo lo que les había fascinado, lo que habían valorado y apreciado de la sabiduría, lo encontraron en Jesús.

Jesús tiene una novia. Esta novia se llama la *iglesia*, y él regresará por ella.

Si le fascina tanto la sabiduría, ¿por qué no se casa con ella?

Un día lo haremos.

CAPÍTULO 6

CÓMO CRUZAR EL UMBRAL

Un hombre llamado Sylvester creció en el Sur Profundo de los Estados Unidos durante la Gran Depresión. Creció y llegó a ser un genio en identificar y atravesar las puertas abiertas, un hombre de una inmensa dignidad, fortaleza y valor. Pero mi historia favorita de él es cómo conoció a su esposa.

Conoció a Bárbara en una cita a ciegas. Jamás la había visto. Ella jamás lo había visto a él. Ella había escuchado hablar de él. Era un joven deportista. (De hecho, el hijo de ellos jugó en las ligas mayores durante muchos años). Sonó el timbre de la puerta, y Bárbara fue a abrirla. Estaba toda arreglada. Abrió la puerta, y ahí había un hombre devolviéndole la mirada. Pero no se parecía en nada a lo que ella esperaba. Era un hombre lamentablemente fuera de forma que, obviamente, no cuidaba su cuerpo. No parecía en absoluto el joven deportista que le habían descrito.

Se quedó ahí parada por un momento, sorprendida y confundida, y luego, de pronto, otro tipo salió de un salto detrás de él y dijo: «¡Yo soy Sylvester! ¡Vas conmigo!». Ella se preguntó de qué se trataba todo eso. Resulta que Sylvester le había pedido al otro tipo que lo acompañara porque jamás había visto a Bárbara, y si Bárbara resultaba ser fea, ella saldría con el otro. Cuando la vio, él se entusiasmó tanto que no quiso que hubiera ninguna confusión: «¡No! ¡No! ¡No! ¡Yo soy Sylvester! ¡Él no!».

Estuvieron casados durante sesenta años.

Es bueno elegir prudentemente sus puertas. Pero cuando vaya, vaya.

No soy el responsable de qué puertas se me presentarán a lo largo de mi vida. Tal vez no pueda forzar que una puerta cerrada se abra. No soy quien decide qué hay detrás de la puerta. Pero sí soy el responsable de una dinámica: cuando una puerta se abre, yo elijo cómo responder. A veces, lo que uno hace después de que se abre la puerta es lo que marca la diferencia.

A menudo, cuando tomamos una decisión en la vida, se nos presenta la tentación de obsesionarnos con la pregunta de si elegimos la puerta correcta. Muchas veces, eso sucederá más cuando menos sirva, cuando estemos frustrados o deprimidos por la puerta que hemos escogido.

Cuando he hecho esto, he comparado los mejores aspectos imaginarios de la Opción B con las dificultades más exageradas de la opción que elegí. Pensé en cuán amables habrían sido las personas en el Lugar B, o cuánto mejor habría encajado en el Trabajo B, o cuánto mejor podría haber sido mi educación en la Universidad B. (Ni siquiera he tenido una Esposa B, lo cual es tanto entendible como extremadamente afortunado).

Lo que no reconozco al hacer esto es que no hay un guión de cómo habrían sido las cosas con el Plan B, así como no hay un guión de cómo serán las cosas con el Plan A. El mayor condicionante de cómo serán las cosas con el Plan A es si me meto de lleno en esta nueva temporada de puerta abierta con gran entusiasmo, oración, esperanza y energía.

Si me quedo pensando en lo que podría haber sido, me privo a mí mismo de la energía y el espíritu para ver todas las puertas pequeñas que Dios pone cada día delante de mí. Me privo de los recursos espirituales que precisamente necesito para encontrar la vida con Dios aquí y ahora.

En otras palabras, a menudo, lo más importante no es la decisión que tomo, sino cómo me meto de lleno a llevarla a cabo bien. Es mejor pasar por la puerta equivocada con lo mejor de usted, que por la mejor puerta con lo peor de usted. A veces, la manera en que atravieso la puerta importa más que la puerta que atravieso.

Doris Kearns Goodwin escribe que una de las razones por las que la sociedad estadounidense quiso tanto a Teddy Roosevelt fue la incontenible exuberancia con la que aprovechaba la vida. Nunca atravesó una puerta ni se involucró en un compromiso a medias. Si se metía en algo (fuera lo que fuera), se metía del todo. Un contemporáneo de él recuerda que, con su gran energía, incluso «bailaba tal como uno esperaba que bailara si lo conocía. Daba brincos»[1].

Dar brincos es lo que hacen los niños. Usted puede caminar dando un paso a la vez, pero brincar es algo que se hace con todo el ser. Hasta los adultos brincan cuando viven un momento de gran alegría, cuando aciertan la lotería o ganan la Serie Mundial, o cuando uno hace la propuesta y ella dice que sí.

Si usted está atravesando una puerta abierta, no renguee al cruzar el umbral. Brinque.

Muchas veces no somos capaces de atravesar las puertas abiertas con entusiasmo porque experimentamos lo que denominamos a veces remordimiento del comprador. Las personas son más propensas a padecer remordimiento del comprador en tres condiciones:

- He puesto mucho esfuerzo en la decisión (me costó tiempo, dinero o energía considerables).
- La decisión era mi responsabilidad (así que no puedo echarle la culpa a nadie más).
- La decisión implica un gran compromiso (no puedo mudarme de esta casa por un largo tiempo).

Las decisiones espirituales claves a menudo requieren un gran esfuerzo, una gran responsabilidad y un gran compromiso. Eso implica que muchas veces conllevarán remordimiento del comprador.

Es algo que vemos en abundancia en Éxodo. El pueblo de Israel está emocionado de atravesar la puerta que Dios le ha abierto de la liberación de Egipto y la esclavitud. Pero, poco tiempo después de cruzar el mar Rojo, el remordimiento del comprador empieza a hacer efecto:

Cómo nos acordamos del pescado que comíamos gratis en Egipto y teníamos todos los pepinos, los melones, los puerros, las cebollas y los ajos que queríamos. ¡Pero ahora lo único que vemos es este maná! Hasta hemos perdido el apetito. (Números 11:5-6)

Mientras tanto, a Moisés lo asaltan las dudas sobre la decisión de haber atravesado la puerta del liderazgo:

Y le dijo al SEÑOR: «¿Por qué me tratas a mí, tu servidor, con tanta dureza? ¡Ten misericordia de mí! ¿Qué hice para merecer la carga de todo este pueblo? ¿Acaso yo los engendré? ¿Los traje yo al mundo? ¿Por qué me dijiste que los llevara en mis brazos como una madre a un bebé de pecho? ¿Cómo puedo llevarlos a la tierra que juraste dar a sus antepasados? ¿De dónde se supone que voy a conseguir carne para toda esta gente? No dejan de quejarse conmigo diciendo: "¡Danos carne para comer!" ¡Solo no puedo soportar a todo este pueblo! ¡La carga es demasiado pesada! Si esta es la manera como piensas tratarme, sería mejor que me mataras». (Números 11:11-15)

Tener dudas o remordimiento del comprador es algo inevitable al atravesar las puertas abiertas. No es fatal. No es definitivo.

Reconocer la angustia de tomar decisiones difíciles puede ayudarlo a evitar una de las peores trampas sobre-espiritualizadas en las que caen las personas cuando están frente a una oportunidad sobrecogedora: el «No me siento en paz con el tema» que ponemos de excusa para rendirnos al miedo o a la pereza. En esta situación, tomamos la presencia de la ansiedad interna como una razón sobrenatural para evitar enfrentarnos al desafío, en vez de verlo como es: una simple señal de inmadurez espiritual.

«¿Por qué no terminas con esa relación en la que te comportas como una enredadera necesitada, desesperada y dependiente con una persona que simplemente no está muy interesada en ti?».

«¿Por qué no tienes una conversación sincera con esa persona de tu trabajo/familia/grupo pequeño que está comportándose mal y a quien juzgas en secreto y contra quien estás resentido?».

«¿Por qué no sales de tu rutina haciendo este viaje o tomando esta clase u ofreciéndote como voluntario en esas zonas?».

«Bueno, lo haría, pero es que no me siento en paz con el tema».

Si «sentirse en paz con el tema» fuera el máximo criterio

para pasar por las puertas abiertas, nadie en la Biblia hubiera hecho nada de lo que Dios le pidiera. La secuencia bíblica generalmente no es:

- el llamado;
- un profundo sentimiento de paz al respecto;
- la decisión de obedecer;
- pan comido de ahí en adelante.

Más bien, suele ser:

- el llamado;
- terror absoluto;
- la decisión de obedecer;
- grandes problemas;
- más terror;
- dudas y reconsideraciones;
- repetir varias veces;
- una fe más profunda.

No es nada inusual tener dudas y reconsiderar el atravesar una puerta. No es una señal automática de que me he equivocado de decisión. Ni siquiera es un buen indicador del futuro. Los sentimientos de Israel oscilaban sobre la decisión que habían tomado de pasar por la puerta abierta del mar Rojo. En un momento estaban aterrorizados («¿Desafiar al Faraón? ¡No me parece!»). Al siguiente, exultantes («¡El mar Rojo se ha abierto!»). Luego, la decisión les parecía horrible

(«¿Otra vez maná?»); después, maravillosa («Trae la escopeta de papá: ¡mira las codornices!»).

La Biblia nunca le manda a nadie: «Si tienes dificultades en tu matrimonio, trata de manejarlas pasando una gran cantidad de horas especulando sobre qué habría pasado si te hubieras casado con otra persona. Contrasta gráficamente las fortalezas hipotéticas de tu cónyuge ficticio con los defectos de alta definición de tu actual pareja».

Existe una cura para el remordimiento del comprador. Hay una mejor manera de atravesar la puerta: con todo el corazón.

Brinque.

Discernir el entusiasmo

Nunca he escuchado a un entrenador de fútbol americano decirle a su equipo que salgan a la cancha y den el 90 por ciento. Nadie puede imaginar a un gran líder parado ante su equipo, diciendo: «Ahora, vayan y entreguen... casi todo lo que tienen».

Nunca he estado en una boda en la que el novio le dijera a la novia: «Con este anillo te desposo y prometo amarte y respetarte por una buena parte del tiempo». De hecho, hay una antigua tradición de que cuando una pareja de recién casados cruza el umbral por primera vez, el novio carga a la novia. Es una imagen de confianza y compromiso de todo corazón.

Nunca he visto a un gerente de una gran organización entrevistar a un empleado y decirle: «Esperamos que usted rinda cuatro quintos del esfuerzo de un buen día de trabajo».

Pero, a veces, las personas tratan de atravesar puertas que implican un gran desafío con un compromiso de baja calidad. Y el resultado es la derrota. Cuanto más grande sea la puerta, mayor será el llamado a hacerlo de todo corazón.

Quizás esté pensando: «¿Quiere decirme que podría existir la expectativa de que yo, voluntariamente, sufra pérdidas, me abstenga del placer que podría haber sentido de otro modo, sacrifique mi comodidad, rebaje mi ritmo de vida, resigne mi tiempo, confiese mi pecado, rinda cuentas ante una congregación o doblegue mi orgullo?».

Así es.

La manera de atravesar una puerta abierta de Dios es con todo el corazón. Y «con todo el corazón» significa que hay que hacer un sacrificio; elegir una cosa significa no elegir otra.

Un rey del Antiguo Testamento es descrito de esta manera: «Amasías tenía veinticinco años cuando subió al trono y reinó en Jerusalén veintinueve años. [...] Hizo lo que era agradable a los ojos del Señor, pero no de todo corazón» (2 Crónicas 25:1-2). Amasías cumplió horarios, siguió las reglas y llenó los casilleros, pero no lo hizo con entusiasmo. Obedeció a Dios... hasta cierto punto. Trabajó para reformar las cosas... hasta que le costó algo. Es una manera desdichada de vivir.

Contraponga eso con esta breve frase de resumen de David. Dios dice: «He encontrado en David, hijo de Isaí, a un hombre conforme a mi propio corazón; él hará todo lo que yo quiero que haga» (Hechos 13:22). David es señalado como un hombre conforme al corazón de Dios. Cuando uno profundiza en su historia, esto puede llegar a ser algo confuso porque David es culpable de adulterio, asesinato y encubrimiento. Como marido es un desastre, y es peor como padre. Pero su corazón le pertenece a Dios. Toda su vida está impregnada de la presencia y la historia de Dios. Lo que lo anima es servir a Dios y amar a Dios, y cuando mete la pata (y vaya que lo hace), se arrepiente y quiere volver a arreglarse con Dios.

En el mundo antiguo, el corazón era el centro de la persona. No se trataba solo de los sentimientos, como nosotros solemos pensar del corazón, sino del núcleo del propio ser; particularmente, de la voluntad. Por eso, la devoción de todo corazón refleja aquello que yo elijo adoptar con todas mis energías. Como dice el antiguo himno «Hokey Pokey», meto todo mi ser.

Cuando David dirigió el regreso del arca a Israel, se nos dice que bailó delante de Dios «con todas sus fuerzas». Metió todo su ser. Si nos preguntamos cómo fue esa danza, el texto nos dice que «el rey David saltaba y danzaba ante el SEÑOR» (2 Samuel 6:14, 16). David danzaba como Teddy Roosevelt.

Brincaba.

Una de las formas de ver si su corazón realmente está comprometido es preguntarse: «¿Cuáles son mis sueños? ¿Qué acciones pongo en marcha libremente?». El compromiso del 100 por ciento es verdaderamente una cuestión de «¿Dónde está mi corazón, en realidad?».

Cuando nuestros hijos eran pequeños, recuerdo una vez que Nancy y yo tuvimos un conflicto. Era un problema sobre la división de las tareas. «¿Quién hace la mayor parte del trabajo en la casa?». Nancy sentía que yo realmente estaba haciendo demasiadas cosas de la casa y que podría agotarme. Excepto en los días de la semana que terminan en letra ese u o, cuando ella sentía que uno de los dos podría estar holgazaneando, y no era ella. Mientras ella hablaba de sus frustraciones, mi experiencia como consejero empezaba a hacer efecto. La escuchaba. Mostraba empatía. Asentía con la cabeza. Mostraba compasión. He aquí lo que *no* hacía: no decía, ni siquiera en mi interior: «Haré todo lo que sea necesario (servir, acompañar, discutir, iniciar) para que lleguemos a un punto en el que no vivamos crónicamente frustrados y trabados por este tema».

Estaba utilizando sutilezas para no tener que honrar un compromiso. Fui agradable y amable, pero estaba evadiendo hacer en realidad lo que había dicho que haría. Estoy muy agradecido de que la persona con la cual Dios me hizo casarme no me deja escaparme del compromiso con sutilezas. Debería decir que la *mayoría* de las veces estoy agradecido. La mejor parte de mí siempre está agradecida por eso.

Amasías pasó veintinueve años de su vida evadiendo su compromiso con Dios por medio de sutilezas. Hacía lo correcto, pero su corazón estaba en otra parte.

Yo sé a qué está dedicado mi corazón porque descubro que mis sentimientos y mi adoración giran en torno a eso. Como todo el mundo sabe, David escandalizó a su esposa al danzar «ante el Señor con todas sus fuerzas» (2 Samuel 6:14). Todos danzamos por algo.

¿Ha cruzado recientemente el umbral de una puerta abierta? ¿Cuán comprometido está? Así como un electrocardiograma puede medir la salud de nuestro corazón físico, es útil tener un instrumento que pueda medir el nivel de nuestro entusiasmo:

- ¿Hablo de este compromiso con otras personas para crear una especie de responsabilidad pública por mis actos?
- ¿Me hago responsable de mi crecimiento? ¿Leo libros, ejercito mis capacidades y me reúno con personas más maduras que yo para que me ayuden a desarrollarme?
- ¿Me quejo de las dificultades de una manera que puede racionalizar sutilmente una participación con poco entusiasmo?
- ¿Sobrellevo el desánimo hablándole a Dios y pidiéndole fuerzas para perseverar?
- ¿Reconozco y festejo aun los pequeños pasos que doy en la dirección correcta?
- El apóstol Pablo escribe: «Trabajen con mucho ánimo, y no sean perezosos. Trabajen para Dios con mucho entusiasmo» (Romanos 12:11, TLA). El «ánimo» es un gran poder; debo seguirle la pista y protegerlo. En la actualidad, ¿soy sincero en cuanto a mi nivel de ánimo? Si mi ánimo flaquea, ¿tomo medidas de descanso, renovación, recreo o discusión para renovarlo?

Las instrucciones de Jesús para atravesar una puerta
En el capítulo 4, vimos que hay muchas frases que la gente cree que están en la Biblia, pero que en realidad no están.

Aquí tenemos otra que casi todo el mundo cree que dijo Jesús: «Estén en el mundo, pero no sean del mundo».

En realidad, Jesús nunca dijo eso. La idea de que tenemos que estar «en, pero no ser» del mundo a veces ha llevado a los cristianos a un tipo de separación equivocada, a estar tibiamente en el mundo.

Esto es lo que sí dijo Jesús:

Yo les he dado tu palabra y el mundo los ha odiado, porque no son del mundo, como tampoco yo soy del mundo. No te ruego que los saques del mundo, sino que los guardes del maligno. Ellos no son del mundo, como tampoco yo soy del mundo. Santifícalos en la verdad; tu palabra es verdad. Como tú me enviaste al mundo, yo también los he enviado al mundo. (Juan 17:14-18, LBLA)

¿Adónde envió Jesús a los discípulos? Al mundo.

Es un poco impreciso, ¿no? Si yo fuera uno de esos primeros discípulos, creo que preferiría que él lo delimitara un poco. Pero Jesús no parece tan preocupado acerca de qué puerta atravesarían sus discípulos, sino de cómo la atravesarían.

«Como tú me enviaste al mundo, yo también los he enviado al mundo». Jesús no dice: «Traten de evitar al mundo. No dejen que los contamine. Tengan la menor relación posible con él. Júntense solamente con personas cristianas de la iglesia y traten de no acercarse a los que digan palabrotas ni a los que sean malas personas». Él dice que ser enviado como un agente de Dios a su trabajo, a su barrio, a su red social, a sus circunstancias y a sus situaciones es la razón por la que usted está en esta tierra. Dice: «Como el Padre me envió a mí, así yo los envío a ustedes» (Juan 20:21).

Esto nos lleva a una dinámica sobre el compromiso que podemos ver en equipos, en familias, en lugares de trabajo, en iglesias y en la vida espiritual en general. Cuando alguien está profundamente comprometido de todo corazón (no por culpa, ni por obligación, ni por presión, sino porque está convencido de que esta causa es absolutamente digna de dedicarle su única vida), le encanta ser cuestionado acerca de ese compromiso. Le encanta ser llamado al compromiso, renovarse en él, volver a ser desafiado por él, tener a alguien que le diga: «Pondré la barra muy, muy alta».

Cuando las personas son ambiguas en cuanto a sus compromisos, cuando han hecho concesiones, cuando tienen sentimientos encontrados, realmente no les gusta hablar de su compromiso. Los hace sentir incómodos.

Anteriormente vimos en el Evangelio de Mateo que Jesús hace énfasis en *cómo* irán sus discípulos, en vez de *adónde* irán. Los manda de dos en dos a una misión. (Curiosamente, el pasaje no habla de quién fue enviado con quién. Eso es lo que a nosotros nos gustaría saber, pero a Jesús no le preocupa la pregunta de «quién»). El texto no nos dice específicamente dónde se suponía que debían ir: «Cada vez que entren en una ciudad o una aldea...» (Mateo 10:11). Jesús no le pone mucha atención a los detalles que a mí más me gustaría saber: adónde o con quién. Lo que a él le interesa es *cómo* irán.

Les dice a sus seguidores cómo deben ser enviados. Les da tres imágenes, cada una con un animal, para describir cómo debemos atravesar las puertas que Dios pone delante de nosotros. Son las tres dimensiones de vivir de todo corazón que se necesitan para entrar bien por las puertas abiertas.

Ovejas en medio de lobos

«Los envío como ovejas en medio de lobos» (Mateo 10:16). Es una metáfora inesperada. La oveja no es un animal inspirador.

Hay apodos de animales para todo tipo de equipos deportivos. En los Estados Unidos, están los Bears [osos], los Tigers [tigres], los Lions [leones], los Diamondbacks [serpiente de cascabel diamantino], los Wolverines [glotones], los Badgers [tejones], los Sharks [tiburones] (estos son animales peligrosos), los Eagles [águilas], los Hawks [halcones], los Bulls [toros], los Panthers [panteras], los Bengals [tigres de Bengala], los Raptors [aves de rapiña], los Bobcats [linces], los Broncos [caballos salvajes], los Grizzlies [osos pardos]. No conozco ni un solo equipo (profesional, universitario o de escuela secundaria) llamado simplemente las Ovejas. «Las Ovejas de San Francisco» no asustan a nadie*.

Puedo recordar solamente una oveja mínimamente famosa. Cuando yo era chico, había una titiritera llamada Shari Lewis. Tenía un pequeño títere oveja al que, por alguna razón inexplicable, le había puesto Lamb Chop (chuleta de cordero). Ese es un nombre terrible para una oveja. ¿Cómo

---

* Nota: La Universidad de Monterrey tuvo que agregar «salvajes» para hacer que los Borregos sean temibles.

se hacen las chuletas de cordero? ¡Matando al cordero! Y después, se las come. Eso es lo que es una chuleta de cordero. Pero así le había puesto ella a su títere ovejita: Lamb Chop. Es algo muy raro.

Jesús dice: «Los envío como ovejas». No se detiene ahí. «Los envío como ovejas *en medio de lobos*». Pregunta: ¿cómo va una oveja en medio de los lobos? Respuesta: con mucho cuidado. Con mucha *humildad*. La oveja no sale y dice: «¡Oigan, lobos, estoy aquí para meterlos en vereda! ¡Lobos, conmigo se van a poner las pilas!».

Esta asignación no suena muy glamorosa. Pero si uno lo piensa, se requiere que la oveja tenga un poco de valentía para que la manden a los lobos.

Ser enviado como una oveja significa que no empiezo con lo inteligente o fuerte o impresionante que soy.

Pero es curioso. A las ovejas se les abren puertas que nunca se les abrirían a los lobos.

En Génesis, toda la vida de Jacob es asir y manipular. Finalmente, en su desesperación, es visitado por Dios. Lucha durante la noche y recibe una bendición, pero en el proceso, se nos dice que recibe una herida en la cadera, y que la herida no sana.

Él sale para ver a su hermano, Esaú, y la larga batalla que tenían finaliza. Cuando Esaú ve a Jacob, se le derrite el corazón. ¿Por qué?

Tal vez sea porque Esaú ve su debilidad cuando Jacob camina hacia él. Tal vez Jacob deja que su renqueo marque el tono.

A las ovejas se les abren puertas que nunca se les abrirían a los lobos.

Escuché a la investigadora Brené Brown contar que, una vez, cuando iba a hablar sobre la vulnerabilidad, su charla iba a ser interpretada para personas con discapacidad auditiva. Ella preguntó qué seña se usaría para la palabra *vulnerable*. La intérprete tenía dos opciones. La primera era dos dedos doblados en la otra mano; significa «temblar las piernas». «Debilidad» no era lo que ella quería. ¿Cuál era la otra opción?

Número dos era que la traductora haría mímica de que se abría el abrigo para descubrirse. Revelarse con valentía y de manera arriesgada. Eso es todo. Brené dijo: «Solo que cuando hago lo segundo, siento lo primero».

Si atravieso la puerta con todo mi corazón, soy vulnerable a la decepción y al fracaso. Soy vulnerable porque no soy lo suficientemente fuerte.

La paradoja de Jesús es que la vulnerabilidad es más fuerte que la invulnerabilidad.

Hace poco me encontré con un hombre que había sido mi maestro de la escuela dominical cuando yo tenía unos doce años. Él se rio conmigo de la vez que lo corregí por pronunciar mal una palabra. Pero no me pareció gracioso. Reflexioné sobre mi necesidad de parecer inteligente y cuántas veces esa necesidad me ha hecho atentar contra el amor. Alguien dijo alguna vez que lo que el mundo necesita no son más genios, sino más creadores de genios, personas que enriquezcan y no aminoren los dones de las personas que las rodean.

Las ovejas hacen eso.

«Los envío como ovejas en medio de lobos». «Los envío como Albert Schweitzer, quien renuncia a su estatus de teólogo brillante y músico de primera categoría para servir a los más pobres de los pobres en otro continente, y resulta que es la puerta más grande que atravesó en toda su vida».

Generalmente, cuando los líderes quieren levantar muy en alto la moral de las tropas, les describen una imagen sumamente vívida del enorme y glorioso éxito que serán. Escuche qué les dice Jesús a sus discípulos la primera vez que los envía. Mientras escucha estas palabras, imagine que usted es uno de los discípulos y que está en el corrillo. Muchas veces, justo antes del partido, todos los del equipo ponen sus manos en el corrillo y hacen una última arenga. Luego gritan: «¡Vamos, equipo!» y juegan el partido. Esta es la arenga de Jesús. Los discípulos están saliendo a su primer partido. Y esto es lo que Jesús les dice para ponerlos en marcha:

> Tengan cuidado, porque los entregarán a los tribunales
> y los azotarán con látigos en las sinagogas. [...]
> Cuando los arresten, no se preocupen por cómo
> responder o qué decir. [...] Un hermano traicionará a
> muerte a su hermano, un padre traicionará a su propio
> hijo, los hijos se rebelarán contra sus padres y harán
> que los maten. Todas las naciones los odiarán a ustedes
> por ser mis seguidores. (Mateo 10:17, 19, 21-22)

¡Vamos, equipo!

¿Quién habla de esa manera? ¿Por qué hace eso Jesús?

Porque quiere que sus seguidores sepan que seguirlo no es una promesa de que serán exitosos. No significa que vamos a ir allá afuera y nos cubrirán de gloria a la manera que nuestro mundo concibe la gloria. Las ovejas no son animales heroicos. Parte de lo que Jesús está llamando a sus amigos a hacer es que mueran a los valores del heroísmo, del éxito y de la gloria según el mundo. «Van a tener que morir a eso. Habrá resistencia. Habrá un costo. Se necesitará un tipo distinto de héroe».

El mejor momento de la iglesia siempre es cuando entra humildemente en el mundo, como una oveja entre los lobos. Irónicamente, algunos siglos después de Jesús, cuando la iglesia ciertamente adquirió cierto poder político y económico, perdió gran parte de su poder espiritual. Uno de los seguidores de Cristo, Juan Crisóstomo, reflexionaba en este versículo acerca de ser enviado por Jesús como ovejas entre los lobos y en cómo el concepto fue perdiéndose a medida que la iglesia ganó poder. Dijo: «Entonces, avergoncémonos, quienes hacemos lo contrario, quienes nos lanzamos como lobos sobre nuestros enemigos. Porque cuando somos ovejas, vencemos. [...] Pero si nos convertimos en lobos, somos vencidos, porque la ayuda de nuestro Pastor se aparta de nosotros: pues él no alimenta lobos, sino ovejas»[2].

Jesús dijo: «Como el Padre me envió a mí, así yo los envío a ustedes». Cuando Juan el Bautista vio a Jesús por primera vez, dijo: «¡Miren! ¡El Cordero de Dios, que quita el pecado del mundo!» (Juan 1:29).

En Apocalipsis vemos una imagen maravillosa y fabulosa. Juan dice que ha tenido una visión de Jesús, el León de Judá, en todo su poder. Luego, la metáfora cambia, y Juan dice que vio a Jesús, el Cordero que fue sacrificado. El León de Judá vino al mundo y se convirtió en el Cordero quien fue sacrificado. «Los envío como ovejas en medio de lobos».

En mi escritorio, guardo una notita con la cita de las sabias palabras de un mentor espiritual: *No te esfuerces por promoverte a ti mismo. Deja que Dios te promueva. Sirve a los demás.*

Así es como se atraviesan las puertas abiertas como una oveja.

Astutos como serpientes

No solo eso. Enseguida, Jesús dice: «Sean astutos como serpientes» (Mateo 10:16). «Quiero que sean tan listos y perspicaces como serpientes». Me encanta que Jesús haya incluido esto. Muy a menudo, la gente piensa en Jesús como un soñador ingenuo y de buenas intenciones, que flotaba serenamente por encima de las dificultades y de la realidad humana. Él no era así. Entre otras cosas, era muy serio en cuanto a realmente cumplir su obra.

Esto es parte de cómo se ve el entusiasmo. Usted mete su ser de lleno, incluidos su mente y sus talentos. Jesús quería personas que no solo se consagraran a él «espiritualmente», sino que también estuvieran completamente despiertos y dispuestos a enfrentar la realidad, y que en efecto pensaran en estrategias y tácticas y en cómo ser eficaces. Se tomarían muy en serio el fracaso, tratarían de aprender de él y procurarían mejorar. Se arremangarían la camisa. Con la misma seriedad que tendría un director ejecutivo en una corporación que solamente se dedica a ganar dinero, ellos serían más serios en cuanto a extender de verdad la obra del reino de Dios, porque cuando algo importa, uno es cuidadoso acerca de en manos de quién lo deja.

Alguien me envió unas ampliaciones a la Ley de Murphy que dice: «cualquier cosa que pueda salir mal, saldrá mal». Una de ellas era: «Cuando vayas a la corte, recuerda que estás poniéndote en manos de doce personas que no fueron lo suficientemente inteligentes como para escaparse del servicio de jurado».

Jesús quiere poner su movimiento en las manos de personas que son tan realistas y serias en cuanto a realmente prevalecer, realmente ser efectivas (con la ayuda de Dios, que es la única manera de que esto suceda) —para intentarlo, evaluarlo, aprender, ser sabios— como se suponía que eran las serpientes en aquella época. Sea tan astuto, listo, inteligente y perspicaz como pueda. Es posible que eso no parezca impactante (no estoy seguro de que todos los discípulos fueran tan estratégicamente brillantes como Pablo). Pero Dios no me pide que sea Pablo. Él ya tuvo a Pablo. Solo me pide que yo sea tan «astuto como las serpientes» como me sea posible. Me encanta que Jesús haya dicho esto. Muchas personas no lo esperarían de él.

¿Cómo sabemos qué puertas puede abrir Dios para nosotros? Sea astuto como una serpiente. Aunque las puertas abiertas entrañan misterio y aventura, generalmente no llegan al azar. Requieren un alto grado de aprendizaje y conocimiento.

El experto vocacional Andy Chan observa que, en particular, su llamado o su vocación en la vida requerirán que usted domine dos áreas de conocimiento: conocerse a usted mismo y conocer el mundo al que quiere impactar[3].

Podríamos visualizar ese tipo de conocimiento de la siguiente manera:

autoconsciencia

CAMALEÓN	AGENTE DE CAMBIO
DESPISTADO	ERMITAÑO

consciencia del mundo

Puedo tener una alta o una baja autoconsciencia, y puedo tener una alta o una baja consciencia del mundo que me rodea, al cual quiero impactar. Si tengo una elevada autoconsciencia, pero cuento con una baja consciencia del mundo, soy un *ermitaño*. Estoy en armonía con mis propios pensamientos y sentimientos, pero no sé cómo conectarlos para ayudar al mundo de Dios. Si tengo una elevada consciencia del mundo que me rodea, pero tengo una baja autoconsciencia, soy un *camaleón*. Estoy exquisitamente sintonizado con el mundo exterior, pero desconozco los dones y los valores que Dios creó para que yo aporte al mundo, entonces, simplemente, me integro. Si tengo una baja autoconsciencia, así como una baja consciencia del mundo, estoy completamente *despistado*.

Pero si tengo una elevada autoconsciencia y una alta consciencia del mundo que me rodea, estoy listo para ser un *agente de cambio*. Eso es ser astuto como una serpiente.

LA AUTOCONSCIENCIA

¿Quién es usted? Andy dice que esta pregunta es la base de toda la exploración vocacional y el desarrollo profesional. Al tener una vista clara de sus intereses y sus fortalezas (esas habilidades para las que uno es bueno y que más disfruta usar), su aptitud, sus talentos, su personalidad, sus aspiraciones y sus experiencias de la vida, puede comenzar a visualizar qué tipo de trabajo (y qué tipo de vida) podría ser atractivo y significativo para usted. Quizás le fascine el aprendizaje, o se aviva cuando dirige a las personas o forma un equipo. Quizás sea creativo y artístico y ame la belleza. O quizás disfrute de poner en orden el caos, o de sanar a los que sufren. Tal vez usted ya tenga una percepción sumamente precisa de todo esto. Sin embargo, probablemente sería beneficioso para usted trabajar con mentores sabios, equilibrados e imparciales que clarifiquen y confirmen su cableado singular. Al conocerse a sí mismo, desarrollará una nueva perspectiva valiosa para evaluar las oportunidades en potencia y priorizar a qué trabajo debería dedicarse y a cuál probablemente no.

Un aspecto decisivo de conocerse a sí mismo es poder definir dónde radica su identidad propia. Muchas veces, los sueños y los intereses profesionales de las personas están impulsados por lo que creen que agradará a sus padres, impresionará a sus amistades, será aceptable para su cónyuge o proporcionará beneficios personales como el dinero, el poder, la influencia o el prestigio. Algunos pueden nombrar estos aditamentos; otros no pueden sin una perspectiva externa junto con una intros- pección reflexiva. Estos aditamentos suelen ser cosas que las personas podrían percibir como importantes para ellas, pero, después de analizarlas en profundidad, realmente no lo son.

Si yo sé qué es lo que más me motiva, podré vivir una vida de dedicación continua. Si conozco mis heridas y mis debilidades, seré capaz de crecer y, quizás, hasta de superarlas. Si conozco a las personas con las que mejor trabajo, podré ser parte de un equipo y no funcionaré únicamente en solitario. De manera que la autoconsciencia significa examinar mis pasiones, mis cicatrices y mis compañeros.

La *pasión* es el área de la vida que lo entusiasma, a la cual me referí en el último capítulo como su problema. Puede ser el hambre en el mundo, o los veteranos desatendidos o quizás la educación. Ve niños pequeños que crecen en los distritos escolares de bajos recursos, quienes nunca tendrán la oportu- nidad de aprender, y le parte el corazón. O ve a las personas que tienen SIDA, quienes no solo han sido marginadas, sino también se encuentran estigmatizadas, despojadas y sin espe- ranza. O a madres solteras, o simplemente la evangelización y la clara proclamación del evangelio. Habrá algo que encienda su pasión. Su pasión es lo que lo hace brincar.

Un área del autoconocimiento subestimada a menudo es

la de tener consciencia de sus *cicatrices*, dónde ha sido herido, porque eso lo preparará para ayudar a otras personas. Este fin de semana, hablé con un hombre que tiene un hijo con un autismo grave, y este papá ha formado una comunidad impresionante para otros padres en situaciones similares. Desde personas que luchan contra las adicciones, a la gente que ha estado en la cárcel, a los que luchan con trastornos emocionales, hasta quienes estén sin trabajo... simplemente un área tras otra. Dios nunca desaprovecha una herida.

Luego hay los *compañeros*. Jesús nunca mandó a sus discípulos aisladamente. Llamó a doce de ellos y después, cuando los envió a una mini-misión, los mandó de a dos para que pudieran ir juntos. Entonces, además de las pasiones y las fortalezas y las cicatrices, habrá personas en su vida que lo apoyarán, lo alentarán y participarán en lo que esté haciendo.

Esto es todo consciencia de sí mismo. Pero también necesita ser consciente de esa parte del mundo en particular sobre la que quiere tener incidencia.

LA CONSCIENCIA DEL MUNDO

Andy dice que, a menudo, quienes buscan trabajo saben muy poco sobre las profesiones que aseguran que les interesan:

En la década pasada, las carreras frecuentemente mencionadas como de interés incluyen la de cirujano torácico, investigador forense y abogado. Eso tiene sentido porque los programas televisivos populares incluyen *Grey's Anatomy* (*Anatomía de Grey*), CSI y *The Good Wife* (*La esposa ejemplar*). Esto es un buen ejemplo de cómo las personas son fuertemente influenciadas por lo que miran, lo que leen y lo que introducen en su mente, en su cuerpo, en su corazón y en su espíritu. Sinceramente, la mayoría no tiene ni idea de lo que verdaderamente implican estas profesiones, qué se necesita para tener éxito y si el trabajo encaja con sus intereses, sus valores, sus fortalezas, su forma de ser y sus aspiraciones[4].

Las personas sabias se convierten en aprendices del mundo, así como de sí mismas. Investigan las oportunidades de ministrar y las descripciones laborales. Hablan con personas que se dedican al tipo de trabajo o de voluntariado que les interesa. Todo el tiempo, recolectan información relacionada con tales posibilidades, en conversaciones, lecturas y experiencias. Realizan experimentos de tiempo limitado y revisan tanto el resultado como sus propias reacciones. Reflexionan.

Nunca somos demasiado viejos para esto.

Hace poco, una mujer cumplió ochenta años y dijo que no quería regalos para ella. Lo que le parte el corazón cuando mira al mundo es que hay lugares en que las mujeres, *millones* de mujeres, tienen que pasar dos o tres horas por día caminando a un pozo para sacar agua potable. Es un campo de tremenda necesidad en nuestro mundo. Entonces ella le dijo a la gente: «No me den regalos; ayúdenme a financiar un pozo». Hasta la fecha, ha financiado tres pozos en zonas de bajos recursos del mundo y está trabajando en una cuarta.

Ochenta años de edad, y aún sigue brincando.

La necesidad no tiene que ser espectacular. Las puertas abiertas están en todas partes. Una de ellas es la oficina de correos de San Pedro, California. Es la oficina de correos más espectacular del mundo. Los empleados lo saludan cuando entra, le hacen bromas mientras espera en la fila y organizan competencias para ver quién puede ayudar más. Una cosa más: no cobran un sueldo. Es la única oficina de correos del mundo donde todos son voluntarios, y ha sido así durante cincuenta años.

Una voluntaria llamada Marsha Hebert se jubiló tempranamente y buscó algo para hacer. «Vi la oficina de correos y pensé: "¡Eso es algo para mí!", porque uno se interrelaciona con el público, y yo digo que también previene el Alzheimer, porque uno tiene que pensar todo el tiempo».

Los voluntarios no solo benefician al público que usa el servicio de correos, sino que todo el dinero que generan se destina a la beneficencia (cientos de miles de dólares cada año)[5].

Ninguna puerta es tan pequeña ni tan común que no pueda ser una de las puertas abiertas de Dios, siempre y cuando usted sea lo suficientemente astuto para verla. Incluso la puerta de la oficina de correos.

Sean inofensivos como palomas

Existe una dimensión más al cruzar el umbral de todo corazón: «Sean [...] inofensivos como palomas» (Mateo 10:16). Las palomas son al mundo de las aves lo que las ovejas son en el reino animal. Son consideradas unas criaturas bastante inocentes. Lo principal que Jesús envía al mundo no es lo que hacemos, sino quiénes somos. Esto también es una señal de entusiasmo. Lo que el mundo necesita no son simples hechos externos aislados, sino un carácter transformado desde adentro. Eso es lo que Jesús quiere liberar en el mundo.

Tengo un amigo que es médico. Hace un par de años, fue a verlo una paciente para hacerse una revisión médica, y a él se le pasó por alto uno de los síntomas que ella tenía. Un año después, ella se enteró de que tenía cáncer. Él pudo haberlo detectado el año anterior, salvo que no se dio cuenta de este síntoma en particular, que resulta que fue causado por el cáncer. Como podrá imaginarse, cuando él se enteró, estaba destrozado.

Él no se detuvo para hablarlo con alguien. Lo primero que hizo fue llamarla, meterse en su auto (es un médico, recuerde), conducir hasta la casa de la mujer, sentarse con ella y con su marido en la veranda de la casa y decirles: «Lo lamento mucho. Debí haberlo visto. No lo hice. Haré todo lo que pueda para ayudarlos. ¿Podrían perdonarme?». Adivine qué hizo el departamento legal cuando se enteró de lo que había hecho. No le dieron una medalla. Pero sucedió algo curioso. Él, la mujer y su esposo lloraron juntos. Este doctor oró por ellos. Es una historia realmente sensacional.

Hace poco, hubo un estudio sobre demandas legales. ¿Qué tipo de médico tiene menos probabilidades de ser demandado? La respuesta correcta me sorprendió. El tipo de médico a quien menos demandan es un médico simpático. La especialidad o el campo en particular son irrelevantes.

Muchísimas veces, en nuestro mundo jurídico, no pensamos de esta manera. Nos olvidamos de la naturaleza de la condición humana. Pero el determinante número uno de quién recibe demandas no es quién es más o menos brillante. No se trata de si es un genio; se trata de que haya humanidad, solamente la simple humanidad.

Las palabras de este extraño médico que reconoció que había cometido un error se difundieron bastante en su rincón del país y han inspirado honradez en otros. Lo interesante es que él no lo hizo para evitar una demanda legal. Lo hizo porque es un seguidor de Jesús. Esa es la clase de cosas que hacen los seguidores de Jesús. No siempre hay una norma ni una fórmula para esto. Pero eso es lo que significa ser enviado e ir de todo corazón.

Jesús dijo: «Como el Padre me envió, así los envío a ustedes. Quiero que vayan como ovejas en medio de los lobos. Quiero que sean astutos, sagaces, inteligentes y sabios como una serpiente, pero quiero que sean tan inocentes como una paloma. Quiero que permitan que Dios trabaje en su carácter, porque lo más importante que llevan al mundo no es todo lo que hagan; es quiénes son ustedes».

Es mejor atravesar la puerta equivocada con el corazón correcto, que pasar por la puerta correcta con un corazón equivocado.

El baile de la puerta abierta

Cuando el escritor y profesor Brennan Manning fue ordenado sacerdote, le dedicaron esta bendición:

Que todas tus expectativas sean frustradas,
    que todos tus planes sean desbaratados,
    que todos tus deseos se marchiten hasta la nada,
    que experimentes la impotencia y la pobreza de
un niño y puedas cantar y bailar en el amor de Dios
el Padre, el Hijo y el Espíritu Santo[6].

Las puertas a nuestra disposición muchas veces pueden confundirnos. Pensamos que nuestro trabajo, nuestros logros o nuestra familia tienen que resultar de determinada manera; pero pocas veces es así. La vida, dice esta bendición, depende menos de las puertas que usted atraviese (sus expectativas, sus planes, sus deseos), que de cómo las atraviese.

Cuando pase por una puerta abierta, atraviésela con todo su corazón, con la impotencia y la pobreza de un niño, cantando y bailando en el amor de Dios.

Pues la bendición que Brennan recibió fue la bendición de Jesús. Jesús mismo pasó por lo que, a los ojos humanos, parecía una puerta extraña tras otra. Sus seguidores esperaban que derrocara a Roma, pero esas expectativas fueron frustradas. Él deseaba no tener que sufrir la cruz («que pase de mí esta copa», Mateo 26:39), pero su deseo le fue denegado. Les enseñó a sus seguidores que tenían que llegar a ser como un niño, y él mismo llegó hasta tal impotencia, que «tomando forma de siervo, [...] se humilló a sí mismo, haciéndose obediente hasta la muerte, y muerte de cruz» (Filipenses 2:7-8, rvr60).

Después de que fue crucificado, al tercer día Jesús atravesó la última puerta abierta, la que condujo a la derrota de la muerte y al triunfo de la esperanza, la puerta que lo llevó a Algún Lugar sobre el Arcoiris, La Tierra Olvidada por el Tiempo, su Hogar. Nadie estuvo allí para presenciar ese momento. Ninguno de los autores de los Evangelios registró con precisión cómo cruzó el umbral, pero creo que sé cómo lo hizo. No creo que haya caminado penosamente ni con desaliento. No creo que haya salido rengueando por esa puerta.

Me parece que brincaba.

Me parece que tal vez todavía esté brincando.

CAPÍTULO 7

LO QUE LAS PUERTAS ABIERTAS LE ENSEÑARÁN (ACERCA DE USTED MISMO)

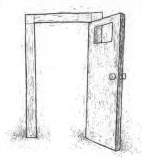

Todos padecemos de una especie de punto ciego.

En un grupo, si alguien hace algo fuera de lugar; si todos están cantando, pero una persona canta desafinada; si alguien tiene un gesto irritante; si alguno habla demasiado; si alguien habla siempre de las personas importantes que conoce; si alguno viola el espacio personal de los demás y se acerca demasiado; si alguien está emocionalmente necesitado, y todos sienten horror cuando ven venir a esa persona porque saben que les va a amargar la vida... si alguna persona tiene un problema, ¿quién es la *última* persona en saberlo?

La persona que tiene el problema.

La verdad acerca de usted es que no sabe la verdad acerca de usted.

Las otras personas la saben. Hablan del tema (entre ellos). Cuando vivíamos en Chicago, solía ir todas las semanas a un restaurante a desayunar con un amigo. A él le encantaban los *waffles*, pero en el restaurante no los servían. Cada semana, teníamos la misma camarera; cada semana, él le preguntaba si tenían *waffles*; cada semana, ella le decía que no. Él no tenía idea de lo irritante que era su comportamiento. Ni siquiera se daba cuenta de que lo hacía.

Un día, ella perdió los papeles: «Escuche, tipo de los *waffles*: no tenemos *waffles*. No hacemos *waffles,* no los servimos, no los tenemos en el menú. No tuvimos *waffles* la semana pasada, no los tenemos esta semana y no los tendremos la semana que viene. Dígame cómo está el tiempo allá en las nubes».

Lo gracioso es que conté esa anécdota en nuestra iglesia. Literalmente docenas de personas empezaron a ir al restaurante a pedir *waffles* y, al final, los incluyeron en el menú. Lo cual diluye un poco el sentido de la anécdota: la verdad sobre usted es que usted no sabe la verdad sobre usted.

Fiódor Dostoyevski escribe:

Entre los recuerdos que todos conservamos de nosotros mismos, hay algunos que sólo se los contamos a nuestros amigos. Otros, ni siquiera a nuestros amigos se los queremos confesar y los guardamos para nosotros mismos bajo el sello del secreto. Y existen, en fin, cosas que el hombre no quiere confesarse ni siquiera a sí mismo[1].

La autoconsciencia es esencial para la oferta de una puerta abierta. Responder a las puertas abiertas que Dios pone ante nosotros es cuestión no solo de ser conscientes de qué está pasando en el mundo exterior, sino de ser conscientes de qué está sucediendo dentro de nosotros. Elegir por cuál puerta pasar implica no solo interpretar mis circunstancias, sino interpretarme a mí mismo. «Por la gracia que me ha sido dada, que nadie tenga más alto concepto de sí que el que deba tener; más bien, que piense con sensatez, conforme a la medida de la fe que Dios repartió a cada uno», escribe Pablo (Romanos 12:3, RVA2015).

Para elegir puertas sabiamente, debe convertirse en un experto mundial en usted. No de una manera ensimismada. Hay una enorme diferencia entre la autoconsciencia y el egocentrismo. Usted debe tener consciencia de cómo hizo Dios su forma de ser, de cuáles son sus intereses, valores y capacidades. Y debe ser consciente de qué partes de usted mismo son las que más desea evitar. Para discernir las oportunidades de las puertas abiertas que lo rodean, necesita tener conocimiento del mundo que hay dentro de usted. La falta de autoconsciencia es una incapacidad muy grave que ninguna cantidad de talento puede vencer.

Cuando Dios puso una puerta abierta delante de la iglesia de Filadelfia, también les ofreció algunos comentarios sobre ellos. «Ya sé que tus fuerzas son pocas», les dice (Apocalipsis

3:8, NVI). Probablemente no fue lo que querían escuchar. No sabemos en qué sentido tenían pocas fuerzas; quizás eran pocos en cantidad, o carecían de recursos económicos, o tenían un estatus o una educación de bajo nivel. Esta carta circuló entre siete iglesias, así que no solo esta iglesia tuvo que escuchar que Dios pensaba que tenían pocas fuerzas, sino que las otras seis también tuvieron que escucharlo. Tendrían que aceptar esa verdad acerca de sí mismos si querían atravesar la puerta abierta. Tendrían que atravesar la puerta con las fuerzas de Dios, no con las de ellos.

Al mismo tiempo, las pocas fuerzas no fue la única verdad sobre ellos que recibieron. También les dijo: «Sin embargo, has obedecido mi palabra y no negaste mi nombre» (Apocalipsis 3:8). Además de ser de pocas fuerzas, eran obedecedores de la palabra y honradores del nombre. Había en ellos un corazón obediente y un espíritu persistente que les sería muy útil. Y la puerta abierta que Dios les ofreció llegó con toda la verdad sobre ellos, tanto lo negativo como lo positivo.

En este capítulo exploraremos las distintas maneras que el reconocer y atravesar las puertas abiertas nos revela y nos exige que enfrentemos la verdad sobre nosotros mismos.

¿Cuáles son mis fortalezas y mis debilidades?

Si he de entender qué puertas Dios probablemente pondrá delante de mí, deberé tener cierta consciencia de cuáles son mis dones, mis fortalezas, mis debilidades y mis intereses. Pablo pasa directamente de decirles a las personas que piensen en sí mismas con sensatez, a hablar de cuán importante es que entiendan que han recibido dones espirituales particulares, para enseñar, exhortar, dar, dirigir, etcétera.

Cuando empecé mis estudios de posgrado, sabía que me interesaba la psicología y qué causa que las personas se comporten de la manera que lo hacen. Elegí un programa de seis años en el que lograría un doctorado en Psicología Clínica, así como un título en Divinidades. Imaginaba que probablemente pasaría una buena parte de mi carrera haciendo terapia con personas.

Y entonces comencé a hacer terapia con personas.

Mi primer cliente fue un desastre. Mi profesor era Neil Warren, quien posteriormente se haría famoso como el fundador de eHarmony. Neil se había graduado de la Universidad de Chicago donde Carl Rogers notablemente enseñó la terapia no directiva y centrada en el cliente. Así que a nosotros nos instruyeron en esa línea. En la terapia centrada en el cliente, el terapeuta no debe dar directivas, brindar consejos ni hacer ningún tipo de preguntas. Simplemente, debíamos reformular los comentarios del cliente para comunicar una aceptación incondicional y estima positiva.

Además, nos grababan para que nuestro supervisor pudiera asegurarse de que estábamos cumpliendo los objetivos.

Una mujer joven entró en el cuarto que yo usaba como consultorio. Ella no quería estar allí, dijo. Su esposo la había anotado en contra de su voluntad.

—¿Qué se supone que vamos a hacer? —me preguntó.

Miré hacia la grabadora.

—Lo que le escucho decir es que usted no está segura de qué viene a continuación —le dije.

—Sí. Eso es lo que acabo de decir. ¿Cuál es el plan? —preguntó nuevamente.

Volví a mirar la grabadora.

—Tengo la sensación de que se siente insegura sobre cuál será exactamente el siguiente paso.

Siguió así durante los cincuenta minutos siguientes.

Para mí fue tan difícil que, después de que terminamos, fui a la biblioteca de la universidad y leí el periódico durante una hora porque no podía soportar contárselo a nadie ni pensar en lo mal que había resultado.

Seguí viendo a esa mujer durante varias semanas. Y me encantaría decirle que ella progresó maravillosamente; me encantaría decirle que hoy en día esa mujer es... ¡Oprah Winfrey!

Pero no lo es. Con el tiempo, abandonó la terapia completamente.

Y yo me di cuenta de que si tenía que pasar el resto de mi vida en un pequeño cuarto repitiendo esa experiencia, prefería una condena perpetua en una prisión de Siberia. Esa no fue una buena señal.

No es que yo no le diera valor a la terapia o al proceso de sanación que se produce a través de la ayuda. Lo valoro. Le estoy agradecido en mi propia vida. Ni siquiera tiene que ver con que sea muy malo como terapeuta. Con el tiempo, a medida que cursaba el posgrado, efectivamente tuve algunos clientes que no la abandonaron.

Pero aprendí algo en esa etapa temprana por lo cual todavía estoy agradecido.

Marcus Buckingham dice que sus fortalezas no son solo las cosas en las que es bueno, y sus debilidades no son simplemente aquellas cosas que hace mal. En su vida habrá actividades para las cuales puede ser bastante eficaz, pero que lo agotan.

> ¿Cómo se llama eso? Algo para lo que ha sido bendecido con gran cantidad de aptitudes para poder hacerlo bien, pero ha sido maldecido con no tener ganas de hacerlo. [...] Eso se llama una *debilidad*. Una debilidad es toda actividad que lo haga sentirse más débil luego de realizarla. No importa qué tan bueno sea haciéndola o cuánto dinero gane llevándola a cabo; si el hacerlo consume su energía, usted está loco si desarrolla toda su profesión en torno a eso[2].

Una de las mayores dificultades para mí fue pensar que estaba desperdiciando todo el dinero y los años que había invertido en ir a la escuela de posgrado. Los economistas a veces hablan de los riesgos de los «costos irrecuperables», la tentación de seguir quemando dinero en un emprendimiento perdido porque no podemos soportar reconocer la pérdida.

Pero cuánto peor habría sido si yo hubiera pasado los siguientes cuarenta años de mi vida atravesando las puertas equivocadas y malgastando mi vida sentado en esos cuartitos haciendo una mala terapia. Mejor reconocer que había pasado por una puerta equivocada que pasar el resto de mi vida en el cuarto equivocado.

El apóstol Pablo dijo: «Porque somos hechura suya, creados en Cristo para hacer buenas obras, las cuales Dios preparó de antemano para que anduviéramos en ellas» (Efesios 2:10, LBLA). Dicho de otra manera, el mismo Dios que lo hizo a usted hizo también las puertas para que usted las atraviese y las obras para que usted las haga. Como regla general, él no solo le dará la habilidad, sino también el interés para hacer lo que él le pide que haga a largo plazo.

La autoconsciencia rigurosa de sus fortalezas, debilidades e intereses será fundamental para aprender acerca de las puertas puestas delante de usted.

¿Qué me impulsa?

Ser honesto en cuanto a las puertas que anhelo atravesar me permitirá encarar la verdad acerca de mis motivaciones, mis ambiciones y mi grandiosidad. Hace poco recibí una copia de una carta que escribí hace veinticinco años. Había leído un libro de Dallas Willard y le escribí para decirle cuánto había significado para mí. En respuesta, él me invitó para que fuera a reunirme con él, y eso abrió la puerta a una amistad que me cambió la vida.

Tras la muerte de Dallas en la primavera del 2013, su hija me envió una copia de esa carta. Dallas la había conservado todos estos años. La guardé en ese libro que tanto me gustó. Es un tesoro para mí. Menos dos letras. La firmé: «Dr. John Ortberg».

¿De veras? ¿Había intentado impresionar a Dallas con mi título?

Conocer a Dallas me abrió una puerta de aprendizaje y crecimiento que atesoro mucho. Pero me dio vergüenza leer lo impuras que fueron mis intenciones; cómo, aun en ese primer contacto, estaba manejando las cosas para impresionar. Sin embargo, si espero hasta que mis intenciones sean puras para atravesar una puerta, nunca atravesaré ninguna puerta. Pero si quiero hacerlo con Dios, tendré que estar dispuesto a conocer las verdades sobre mí que preferiría no ver. En Mateo 20, encontramos esta historia asombrosa:

Mientras Jesús subía a Jerusalén, llevó a los doce discípulos aparte y les contó en privado lo que le iba a suceder. «Escuchen —les dijo—, subimos a Jerusalén, donde el Hijo del Hombre será traicionado y entregado a los principales sacerdotes y a los maestros de la ley religiosa. Lo condenarán a muerte. Luego lo entregarán a los romanos para que se burlen de él, lo azoten con un látigo y lo crucifiquen; pero al tercer día, se levantará de los muertos». Entonces la madre de Santiago y de Juan, hijos de Zebedeo, se acercó con sus hijos a Jesús. Se arrodilló respetuosamente para pedirle un favor. —¿Cuál es tu petición?— le preguntó Jesús. La mujer contestó: —Te pido, por favor, que permitas que, en tu reino, mis dos hijos se sienten en lugares de honor a tu lado, uno a tu derecha y otro a tu izquierda. (versículos 17-21)

Este es un momento increíble. Jesús les cuenta a sus discípulos que va en camino a morir. Mateo escribe: «*Entonces* la madre de Santiago y de Juan, hijos de Zebedeo, se acercó...». En otras palabras, inmediatamente después de que Jesús les dice que tiene que ser traicionado, condenado, ridiculizado, azotado y crucificado, ella dice: «Antes de que suceda eso, ¿puedo hacerte un pedido rapidito?». *Qué buena oportunidad. Justo puedo meter este pedido antes de que se acabe el tiempo.* «Jesús, ¿puedes hacerme un gran favor? Ya conoces a mis hijos, aquí, Santi y Juancito. Antes de que seas humillado y martirizado en tu máximo acto de amor desprendido y sacrificial, ¿puedo pedirte un ascenso para mis muchachos? ¿Puedo lograr que suban de categoría? Ya sé que tienes doce discípulos y todo lo demás, pero ¿podrías asegurarte de que mis muchachos sean los discípulos uno y dos?».

Este esquema de Jesús explicando su llamado al sufrimiento y los discípulos persiguiendo la grandeza ocurre tres veces en Mateo. Dale Bruner dice: «El Evangelio quiere que los discípulos conozcan su innata torpeza»[3].

Los muchachos no tienen que preguntarle por su cuenta a Jesús, porque mamá lo hará por ellos. Lo único que tienen que hacer es quedarse ahí y fingir vergüenza y modestia, como si desearan que eso no estuviera sucediendo, obviamente, pero que quieren que mamá se sienta feliz. Mamá puede convencerse de que esto es puramente un acto de altruismo, de amor maternal. No está pidiendo nada para sí misma, desde luego. Está buscando, desinteresadamente, el bienestar de sus hijos.

Tiene una calcomanía que está esperando poder poner

en el parachoques del auto: «Mis hijos pertenecen al cuadro de honor de la Escuela Básica de Discipulado de Jesús». En el mundo antiguo, a veces los padres alimentaban su ego a través de los logros de sus hijos. Qué extraña cultura, ¿verdad? ¿Se imagina un mundo en el que los padres trataran de hacer ese tipo de cosas? La señora de Zebedeo es una de las primeras madres helicóptero, que se abalanza para asegurarse de que sus hijos brillen más que todos los demás muchachos.

Es posible ser padre y consumirles la vida a los hijos para alcanzar un prestigio a través de sus logros y, de paso, engañarse a sí mismo pensando que solamente se trata de que los ama y que quiere que les vaya bien. A veces, yo impulso a mis hijos para que atraviesen las puertas abiertas, pero no tiene que ver con su progreso; en realidad, se trata de mi ego.

Eso es lo que está pasando aquí. Ella se arrodilla ante Jesús. Es una actitud de humildad y sometimiento. Dicho de otra manera, es posible engañarse a sí mismo, tanto, que en un acto lleno de presunción, arrogancia y grandiosidad increíbles que todos los demás pueden reconocer, usted realmente piensa que está siendo y está dando la impresión de ser humilde y modesto.

Mi impulso a atravesar las puertas abiertas me revela esa mezcla de deseo de servir a Dios y de servir a mi ego. No hace mucho leí en línea una «reseña» que había escrito una mujer después de que visitó nuestra iglesia. Decía: «Me quedé de pie en la parte de atrás y observé cómo el orador saludaba a la gente; su actitud fue simplemente la de hacerlos avanzar, de hacerlos salir. Seguía mirando por encima del hombro de las personas a quienquiera que venía a continuación. Alguien le pidió ayuda, pero solamente le dijo algunas palabras triviales y no lo ayudó en absoluto.

Cuando leí eso, mi primer pensamiento fue: *Lamento que ella haya asistido durante la semana que otro predicaba.* No, en realidad, lo primero que pensé, sinceramente, fue: *Ella no me conoce, sea quien sea. No conoce mi temperamento. No sabe cómo funciona mi mente. No sabe las exigencias que tengo en mi tiempo. No conoce mi corazón. Además, claramente decidió que ni yo ni nuestra iglesia le caemos bien, así que tranquilamente puedo rechazar sus observaciones para no tener que sentir ninguna incomodidad acerca de mí mismo.* Eso fue lo primero que pensé.

No tuve que diseñar una estrategia para hacer eso. Ni necesité reflexionar. Fue instintivo. Pero soy más sensato. *De verdad, ¿nunca hago lo que ella dijo? ¿Siempre, o acaso de manera habitual, amo genuinamente? ¿Nunca, ni a menudo, estoy absorto en mi propio pequeño programa y en cómo me está yendo? ¿Realmente soy tan humilde y tan libre de autopromoción como para que la reacción justa sea la indignación? ¿Es incluso sensata?*

Ahora soy yo el tipo de los *waffles*, verificando el tiempo en las nubes.

La verdad sobre mí es que ni *quiero* saber la verdad sobre mí. La verdad sobre mí es que solo Dios conoce la verdad sobre mí. La verdad sobre la verdad es que si enfrento la verdad sobre mí con Jesús, la verdad me lastimará. De hecho, me matará. Pero, después, me dará vida. Jesús dijo: «Conocerán la verdad, y la verdad los hará libres»... pero, primero, les traerá amargura.

Buscar la puerta abierta me dirá la verdad sobre lo que realmente persigo.

¿Cuál es mi estilo de responder a la puerta?

Cuando se trata de las puertas abiertas, todos tenemos nuestra propia tendencia en cuanto a la forma de responder. Encajan dentro de dos amplias categorías: los impulsivos y los resistentes. Cuando están frente a nuevas oportunidades, algunas personas son propensas a enfocarse en el peligro, en el riesgo y en la insuficiencia, y tienden a retroceder. Su mayor necesidad es el coraje. A otros les encantan las puertas abiertas, pero tienden a atravesarlas de un salto, sin pensar en lo que viene y sin medir el costo. Su mayor necesidad es el discernimiento. Aquí tenemos un inventario; fíjese de qué lado tiende usted a hacer la fila:

IMPULSIVOS	RESISTENTES
Activistas	Contemplativos
Tienden a pensar muy poco	Tienden a pensar demasiado
Avanzan demasiado rápido	Avanzan demasiado despacio
Dicho favorito: «A la ocasión la pintan calva».	Dicho favorito: «Paso a paso se va lejos».
Versículo bíblico favorito: «Apresúrate a hacer lo que vas a hacer».	Versículo bíblico favorito: «Dios da descanso a sus amados».
Pecados favoritos: pecados de comisión	Pecados favoritos: pecados de omisión
Voluntad feroz	Inteligencia feroz
Desconfían de la debilidad	Desconfían del poder

Ambos estilos tienen sus fortalezas. Ambos estilos tienen sus debilidades. Cualquiera que sea su estilo, si está casado, probablemente se haya casado con alguien del estilo contrario. Es así en mi caso. No le diré cuál es cuál, pero mi esposa una vez compró una casa que yo ni siquiera había visto. Cuando no teníamos nada de dinero. No que eso tenga nada de malo. El santo patrono de los impulsivos podría ser Pedro. A él le atraen naturalmente las puertas abiertas. Cuando recibe la invitación a seguir a Jesús, es el primero que queda registrado como que lo siguió «inmediatamente». Es el único discípulo que salta fuera del bote para caminar sobre el agua; reacciona al llamado a defender a Jesús, aunque cortarle la oreja a un soldado no es un movimiento estratégico. Muchas veces habla antes de pensar: le advierte a Jesús que no diga que va a ser crucificado; propone construir unos santuarios para Moisés y para Elías junto con uno para Jesús «porque realmente no sabía qué otra cosa decir» (Marcos 9:6); instintivamente, promete serle fiel a Jesús pase lo que pase, a pesar de que lo negará tres veces antes del amanecer.

Un famoso resistente bíblico a las puertas abiertas podría ser Gedeón. Cuando lo conocemos, está «trillando trigo en el fondo de un lagar para esconder el grano de los madianitas» (Jueces 6:11). Trillar trigo en un lagar es como hacer una cucharada de café: es una muestra de su gran timidez y temor.

Cuando Dios lo llama, su respuesta inmediata es: «Pero, Señor [...], ¿cómo podré yo rescatar a Israel? ¡Mi clan es el más débil de toda la tribu de Manasés, y yo soy el de menor importancia en mi familia!» (Jueces 6:15).

«Pero, Señor, es que simplemente no siento paz sobre este tema».

Si usted es un resistente, enfrenta la tentación de racionalizar la pasividad y de decirle que no a la puerta abierta de Dios. Es bien sabido que Gedeón saca un vellón antes de aceptar el llamado de Dios. Esta es una de las historias más malentendidas de la Biblia. El vellón no fue una señal de la fe de Gedeón. Dios ya lo había llamado: Gedeón sabía qué se suponía que tenía que hacer. El vellón fue una expresión de su resistencia. Dios da respuesta al vellón no como una afirmación a la fe de Gedeón, sino como una concesión a las dudas de Gedeón.

Si usted es un impulsivo, querrá inclinarse hacia la sabiduría. Si es impulsivo, tenderá a no tener disciplina. Puede ser irreflexivo, o insensible hacia los demás, o estar motivado por sus deseos. Puede costarle mucho la idea de posponer su gratificación. Tiene poca tolerancia a la frustración. Se aburre fácilmente. Tiene la tendencia a perder los estribos. Aquí hay algunas recomendaciones para usted:

- Pídales consejos a amigos sensatos antes de meterse de lleno con una idea.
- Cultive relaciones con personas que no solamente sean sabias, sino que tengan la fortaleza suficiente para hacerlo responsable de sus acciones.
- Dedique tiempo a orar por una potencial puerta abierta antes de dar por sentado que su intuición es una orden de Dios.

- Estudie e infórmese acerca de un área de necesidad antes de comprometerse a actuar.
- Cuando llegue al final de un período de actividad, dedique un tiempo a reflexionar, quizás con personas sabias que conozca, para que pueda volverse una persona más sabia antes de pasar a la siguiente contienda.
- Comprométase y apéguese a ese compromiso de verdad, aun cuando venga el siguiente impulso que le parece mucho más divertido.

Si es un resistente, lo que más necesita es lo que menos quiere: otro desafío. Otra puerta abierta. He aquí algunas recomendaciones para usted:

- Fracase en algo. Cuando suceda, hágaselo saber a las personas. Descubra que el fracaso no es fatal.
- Intente equivocarse. Trate de dejar que los demás se enteren de que, a veces, usted se equivoca.
- Búsquese un proyecto tan grande que sepa que no puede hacerlo a menos que Dios lo ayude. Comprométase con eso.
- Júntese con personas impulsivas. Observe cómo corren riesgos y realmente no mueren en el intento. Los modelos de la vida real son una excelente forma de aprender.
- Practique atravesando puertas pequeñas. Elogie a un desconocido, ofrézcase voluntariamente para una

tarea adicional en el trabajo, escríbale una carta a alguien que admira (sin incluir sus títulos al lado de su nombre).

* Tome una decisión bastante buena en lugar de perfecta. La próxima vez que esté en un hotel y tenga cuatrocientos canales disponibles para ver en la televisión, póngase a ver el primer buen programa que encuentre, en lugar de verificar los cuatrocientos canales para poder comprobar que vio el *mejor* programa.
* Tenga miedo. Obedezca a Dios de todas maneras.

Muchas veces, las decisiones nos paralizan porque tenemos miedo de no tomar la decisión perfecta. Como me dijo Lysa TerKeurst: «Dios no exige decisiones perfectas, sino que sean perfectamente sumisas». Si conocemos nuestras tendencias naturales, estamos capacitados para someterlas mejor a Dios.

¿Qué valoro realmente?

A comienzos del siglo XVI, un joven de la nobleza llamado Ignacio estaba defendiendo un castillo contra la invasión francesa cuando una bala de cañón le destrozó una pierna. Mientras se recuperaba, pidió que le llevaran algunas novelas románticas para leer, pero los únicos dos libros que había disponibles para él eran sobre la vida de Cristo y el crecimiento espiritual.

A medida que leía los libros, aprendió una profunda

lección acerca de discernir la voluntad de Dios. Mientras recobraba la salud, soñaba despierto sobre su futuro. A veces se imaginaba teniendo futuras aventuras caballerescas y alcanzando la gloria como un soldado glamoroso. (En realidad, pidió que le refracturaran la pierna destrozada y se la volvieran a acomodar para lucir mejor en sus mallas de caballero). Esos ensueños eran vívidos y emocionantes en el momento. Pero, con el tiempo descubrió que, cuando dichos ensueños impresionantes se desvanecían, el recuerdo lo dejaba sintiéndose aplanado y vacío. Aquellos ensueños de perseguir la fama personal le dejaban una especie de resabio que no estaba de acuerdo con la persona a la que Dios estaba llamándolo a convertirse.

En otras ocasiones, empezó a soñar con servir a Dios. Esos sueños también eran cautivadores cuando los tenía. Pero se dio cuenta de que, aun cuando esos vívidos ensueños se terminaban, él seguía sintiéndose radiante y feliz cuando pensaba en ellos. No tenían el mismo resabio amargo que tenían los sueños sobre la gloria personal. Notó esa diferencia y llegó a la conclusión de que Dios estaba llamándolo a servir como guía espiritual y director en lugar de ser soldado.

Sus reflexiones sobre el desarrollo de esta consciencia (consciencia tanto de nuestro propio espíritu como de en qué maneras Dios obra en nuestro espíritu) finalmente fueron escritas en un recurso llamado *Ejercicios espirituales*, y en los siglos posteriores han servido como guía para millones de personas en busca de puertas abiertas[4]. Su método de prestarle atención a cómo obra Dios en nuestro espíritu es útil incluso para las decisiones que quizás no tengan que ver con nuestra vocación.

Por ejemplo, una de las áreas más importantes en las que Dios pone puertas abiertas delante de nosotros es la de la amistad. De la misma manera que Dios nos abre puertas para que causemos un impacto, él las abre para que tengamos amigos. Pero entrar por la puerta de la amistad también amerita discernimiento. En mi vida puede haber personas que son encantadoras y divertidas, e incluso es posible que me digan cosas agradables. Pero quizás me lleven al chismorreo, al resentimiento, al cinismo o a comportamientos que yo sé que no son mi mejor manera de ser.

Cuando estoy pasando por una puerta abierta y me pongo en riesgo en cuanto a verdaderos compromisos con personas de carne y hueso, pongo a prueba y descubro si los valores que creo honrar son los que realmente predominan en mi vida. Así como lo hizo Ignacio con sus ensueños, puedo reflexionar cuando me aparto de esas personas si estar con ellas me acerca o me aleja de mi mejor manera de ser.

No hace mucho, Nancy y yo estuvimos con otras dos parejas que hemos conocido más de treinta años. Ahora vivimos en diferentes partes del país, pero estuvimos juntos de manera intensa durante varios días. En varias ocasiones durante ese tiempo, presioné al grupo para ser completamente auténticos con los demás, para tomar el riesgo de ser sinceros y transparentes... a identificar y aprovechar las puertas abiertas relacionales.

Pero entonces, el foco de atención se fijó en mí, y los

demás dijeron cosas como: «Sabes, John, la intimidad es buena. Nos gusta. Pero a veces, la impones. Parece que siempre sientes la necesidad de ser el que está haciendo preguntas o tratando de que las personas respondan a las preguntas en lugar de dejar que la conversación se dé, o quieres hablar demasiado de lo que estás haciendo. Quieres hacer que las cosas sean demasiado solamente de ti». Los miré. He conocido a los cinco por más de treinta años. Con un par de ellos, hemos sido buenos amigos desde el octavo grado.

Pensé: *Voy a tener que buscarme cinco amigos nuevecitos que no me hablen así.*

Entonces Nancy y yo hablamos durante un largo rato. De nuevo, la cosa se puso algo agitada a ratos, y en un momento, Nancy dijo: «Sabes, John, yo quiero mucho a tus amigos, pero a veces siento que siempre tengo que entrar en tu mundo y prestarle atención a tu trabajo y estar con tus amigos, y que tú no entras en mi mundo casi nunca». Me di cuenta de que, por más que decía que valoraba decir la verdad, la sinceridad y la autenticidad, no quería escuchar la verdad sobre mí, porque la verdad sobre mí es que necesito cambiar cosas en maneras que no quiero cambiar.

Ahora, ¿esto quiere decir que cuando Nancy y yo tenemos este tipo de charlas, ella siempre tiene la razón y yo siempre estoy equivocado? Solo Dios lo sabe con certeza. Pero yo soy un pastor, así que estoy cerca de Dios, por lo que probablemente yo tengo una mejor oportunidad.

La verdad sobre mí es que nunca sabré cuál es la verdad sobre mí si no tengo personas cercanas que me quieran y sean valientes. Y soy consciente (tras un análisis posterior) de que quiero y necesito personas en mi vida que me quieran lo suficiente para encarar dolor en nuestra relación con el fin de llamarme a crecer.

El apóstol Pablo escribe: «En cambio, hablaremos la verdad con amor y así creceremos en todo sentido hasta parecernos más y más a Cristo, quien es la cabeza de su cuerpo» (Efesios 4:15). ¿A quién le ha pedido usted que le diga la verdad en amor? ¿Y a quién se la está diciendo usted?

Nuestra iglesia está trabajando en esto como equipo, porque somos realmente serios en querer vivirlo de adentro hacia afuera. Hace aproximadamente un año, hicimos un ejercicio llamado «La pecera», y más o menos se ha vuelto parte de nuestro vocabulario. Contratamos a una entrenadora para que nos ayude. Ella empezó dedicando varias semanas a hacer que todos en el grupo se prepararan escribiendo sus observaciones más honestas sobre los demás, de manera que fuera un ambiente verdaderamente seguro y que fuéramos realmente sinceros.

El siguiente paso fue hablar al respecto en privado con la entrenadora que, nuevamente, era más o menos una persona segura de afuera. El siguiente paso fue escribir todo este material en grandes carteles de papel, incluyendo algunas cosas muy sensibles. Después nos reunimos todos, no durante un día, sino durante varios días, desde la primera hora de la mañana hasta el final del día, y poníamos a una persona en el centro del salón, y todo el mundo le decía a esa persona las verdades más difíciles de decir sobre sus observaciones y preocupaciones.

Se llama «La pecera» porque el pez vive en una amplitud

transparente. Solo hay vidrio y agua y luz. Se puede ver cualquier cosa. Otros animales no. Los murciélagos están despiertos durante la noche; los gatos viven debajo de la cama con roedores muertos que nadie puede ver. Los gatos y los murciélagos prefieren la oscuridad, pero los peces viven en la luz.

Esta es la pecera. Nuestra entrenadora me dijo: «Por cierto, usted es el líder, así que empieza con usted. Usted tiene que estar primero en la pecera, y tiene que estar en la pecera más tiempo que ninguna otra persona del equipo». Así que me senté en la pecera durante muchas horas.

Jesús dijo hace mucho tiempo que, antes de ir por ahí identificando las astillas en los ojos ajenos, debemos sacarnos los troncos de nuestros propios ojos. Y siempre hay un tronco. Aprendí mucho más durante el tiempo que pasé en medio de la pecera, que de las horas (más cómodas) en las que otras personas estuvieron allí.

Dios nos llama a la aventura de la puerta abierta. Debemos atravesar estas puertas por el bien de los demás.

Al otro lado descubriremos la dura verdad acerca de nosotros mismos, y esa verdad no suele ser halagadora. Nosotros somos (cada uno de nosotros) «pequeñas fuerzas» en nuestro propio poder. Pero el Dios que abre la puerta es el Dios que nos da las fuerzas para atravesarla. Cuando vamos, nos damos cuenta de que no solamente estamos entrando en un territorio nuevo. Nos estamos convirtiendo en personas nuevas.

CAPÍTULO 8

EL COMPLEJO DE JONÁS

Y la palabra del Señor vino a Jonás: «Irás a la ciudad de Nínive; reunirás todas las habilidades y las energías que he puesto a tu disposición para hacer una gran obra en esa ciudad, y proclamarás mi palabra con valor y pasión. Las personas responderán, el bien triunfará, las vidas cambiarán y una ciudad será renovada por medio de lo que haré contigo».

Y Jonás dijo: «No, gracias».

Y Jonás dijo: «Que lo intente Nahúm. Nahúm intentará cualquier cosa».

Y Jonás dijo: «¿A qué hora parte el barco hacia Tarsis?».

DIOS ES EL DIOS de las puertas abiertas. Él abre puertas por todas partes, infinitas oportunidades para contribuir a la humanidad de maneras grandes y pequeñas, para hacer que nuestra vida cuente para la eternidad. ¿Quién podría no querer eso?

Yo podría no querer eso.

Anhelo las puertas abiertas, pero me resisto a atravesarlas. Retrocedo en el umbral. No las veo. O, al verlas, no las atravieso.

Abraham Maslow llamó a esta rara tendencia que tenemos de huir de nuestro destino «el complejo de Jonás». Es evadir el crecimiento, una defensa contra el llamado. «Si usted deliberadamente planea ser menos de lo que es capaz de ser, le aviso que será profundamente infeliz por el resto de su vida. Evadirá sus propias capacidades, sus propias posibilidades»[1].

A causa de esto, dijo, también tenemos una respuesta contradictoria hacia otras personas que, en efecto, dicen un sí de todo corazón al llamado de Dios para su vida. «Seguramente queremos y admiramos a todas las personas que han encarnado la verdad, el bien, la belleza, lo justo, lo perfecto, lo básicamente exitoso. Y, sin embargo, ellos nos inquietan, nos ponen ansiosos, nos confunden; tal vez nos hacen tener un poco de celos o de envidia, sentirnos un poco inferiores y torpes»[2].

Cada vez que Dios le abre una puerta a alguien en la Biblia, hay un pequeño tira y afloja. Él llama, la persona llamada se resiste por un motivo u otro y, después, hay una decisión. La mayoría de las veces, ya que la Biblia es la historia de Dios, la persona a la cual Dios llama finalmente dice que sí. A veces, como con el joven rico, la puerta es rechazada.

De todas las historias bíblicas, quizás el relato sobre Jonás sea el ejemplo más conocido y colorido de alguien que huye de su propio destino divino. Phillip Cary, en un maravilloso comentario sobre Jonás, dice que la narración está diagramada de tal manera que, de forma única, nos deja a cada uno de nosotros el tener que descifrar nuestra propia respuesta a Dios[3]. Uno de los problemas con Jonás es que muchos creemos que conocemos su historia, pero no es así.

La persona típica generalmente relaciona a Jonás con otro personaje; piensan que es la historia de Jonás y la ballena. El nombre de la ballena es Monstro, y Jonás se escapa de Geppetto y quiere ser un niño real, y... las personas se confunden un poco a esas alturas.

Pero Jonás es, realmente, «el santo patrono de los llamados rechazados»[4]. Su historia sigue siendo inolvidable porque es el mayor retrato en toda la literatura bíblica de decirle que no a una puerta abierta de Dios. En su historia vemos reflejadas todas nuestras evasiones al llamado de Dios. Al recurrir a Jonás ahora, aprendemos las razones de por qué somos tentados a decirle que no a Dios, para que, en lugar de eso, podamos aprender a decir que sí.

El miedo nos refrena

«Vino palabra del Señor a Jonás, hijo de Amitai, diciendo: "Levántate, ve a Nínive, la gran ciudad"», (la palabra *grande* volverá a aparecer) «"y proclama contra ella, porque su maldad ha subido hasta mí"» (Jonás 1:1-2, LBLA).

Jonás era un profeta, no un sacerdote. Los sacerdotes servían en el templo. Ofrecían sacrificios. Dirigían la adoración. Un profeta era diferente. Un profeta era un reformador. Un profeta era un activista: algo de provocador, algo de alborotador. Los profetas estaban siempre picoteando la conciencia del pueblo. Israel siempre tuvo muchos sacerdotes, pero, en general, solo tuvo un profeta a la vez, porque era lo máximo que Israel podía soportar.

Un día, la palabra del Señor llega a este profeta Jonás. Cuando uno escucha a Dios, y a veces le sucederá, quizás sean solamente algunas pocas palabras, pero pueden cambiar su vida.

La vida no es fácil cuando uno es un profeta. La palabra del Señor llega a Jonás:

¿Podrías, querrías ir a predicar?
¿Podrías, querrías ir a alcanzar
a la gente del pueblo asirio?
Porque tú encajas en mi criterio.

Y Jonás le dice al Señor:

No iría en un barco
Ni navegaría en un charco.

No iría en una galerna.
Ni iría en una ballena.

No me gustan las personas de allá.
Si todos mueren, no me importará.

A esa gran ciudad no voy a ir.
Prefiero ahogarme; prefiero morir.

No iré por tierra ni por mar.
Déjame en paz y terminemos de hablar.

Jonás era un profeta, pero era un profeta para Israel. No tenía nada que ver con otros países. Ellos no tenían las Escrituras. No tenían el templo. No sabían de sacrificios. No conocían a Dios. La palabra le llega: «Ve a Nínive y predica». Es impresionante cómo está expresado. No dice: «Ve a Nínive y predícales»; «Ve a Nínive y predica *contra* ella», dice el texto. Es una tarea sobrecogedora.

Nínive era la capital de Asiria. En los siglos VII y VIII a. C., Asiria era *la* gran potencia mundial. Devoraba y escupía países a diestra y siniestra. A los pueblos de los países que vencía los ponía en desfiles de la muerte. Ejercía el genocidio como política de estado. Cuando Israel fue dividido en dos partes, había el reino del norte con diez tribus y el reino del sur con solo dos tribus. El reino del norte fue capturado y básicamente vaporizado, básicamente aniquilado, por Asiria.

Nínive era tan odiada que el profeta Nahúm la llamó «la ciudad sanguinaria». Así la llamaban. Ese era su título. «¡Ay de ti, ciudad sanguinaria, llena de mentira y violencia; tu rapiña no tiene fin! [...] Montones de muertos». Ahora, piense en esta imagen: «¡Cadáveres sin fin! ¡La gente tropieza con ellos!» (Nahúm 3:1, 3, DHH).

Nahúm profetiza la caída de Nínive: «Tu lesión es mortal. Todos los que se enteren de tu destrucción aplaudirán con alegría. ¿Dónde se puede encontrar a alguien que no haya sufrido tu constante crueldad?» (Nahúm 3:19). Nínive era muy odiada no solo por su crueldad, sino por su crueldad *constante*. Cuando sea destruida, dice Nahúm, la gente aplaudirá. Se pondrá de pie y vitoreará.

Nahúm dijo palabras muy fuertes y condenatorias contra Nínive, pero ¿dónde cree que estaba Nahúm cuando dijo esas cosas?

Estaba en Israel.

Entonces, la palabra del Señor le llega a Jonás: «Ve a Nínive. Aprende a hablar el idioma asirio y diles cara a cara que están frente al juicio».

Jonás dice: «Señor, Nahúm les mandó indirectas desde lejos. ¿Acaso no podríamos... mandarles un telegrama o algo por el estilo?».

La palabra del Señor llegó a Jonás. ¿Cómo llegó la palabra? ¿Fue en una zarza ardiente? ¿Fue a través de una voz calmada y moderada? ¿Fue un ángel? ¿Fue una visión? ¿Fue un sueño? ¿Cabía alguna duda? El pasaje no lo dice.

¿Las personas cercanas a Jonás lo sabían? ¿Había una señora Jonás? ¿Fue Jonás a su casa y ella le preguntó: «¿Cómo estuvo tu trabajo hoy?»? ¿Le dijo él: «Bueno, se supone que tengo que ir a Asiria y condenarlos cara a cara», a lo cual ella le dijo: «Debes estar loco»? El texto no lo dice. Solo dice que la palabra del Señor llegó a Jonás: «Ve a Nínive».

Lo que sí sabemos es que Dios abrió una puerta para Jonás, y que Jonás no solo no la atravesó, sino que huyó en la dirección opuesta. La implicación es que lo hizo porque tuvo miedo. «En general, soy muy valiente, [...] lo que pasa es que hoy tengo dolor de cabeza», dice Tweedledum en *A través del espejo*, de Lewis Carroll[5].

Dios le dijo a Jonás: «He puesto delante de ti una puerta abierta. La puerta conduce a Nínive». Jonás habría ido, pero ese día tenía dolor de cabeza.

A veces, las puertas abiertas no son divertidas. A veces, ni siquiera son seguras. Siempre tienen que ver con algo más grande que nuestro propio beneficio. Muchas veces, conducen a Nínive.

Nínive es el lugar al que Dios lo llama y adonde usted no quiere ir. Nínive es problemas. Nínive es peligro. Nínive es miedo. ¿Qué hace usted cuando Dios le dice: «Ve a Nínive; ve al lugar donde no quieres ir»? Porque Dios sí le dirá eso.

Ahora, Jonás se levanta en respuesta a la palabra del Señor. Se va de su casa, pero no a Nínive. Se dirige a Tarsis.

Podría suceder de esta manera: yo sé que Dios está pidiéndome que vaya a Nínive. Sé que Dios quiere que confronte a esta persona, que tenga una conversación sobre la verdad, pero eso sería difícil. Sería incómodo. No quiero enfrentar ese sufrimiento, así que simplemente iré a Tarsis.

Sé que Dios está llamándome a servir en esta área, pero yo no quiero. Podría ser humillante. Podría ser difícil. Podría ser aterrador. No quiero hacerlo, así que huiré a Tarsis.

Sé que Dios me ha llamado a enseñar o a aconsejar o a edificar o a dirigir o a invitar o a dar, pero podría fracasar. Podría ser difícil. Podría ponerme nervioso. Así que me subiré a un barco con destino a Tarsis.

Pero esto es lo importante: el temor nunca se supera

evadiendo la situación. Hemos nacido para ser valientes. La orden constante para nosotros es la misma orden que recibió un líder temeroso llamado Josué: «¡Sé fuerte y valiente! [...] porque el SEÑOR tu Dios está contigo» (Josué 1:9). En el primer capítulo de Jonás, tres veces leemos que Jonás huye, no solo de su llamado, sino también «lejos de la presencia del SEÑOR» (1:3, LBLA). Sin embargo, el antídoto contra el temor es la presencia de Dios.

Tener otras opciones nos refrena

Jonás desciende hasta Jope, una ciudad portuaria, donde encuentra un barco que se dirige a Tarsis. «Pagó su pasaje, subió a bordo y se embarcó rumbo a Tarsis con la esperanza de escapar del SEÑOR» (Jonás 1:3).

Un pequeño detalle que hoy en día se nos puede escapar es que el texto dice que Jonás *pagó* el pasaje. Eso fue algo importante. En tiempos de Jonás, el dinero todavía era algo relativamente nuevo. El mundo antiguo usaba la economía del trueque, y el dinero era tremendamente escaso entre el pueblo de Israel. Casi nadie podía hacer lo que hizo Jonás.

Jonás tenía dinero suficiente para comprar, de su propio bolsillo, un pasaje para un largo viaje. Tenía movilidad; tenía opciones. Este es uno de los peligros del dinero: tener dinero nos facilita pensar que podemos escapar de Dios porque tenemos otras opciones. A veces, es difícil que un profeta coexista con el lucro.

Pienso en un hombre que conozco a quien le encanta enseñar, que le apasiona que los niños puedan aprender. Si hubiera dejado que su pasión por la enseñanza manifestara las puertas divinas en su vida, habría sido un maestro de primaria fabuloso.

Pero él es de una familia de Personas Sumamente Exitosas. Sus padres se habrían sentido un poco avergonzados de que él fuera «nada más que un maestro». «Deberías considerar otras opciones», le dijeron.

Tener «opciones» para ganar más dinero y lograr el título de una posición social más alta se interpuso, en realidad, en lo que podría haber sido el llamado de sus sueños. Terminó ganando mucho más dinero del que habría ganado como maestro. Pero desaprovechó la vida.

Obtuvo una Maestría en Administración de Empresas. Pero fue de la Universidad de Tarsis.

Cuando estaba en séptimo grado, en nuestra clase había una niña a quien llamaré Shirley. Era desmañada; usaba la ropa equivocada. Era pelirroja y tenía pecas y dientes de conejo. Nadie se sentaba con ella durante el almuerzo; nadie la invitaba a estar en su equipo.

Yo podría haber hecho esas cosas. Podría haber sido su amigo. O por lo menos podría haber hecho el esfuerzo de ser amable con ella. Pero no lo hice. Supongo que tenía miedo de que, si lo hacía, tal vez sería rechazado como ella. Yo no era el niño más popular de la clase, pero no estaba tan abajo como Shirley, y yo no estaba dispuesto a abandonar el estatus que tenía para hacerme amigo de ella.

Estaba huyendo a Tarsis.

Tarsis es importante, no solo porque está en el sentido

contrario a Nínive, sino porque, de muchas maneras, era el tipo opuesto de ciudad.

Nínive era una ciudad militar. Tarsis no era una potencia militar, pero tenía muchas riquezas. Fue pionera en el comercio. El comercio marítimo era algo así como una nueva tecnología y estaba enriqueciendo a algunos. Eso no es algo necesariamente malo, pero tiene cierta tendencia a conducir a la ambición, la arrogancia y el orgullo. Así que esa frase: «una nave de Tarsis», se convirtió en un símbolo de riqueza en el mundo antiguo.

En efecto, aparece varias veces en el Antiguo Testamento. Isaías dice: «Porque el día del Señor de los ejércitos vendrá contra todo el que es soberbio y altivo, contra todo el que se ha ensalzado, [...] contra todas las naves de Tarsis. [...] Será [...] abatida la altivez de los hombres» (Isaías 2:12, 16-17, LBLA).

En Ezequiel se usa una imagen similar: «Las naves de Tarsis eran las portadoras de tus productos. [...] Con la abundancia de tus riquezas y de tus productos enriquecías a los reyes de la tierra. Ahora que estás destrozada por los mares en las profundidades de las aguas, tu carga y toda tu tripulación se han hundido contigo» (Ezequiel 27:25, 33-34, LBLA).

Las naves de Tarsis se convirtieron en símbolos de riqueza, autonomía, poder y codicia. ¿Es difícil imaginar que una vez un grupo de seres humanos fueron tan ilusos como para pensar que la tecnología, la riqueza y un sistema económico astuto podían darles seguridad?

Jonás huyó hacia Wall Street. Jonás se escapó a la avenida Madison. Huyó a Silicon Valley. Jonás se sube al barco de Tarsis. Las personas se han dirigido a ese barco durante mucho tiempo. Jonás cree que está corriendo hacia la seguridad, pero es posible que lo que parece realmente seguro según la perspectiva humana no sea seguro en lo más mínimo. Quizás el único lugar seguro para estar sea en la voluntad que Dios tiene para su vida, aun si eso significa elegir la puerta a Nínive, el lugar aterrador al cual usted no quiere ir.

La ceguera a la puerta que tenemos enfrente nos refrena

El barco de Jonás parte al mar. Otra puerta se abrirá para él, pero será duramente disimulada.

«Ahora bien, el Señor mandó un poderoso viento sobre el mar, el cual desató una violenta [literalmente, una "gran"] tempestad» (es la misma palabra que describió a la gran ciudad de Nínive, pero ahora Dios está haciendo grandes cosas, enviando un gran viento y una gran tormenta) «que amenazaba con despedazar el barco. Temiendo por sus vidas, los desesperados marineros pedían ayuda a sus dioses y lanzaban la carga por la borda para aligerar el barco» (Jonás 1:4-5).

Estos son marineros profesionales. Ellos no se asustan fácilmente, pero ahora están en pánico. En el mundo antiguo, cuando la vida era breve, un largo viaje como este podía llevar años. Podía ser la única oportunidad de hacerse rico. Los marineros están arrojando todas sus esperanzas al mar, cada uno rogándole a su propio dios. En su mundo, cada grupo étnico o tribal tenía su propia deidad. A veces creemos que nosotros inventamos el multiculturalismo, pero esta tripulación es un grupo muy diverso, multicultural, en el que se despliega un pluralismo religioso vibrante. Cada uno le oraba a su propio dios.

Cuando el mar está tranquilo, cualquier dios común y conocido alcanza. Pero cuando la tormenta golpea, todo cambia, y ahora desean que alguno de esos dioses resulte ser real.

Mientras tanto, Jonás se está perdiendo la gran puerta abierta de su vida durmiendo en el fondo del barco. Cuando pienso en esta parte de la historia, recuerdo una vez que llevé a mi hija a avistar ballenas. Me encantan las ballenas, pero no me llevo muy bien con los barcos. Me mareo. De manera que, cuando llevé a Mallory a ver a las ballenas, tomé varios comprimidos de Dramamine antes de subir al bote y le pedí a Mallory que hiciera lo mismo.

Estaba tan aletargado que me quedé dormido y babeé en la cubierta de ese bote. Todos nos miraban. Terminé tomándome un montón de café y le di a Mallory un montón de té tratando de que despertáramos y, finalmente, apareció una ballena. Cuando vimos la cola, dije: «Oh, Mal, mira... una ballena» y volví a dormirme, y dormí todo el viaje de vuelta hasta el puerto.

Jonás está durmiendo en un barco turbulento, sin la ayuda del Dramamine, y el capitán está atónito. Le dice a Jonás: «¿Cómo puedes dormir?». Me encanta la versión Dios Habla Hoy de este versículo: «¿Qué haces tú ahí, dormilón?». Es lo que el capitán le dice a Jonás. «¿En qué estás pensando?». «¡Levántate y ora a tu dios! Quizás nos preste atención y nos perdone la vida» (Jonás 1:6).

Esto es una ironía tremenda. El capitán pagano y gentil

del barco está pidiéndole al hombre de Dios que ore. El pagano hace lo que hacen los profetas: pone un llamado a la oración. El profeta hace lo que hacen los paganos: dormir cuando es el momento de orar. Dios está tramando algo.

Jonás no confiesa nada; entonces, los marineros echan suertes para identificar el problema, y la suerte indica que el problema es Jonás.

Los marineros le preguntan: «¿Cuál es tu historia?». Jonás responde: «Soy hebreo [...] y temo al Señor, Dios del cielo, quien hizo el mar y la tierra» (Jonás 1:9). Eso los aterroriza. Literalmente, el texto dice: «Y las personas sintieron un gran temor» (otra vez esa palabra *gran*). Es ambiguo: quizás los marineros tuvieron un temor enorme, quizás un temor redentor: «y le dijeron: ¿Qué es esto que has hecho? Porque ellos sabían que él huía de la presencia del Señor, por lo que él les había declarado» (versículo 10, LBLA).

La aclaración nos indica que algo maravilloso está sucediendo, y el autor nos lo avisa por el lenguaje que utiliza para Dios. Las Escrituras hebreas usan tres palabras principales para referirse a la Divinidad. *Elohim* era la palabra genérica, normalmente traducida como «Dios». Dicha palabra podía referirse a cualquier dios de cualquier tribu. *Adonai* a menudo aparece traducida como «Señor»; en el mundo antiguo, era un título general de respeto para el que ostentaba la autoridad. *YHWH* era el nombre más santo y sagrado, pues es el nombre que Dios usó para revelarse a sí mismo a su pueblo. Era tan sagrado que, con el tiempo, los judíos devotos ni siquiera lo pronunciaban. En la mayoría de las traducciones, cuando la palabra *Señor* se escribe con letras mayúsculas, es traducción de YHWH. Este nombre no es genérico; se refiere únicamente al Dios de Israel.

En esta historia, los marineros oraban cada uno a su propio *elohim*.

Pero Jonás les habla de YHWH, el Dios quien le da a su pueblo su nombre, quien quiere darse a conocer, quien creó los mares y la tierra. Ese es un lenguaje que todos los gentiles conocían.

Esa es la razón de las frases aclaratorias del pasaje. Los marineros ya saben que Jonás está huyendo de su dios. Suponen que no es más que un dios tribal de Israel. Pero se les dice que hay un solo gran Dios. Se enteran de su nombre. Ven su poder. Y temen con un gran temor.

Están llegando a conocer al Dios de Jonás en este barco de Tarsis, en medio de una tormenta. Uno de los motivos por el que creen en Jonás es que él llega a ellos como una equivocación, un cabeza hueca, un error. Todos esos años, él había sido un profeta. Esta será la conversión grupal de gentiles más grande que jamás haya visto, y es el fracaso de Jonás lo que Dios usa para acercar a esas personas a la fe. Este libro puede ser muchas cosas, pero no es una historia acerca de un plan humano. Es una puerta «que fue abierta», y nosotros no somos quienes la abrimos.

A veces estoy huyendo de Nínive y se abre una puerta en un barco a Tarsis. A veces no logro pasar por las puertas abiertas porque no identifico que están presentes.

Chuck Colson sufre la deshonra y es enviado a la cárcel;

en ese lugar descubre que se le abren puertas al ministerio que nunca le fueron abiertas estando en la Casa Blanca. Helen Keller padece duras discapacidades, pero se le abre una puerta precisamente a causa de ellas para ayudar a incalculables millones de personas. A una maestra de escuela dominical llamada Rosa Parks le indican que se siente al fondo del autobús, y su tranquila negativa abre la puerta de la conciencia de una nación.

En la mañana de Pascua, una mujer de nuestra iglesia le dijo a un niño de ocho años que estaba vestido de manera elegante: «Te ves muy guapo. ¿Recibiste ese traje por Pascua?».

No, le explicó el muchachito. Lo había recibido para el funeral de su papá, que había muerto apenas unas semanas antes.

Resulta que esa mujer también había perdido a su padre cuando tenía ocho años. Se arrodilló, lo abrazó y le habló como la única persona en el mundo de él que sabía exactamente cómo se sentía.

¿Cuántas puertas abiertas hay alrededor de mí: alguien que se siente solo, alguien que espera que lo motiven, alguien que sufre por ser rechazado, alguien que está atormentado por la culpa, solamente esperando que yo les preste atención?

Nuestro sentimiento de culpa o de ineptitud nos podría refrenar

Los marineros le preguntan a Jonás: «¿Qué debemos hacer contigo para detener esta tempestad?». Jonás les responde: «Échenme al mar [...] y volverá la calma. Yo sé que soy el único culpable de esta terrible tormenta» (Jonás 1:11-12). Jonás dejará de correr, pero él cree que su historia se ha terminado por el error que ha cometido.

La historia de Arthur Kemp está registrada en un libro llamado *God's Yes Was Louder than My No: Rethinking the African American Call to Ministry* (El sí de Dios fue más fuerte que mi no: Reconsiderando el llamado al ministerio de los afroamericanos). Cuando él era muy joven, su familia pronosticó que se convertiría en predicador y, cuando era un hombre joven, sintió claramente que Dios le dijo: «Ve y alimenta a mis ovejas». Él lo identificó como un llamado a predicar. Pero se metió en un barco que se dirigía a Tarsis.

Pasó los siguientes diez años de su vida tratando de demostrar cuán indigno era. «Decidí que iba a ser el peor ser humano posible, para volverme inadecuado para ser un ministro»[6]. No bebía, pero empezó a beber; no era un apostador, pero aprendió a hacerlo; se volvió un narcotraficante y un proxeneta, todo como una manera de escapar de su llamado.

Para él, Tarsis fue vivir en las calles y perder todo respeto por sí mismo. Hasta que, una noche, fue a una reunión de oración, estalló la tormenta y sollozó: «Tengo que predicar, tengo que predicar». El pastor le dijo que no iba a tener ninguna paz hasta que lo hiciera.

El sí de Dios es más fuerte que mi no.

Pero el no de Jonás es bastante fuerte. Él les dice a los marineros que lo arrojen al agua.

Sorprendentemente, los marineros no lo hacen. «Los

marineros remaron con más fuerza para llevar el barco a tierra, pero la tempestad era tan violenta que no lo lograron» (Jonás 1:13). Sus vidas están en peligro, pero no quieren sacrificar la vida de este hebreo desconocido. Es asombroso, porque estas son las Escrituras hebreas. Estos marineros en el barco hacia Tarsis tienen más compasión, más humanidad verdadera con el profeta hebreo que la que el profeta hebreo tuvo con la gente de Nínive.

Usted tiene que ser realmente muy cuidadoso al juzgar quiénes son los buenos y quiénes son los malos, quién está del lado de Dios y quién no está del lado de Dios.

Ahora los marineros tienen una reunión de oración: «Entonces clamaron al Señor, Dios de Jonás: "Oh, Señor [...] no nos dejes morir por el pecado de este hombre y no nos hagas responsables de su muerte. Oh Señor, has enviado esta tormenta sobre él y solo tú sabes por qué"» (Jonás 1:14).

En tres ocasiones lo llaman por su nombre, YHWH; el escritor nos da un golpecito en la cabeza por si nosotros, los lectores, somos un poco lentos.

Lo llevan al borde del barco.

Imagine este momento. La tormenta impresionante, los marineros aterrorizados, el profeta fugitivo, el barco que zozobra. Su cuerpo es arrojado al agua. En la cubierta, de repente, todo se calma. La tormenta se ha ido.

«Los marineros quedaron asombrados por el gran poder del Señor». Ahí está esa palabra otra vez. «Le ofrecieron un sacrificio y prometieron servirle» (Jonás 1:16): he allí un acto de adoración y un acto de compromiso, de devoción.

Este barco pagano se convierte en un lugar de adoración. La nave que iba a Tarsis se convierte en un templo del Dios vivo. Ese no era el plan de Jonás. Resulta que los marineros de este barco no son actores secundarios de la historia, después de todo. No se trata de una cosita desechable en una historia sobre Nínive. Resulta que la historia de Dios es tan grande, que también es una historia acerca de Tarsis. Resulta que Jonás creyó que él impediría lo que Dios quería hacer. Resulta que Dios está obrando de maneras que Jonás no puede ni siquiera empezar a soñar.

La puerta que Jonás le cierra a Dios se transforma en la puerta que Dios les abre a los marineros.

Si el Dr. Seuss estuviera condensando la historia hasta este momento, diría algo así:

> *Dice Dios: «Tú, ve».*
> *Dice Jonás: «No iré».*
> *Dice Dios: «Sople».*
> *Dice Jonás: «¿Y qué?».*
> *Dice el capitán: «Compadre».*
> *Dice Jonás: «Tírenme».*
> *Dicen los marineros «¡Ande!».*
> *Entonces, arrojaron a Jonás en lo profundo,*
> *pero Dios tenía más destinos para Jonás en este mundo.*

Nos perdemos puertas cuando nos perdemos la oración

Hemos escuchado la historia demasiadas veces. Entonces, imagine cómo es escucharla por primera vez. Jonás se está hundiendo en el mar, pero el Señor «había provisto» un gran pez para que se tragara a Jonás.

Jonás estuvo dentro del pez tres días y tres noches. Si eso no le parece al menos un poco gracioso, no le funciona bien el sentido del gozo, y lo necesitará para la vida de puertas abiertas. Esta palabra, *provisto*, podría traducirse como «encargó». Es una palabra gubernamental. Es lo que haría un rey si estuviera designando a un embajador, a un mensajero o lo que fuera. Pero aquí se utiliza para un pez. Dios dice:

—Oye, Pez.

El pez dice:

—¿Sí, Señor?

Dios dice:

—Ve a recoger a Jonás. Recibirás las direcciones cuando sea necesario. Esto es importante: traga, no mastiques. Yo te diré dónde dejarlo.

El pez dice:

—De acuerdo, Señor.

Este pez es mejor para aceptar órdenes que el profeta de Dios.

La principal palabra relacionada con Dios en la historia es la palabra *gran*. Empieza con Dios diciéndole a Jonás: «Quiero que vayas a la *gran* ciudad de Nínive», porque resulta que Dios tiene un gran corazón, porque resulta que Dios es compasivo de corazón con la gran ciudad. Luego, Jonás escapa en dirección opuesta, entonces la Biblia dice que Dios envía un *gran* viento, que produce una *gran* tormenta. Luego, los marineros paganos se convierten a través de un *gran* temor. Después, Dios provee un pez para Jonás, que es descrito como un *gran* pez.

Jonás, por otra parte, echa todo a perder. Si la principal palabra para Dios en este libro es *gran*, la principal palabra para Jonás es *descender*.

Dios dice: «Ve a Nínive», y Jonás *desciende* a Jope. Luego, se sube a un barco que *desciende* hacia Tarsis. Luego, en el barco, él *desciende* a la parte inferior, donde se duerme. Después, *desciende* al agua durante la tormenta. Más tarde, *desciende* al interior del pez. Jonás ha tocado fondo.

Para un israelita, no se puede estar más abajo que eso. El mar era un lugar muy aterrador, espantoso. Un lugar de muerte.

Un gran pez no es el medio particular de transporte que Jonás tenía en mente cuando se estaba yendo de Jope. Pero se le da la oportunidad de aprender algo de la gracia extraña, inquietante y divertida de Dios.

A ballena regalada no se le miran los dientes.

Desde las entrañas del pez, Jonás ora. Dice: «En mi gran aflicción, clamé al Señor y él me respondió. Desde la tierra de los muertos te llamé, ¡y tú, Señor; me escuchaste!» (Jonás 2:2).

Él no oró por su llamado a Nínive, ni por haberse escapado a Tarsis, ni por la tormenta en el barco. No le habló a Dios para nada, hasta que terminó en un pez.

¿Por qué oró Jonás dentro del pez?

Porque no tenía nada mejor que hacer.

Dios lleva a Jonás hacia abajo, abajo, abajo, a un lugar de desesperación, dentro de un pez, en el mar. La pura verdad es que Jonás se vuelve a Dios porque no tiene nadie más a quién recurrir. Todo el primer capítulo de la historia de Jonás es la acción humana. Jonás hace planes. Jonás tiene recursos. Jonás tiene sus destinos... y resulta un desastre. Y, luego, estalla la tormenta, y la historia de Jonás se detiene de golpe.

En el segundo capítulo de Jonás, no hay absolutamente nada de acción. Solo oración. Y entonces empiezan a sucederle cosas buenas a Jonás.

Cuando el apóstol Pablo quiere que se le abran puertas, el lugar por el que empieza es la oración. Las puertas abiertas son interacciones entre el cielo y la tierra, y por eso es que comienzan en la oración.

Si yo quiero una aventura con Dios, puedo empezar a orar hoy por las puertas abiertas. «Dios, ¿puedes abrir hoy las puertas del ánimo, de la oportunidad, de la posibilidad, de la generosidad? Dios, haz que este día sea un día de puertas abiertas».

No tengo que esperar hasta tocar fondo.

Es interesante que en la Biblia haya otra historia de un naufragio (la de Pablo, en Hechos 27), que es casi exactamente lo opuesto a la de Jonás. Jonás corre escapándose de su llamado de predicar a la peligrosa capital de Asiria; Pablo corre hacia su llamado de predicar a la peligrosa capital de Roma. La presencia de Jonás en el barco pone en peligro a los marineros; la presencia de Pablo en el barco es su salvación. Cuando su vida está segura, Pablo clama a Dios para que le abra puertas; Jonás clama a Dios pidiéndole que lo salve cuando toca fondo.

En general, no clamamos a Dios *hasta que* tocamos fondo.

Una vieja canción infantil se llama «Hay un hoyo en el

fondo de la mar». Se trata del placer de un niño en la oscuridad y en lo escondido. «Hay una bacteria en el piojo en el pelo en el sapo en el palo en el hoyo en el fondo de la mar...».

Esta es la historia de Jonás. Hay un hombre en el vientre de un pez en una tormenta sobre un barco en el fondo de la mar. Y él descubre... que Dios está ahí. Aunque esperemos hasta tocar fondo para orar, Dios está ahí.

Jonás ora, Dios escucha, Dios abre una puerta y Jonás logra liberarse, pero lo que sucede a continuación es tan tonto, tan cómico, que yo no lo mencionaría salvo que está en la Biblia, así que tenemos que hablar del tema.

Jonás es liberado al tercer día. En la Biblia, el tercer día es un esquema común de rescate de parte de Dios, de manera que el lector esperaría que Jonás tenga algún evento espectacular de rescate. Una visitación del ángel Gabriel, la vuelta a casa en un carro de fuego, la teletransportación instantánea. Algo por el estilo.

No es lo que sucede en esta historia.

«Entonces el Señor dio una orden y el pez vomitó a Jonás en tierra firme» (Jonás 2:10, NVI). ¿Soy yo, o nos están contando más detalles de los que realmente queremos? Es como la versión de la historia para niños de sexto grado.

Si se pregunta por qué los traductores de la Biblia a nuestro idioma no eligieron una palabra más decorosa, más eclesiástica, que *vomitar*, es porque la palabra hebrea es todavía más gráfica que la de nuestro idioma.

El autor quiere asegurarse de que el lector entienda lo que sucedió. Jonás no fue transportado por un ángel. La ballena cantó la guácala, llamó a Hugo, devolvió la cena, basqueó, echó la primera papilla.

Jonás termina en la orilla. No es una figura trágica, cubierta de sufrimiento. No es un personaje heroico, cubierto de gloria. Es una figura ridícula, cubierta de cóctel de camarón y aderezo de atún.

La forma más básica en que se pueden dividir todas las historias es así: cada historia es o una tragedia (el gozo pierde, la vida pierde, la esperanza pierde) o una comedia (el gozo gana, la vida gana, la esperanza gana).

Jonás es una comedia.

Jonás sigue descendiendo, pero no dejan de sucederle cosas graciosas. Jonás, que debería ser el héroe de la historia, cuando Dios le dijo que fuera al oriente, huye al occidente. Un profeta que debería saber bien que eso no funcionaría cree que puede escaparse de Dios embarcándose hacia Tarsis. Un capitán gentil le pide al hombre de Dios que ore. Los marineros paganos, que en el mundo antiguo no sobresalían por su devoción, se convierten al Dios de Israel. Jonás piensa que se ahogará, y Dios le envía un pez como si fuera un vehículo de alquiler de Enterprise que lo pasa a buscar y lo deja donde debía ir.

Y, en caso de que alguno todavía no lo haya captado, el autor agrega la escena de la regurgitación.

Resulta que cuando los seres humanos descienden y van cada vez más abajo, Dios está haciendo algo grande; desde la perspectiva de Dios, la muerte y la tumba no son un problema en absoluto. La rebeldía y la terquedad humanas no son un problema.

Dios se ríe de todo eso. Dios se ríe de la muerte y se ríe de la tumba. Jonás termina vomitado en la orilla.

Un día comprenderemos que el gozo gana. Jonás es un libro sobre el gozo. Es cómico en el sentido más sublime, trascendente y maravilloso porque hay otro personaje entre cada línea de este libro.

Sabemos que Jonás es oriundo de un pueblo llamado Gathefer, que está a unas millas de distancia de Nazaret. Otro profeta procedería de Nazaret, se quedaría dormido en un barco mientras todos los demás estaban aterrorizados y calmaría la tormenta con su respuesta.

El nombre de Jonás significa «la paloma», que es un nombre cuyo significado es «fue dado a un ser amado». Otro profeta bajaría a las aguas, saldría del agua y vería descender a una paloma, escuchando que una voz del cielo lo llamaba amado.

Cuando estaba llegando al final de su vida, Jesús dijo que tenía una señal para darle a este triste mundo y la llamó la señal de Jonás. «Así como Jonás estuvo en el vientre del gran pez durante tres días y tres noches, el Hijo del Hombre estará en el corazón de la tierra durante tres días y tres noches» (Mateo 12:40).

La iglesia primitiva tenía la costumbre de reunirse en lugares llamados catacumbas. Tumbas, nichos subterráneos. El primer arte inspirado por Jesús no fue el arte que apareció en las grandes catedrales ni en frescos enormes; fue un arte pintado, grabado y esculpido en tumbas, en las catacumbas escondidas. La figura del Antiguo Testamento que se encuentra con mayor frecuencia no es la de Abraham, ni de Moisés ni de David.

Es Jonás.

¿Por qué? Porque la iglesia primitiva entendió el chiste.

El gozo gana.

Y el punto de inflexión de la historia llega cuando Jonás se vuelve a Dios en oración. Se vuelve a Dios porque no tiene ningún otro lugar adónde ir. Pero Dios no es orgulloso. Él acepta incluso a los que acuden a él como último recurso. «Sigue llamando, y la puerta se te abrirá» (Mateo 7:7).

La falta de amor nos impedirá entrar por las puertas abiertas

Pero la historia de Jonás no termina en ese tono. Queda en un tono raro, irresuelto y discordante. Por una razón.

Hay una historia, posiblemente legendaria, acerca de que la esposa de Johann Sebastian Bach una vez estaba tocando el clavecín mientras él estaba acostado, y ella dejó inconcluso un séptimo acorde, lo cual a él le molestó tanto que no pudo dormirse. No sabemos por qué lo hizo. Tenía veinte hijos; a lo mejor no tenía tiempo para practicar. Tal vez ella sabía que eso le molestaría a Johann y quiso vengarse de él por hacerle tener veinte hijos. Finalmente, él se levantó de la cama, se sentó al clavecín y tocó el acorde adecuadamente resuelto para poder dormir.

La palabra disonante en la historia de Jonás es la palabra *maldad*. Dios le dice a Jonás que vaya a predicar contra Nínive «porque su maldad ha subido hasta mí» (Jonás 1:2, LBLA).

Algo se ha desviado en el mundo de Dios. Lo mantiene despierto durante la noche.

Jonás realmente no quiere ir a Nínive por una razón: a Jonás no le gustan los ninivitas.

Dios coloca una puerta abierta delante de Jonás, pero principalmente no tiene que ver con Jonás. Es una puerta para que Jonás sea un canal del amor divino para otras personas. Es su falta de amor lo que le permite huir en el otro sentido.

Es el amor lo que empuja a una madre y a un padre a través de la puerta del sacrificio para aceptar la responsabilidad de una pequeña vida.

Es el amor lo que provoca que un abogado importante como Gary Haugen resigne dinero para apostarlo todo en International Justice Mission.

Es el amor el que da la pequeña moneda de la viuda, el que no lleva un registro de las ofensas recibidas, el que cumple la promesa matrimonial cuando hacerlo es difícil, el que escucha al amigo afligido.

El motivo real por el que Jonás no quiere pasar por la puerta abierta de Dios es así de simple: la falta de amor.

Entonces se va a Nínive cuando no hay duda de que la alternativa es convertirse en un bar de sushi vivo. Predica un mensaje, pero su mensaje quizás sea el más lamentable de toda la Biblia: «Dentro de cuarenta días Nínive será destruida» (Jonás 3:4).

Probablemente sea el peor sermón de todos los tiempos. No hace mención de Dios, del arrepentimiento o de la misericordia. Ningún ejemplo, aplicación ni edificación. Jonás no le pone ningún esfuerzo. Lo hace por hacer.

Pero sucede lo más extraño de todo. Las personas lo

escuchan. Empiezan a reaccionar. Su respuesta es tan amplia que todos, desde el rey hasta el ciudadano más pobre y débil, se arrepienten, y hasta los animales usan ropas de penitencia.

Lo cual nos enseña que nuestra idoneidad, o la falta de ella, nunca es el asunto cuando Dios abre una puerta. «Ya sé que tus fuerzas son pocas...».

Dios ve el arrepentimiento de Nínive y se llena de compasión. «Cuando Dios vio lo que habían hecho y cómo habían abandonado sus malos caminos, cambió de parecer» (Jonás 3:10).

Jonás ve todo esto y se supone que él se emocionaría.

«Pero todo esto a Jonás le pareció muy lamentable, le cayó muy mal, y se enojó mucho»[7].

Jonás no puede aceptarlo. Ahora *Jonás* no puede dormir. Mira a Nínive arrepintiéndose y siendo perdonada por Dios, y dice: «Esto está mal». No solo mal, sino que «esto desagradó *grandemente* a Jonás». Es la única vez en esta historia que el concepto de la maldad y la palabra *grande* se unen, y hay un motivo para ello. Lo que es buenísimo para Dios (la gracia para Nínive) es muy malo para Jonás.

Entonces [Jonás] le reclamó al Señor: «Señor, ¿no te dije antes de salir de casa que tú harías precisamente esto? ¡Por eso hui a Tarsis! Sabía que tú eres un Dios misericordioso y compasivo, lento para enojarte y lleno de amor inagotable. Estás dispuesto a perdonar y no destruir a la gente. ¡Quítame la vida ahora, Señor! Prefiero estar muerto y no vivo» (Jonás 4:2-3).

De hecho, Jonás no dijo nada de eso cuando estaba en su casa, en el primer capítulo. Lo que se infiere de allí es que huyó por miedo. Ahora él, oportunamente, se recuerda a sí mismo como el campeón de la justicia. Sostiene que siempre supo que Dios iba a ser así de blando.

Resulta que es posible que yo no tenga en claro por qué les digo que no a las puertas que Dios abre. Quizás lo recuerdo mal, de manera que me veo más valiente de lo que realmente fui. Tal vez necesite la ayuda de Dios y de las personas que me conocen bien para ver por qué padezco el complejo de Jonás.

Una de las muchas causas por las que Jonás es único entre los profetas es esa: su falta de empatía. Todos los demás profetas no solo imploran con el pueblo en nombre de Dios, sino que también imploran a Dios por el bien del pueblo. La angustia de las personas les causa angustia a los otros profetas. Se identifican con las mismas personas a las que tienen que anunciarles el juicio.

Jonás no.

Para él es fácil proclamar el juicio. Quiere huir de la puerta porque él realmente no ama a las personas a las cuales lo llevará esa puerta.

La falta de amor me facilita decirle que no a la puerta.

Un punto de vista equivocado sobre Dios causará que yo pierda las puertas abiertas

En esta oración está sucediendo algo más que debe haber sido muy evidente a sus lectores: «Sabía que tú eres un Dios misericordioso y compasivo».

Jonás cita aquí la confesión más famosa sobre la identidad de Dios de toda la historia de Israel, cuando Dios se reveló a sí mismo a Moisés en el monte Sinaí.

Lo que Dios dijo, en realidad, es que él es «el Dios misericordioso y compasivo, lento para enojarse y lleno de amor inagotable *y verdad*» (Éxodo 34:6, traducción mía).

La omisión de Jonás sería de lo más obvia para cualquier israelita que leyera esta historia. Es como si usted fuera a una ceremonia de boda, y el novio dijera: «Te acepto como mi legítima esposa, en lo bueno y en lo malo, en la salud y en la enfermedad, y en la riqueza».

Jonás omite *verdad*. Jonás está poniendo en duda el carácter de Dios. Él cree que Dios no es fiable. Yo nunca confiaré en Dios para atravesar las puertas abiertas si pienso que Dios no es fiel.

Lo único que Dios dice en respuesta es: «¿Te parece bien enojarte por esto?» (Jonás 4:4).

Jonás no contesta. Jonás le aplica a Dios la ley de hielo. Aparentemente, Jonás es parte sueco.

Jonás vuelve a huir al oriente de la ciudad y se queda esperando que, con suerte, la ciudad sea destrozada.

Ahora bien, el Señor Dios proveyó que una planta frondosa creciera allí y pronto extendió sus anchas hojas sobre la cabeza de Jonás y lo protegió del sol. Esto le trajo alivio y Jonás estuvo muy agradecido por la planta.

¡Pero Dios también proveyó un gusano! Al
amanecer del día siguiente, el gusano se comió el
tallo de la planta, de modo que se marchitó. Así que
cuando el sol se intensificó, Dios proveyó un viento
abrasador del oriente para que soplara sobre Jonás. El
sol pegó sobre su cabeza hasta que se sintió tan débil
que deseaba morirse y exclamó: «¡Es mejor morir que
vivir así!».

Entonces Dios le dijo a Jonás:

—¿Te parece bien enojarte porque la planta
murió?

—¡Sí —replicó Jonás—, estoy tan enojado que
quisiera morirme!

(Jonás 4:6-9)

Esto tiene que ver con algo más profundo que quemarse
con el sol. Los profetas eran los artistas en vivo de su época.
Como las personas suelen ignorar las palabras, Dios hacía
que los profetas representaran su mensaje de maneras impactantes. Siempre el profeta era el actor e Israel era el público.

Excepto aquí.

En este pequeño drama, Dios es el actor. Dios envía una
planta; Dios envía un gusano y Dios envía el viento. Jonás
es el público. Lo que ocurre aquí es que Dios quiere salvar
a Jonás.

Pues Jonás se ha ido al oriente de la ciudad. El «oriente»
era la dirección de los enemigos de Israel: el oriente del Edén
después de la Caída, el oriente donde se fue el homicida Caín.

Dios envía una sombra. Eso tiene mucho significado para un lector israelita.

El Salmo 17:8-9 dice: «Escóndeme a la sombra de tus alas de los impíos que me despojan, de mis enemigos mortales que me rodean» (LBLA).

La sombra significa estar bajo la protección de Dios. Literalmente, el texto dice que la sombra era para liberarlo del mal.

Cuando la planta crece, el pasaje literalmente dice: «Y Jonás se regocijó en la planta con gran gozo». Para Jonás, no se trataba solamente de la protección física. Para Jonás, cuando la planta se levanta, significa que Nínive está cayendo. Dios va a proteger a su pueblo. Dios va a destruir a sus enemigos. Por eso, Jonás se regocija en la planta «con gran gozo». Él se alegra por la destrucción del pueblo que odia. Nínive va a caer.

Dios no ve las categorías de personas como yo lo hago y piensa: *Las personas de esta categoría son de los míos. Me gusta esta clase de personas. Pero a las personas de esa categoría de allá, puedo dejarlos ir sin sentir mucho dolor.* Las personas le importan a Dios. Las personas deprimidas. Las personas cultas. Las personas divorciadas. Las personas que tienen ideas políticas distintas a las de usted. Le importan a Dios. Las personas conservadoras y las liberales. Los musulmanes. Los ateos. Los de la Nueva Era. De todos los colores. Los asiáticos. Los hispanos. Los caucásicos. Los afroamericanos. Los homosexuales. Los viejos. Las personas le importan a Dios. Cada una de ellas.

Dios le dice a Jonás: «Tú te apiadaste de la planta por la que no trabajaste ni hiciste crecer [...] ¿y no he de apiadarme yo de Nínive, la gran ciudad, en la que hay más de ciento veinte mil personas que no saben distinguir entre su derecha y su izquierda, y también muchos animales?» (Jonás 4:10 11, LBLA).

La historia simplemente termina con Jonás sentado allí. ¿Eso no lo vuelve un poco loco? ¿No es una manera realmente miserable de finalizar la historia? ¿Por qué haría eso el autor?

De hecho, otro narrador hará la misma cosa. Jesús termina la historia del hijo pródigo exactamente como el libro de Jonás, con un rebelde salvado por la gracia y un padre amoroso suplicándole al santurrón berrinchudo.

No es porque al narrador no se le ocurre un final.

Es que esta historia no se trata de Jonás. Es sobre nosotros y nuestra respuesta a Dios.

Un gran artista sabe que cuando uno deja una historia inconclusa, las personas no pueden irse y descartarla. Tienen que seguir encontrándole la vuelta. Como el acorde de Bach, los mantiene despiertos.

Esa es la idea.

Por ahí afuera, hay una puerta que lleva su nombre escrito en ella. Justo en este momento. Está abierta.

¿Qué hará usted?

CAPÍTULO 9

GRACIAS A DIOS POR LAS PUERTAS CERRADAS

«Cada vez que Dios cierra una puerta, en alguna parte, alguien se fastidia».

«Cada vez que Dios cierra una puerta, alguien determina que sabe más y quiere cambiar su lugar por el de Dios».

«Cada vez que Dios cierra una puerta, está tramando algo».

LOS EJECUTIVOS DE BÉISBOL dicen que algunos de los cambios más grandes son los que nunca se concretaron. De manera similar, algunas de las mejores oraciones son las que nunca reciben la respuesta que esperábamos. Algunas de las puertas más grandes son las que nunca se abren.

La Biblia está tan llena de puertas cerradas como de puertas abiertas: la puerta del Edén fue cerrada después de la Caída. La puerta hacia el arca se cerró en el juicio. La puerta a la Tierra Prometida se le cerró a Moisés. La puerta para construir el templo se cerró para David.

La carta a la iglesia de Filadelfia en Apocalipsis dice que el Santo no solo tiene el poder de abrir puertas que nadie puede cerrar, sino también de cerrar puertas que nadie puede abrir.

Pero, por lo general, a mí no me gustan las puertas cerradas, ni las entiendo.

Si alguien preguntara: «¿Cuál es la única, más importante motivación para orar?», me imagino que en una sola frase, la respuesta sería «La oración contestada». Cuando oramos y Dios responde; cuando hay una necesidad, y Dios brinda una directiva realmente clara; cuando una persona ha estado enferma física o espiritualmente durante años, y otros oran, y llega la sanidad; cuando nos sentimos angustiados, y somos visitados por la paz; cuando necesitamos una idea y la recibimos; cuando, en respuesta a la oración, un matrimonio se salva, un hijo fugitivo vuelve a casa, alguien consigue un trabajo o encuentra un lugar para vivir, eso nos hace querer orar más.

Si alguien preguntara: «¿Cuál es la única, más importante desmotivación para orar?», supongo que también podría responderse con una sola frase: «Las oraciones sin respuesta». A algunos les encantaría casarse y oran durante años para conocer a la persona adecuada, pero nunca les sucede. O alguien lucha contra la depresión y le pide a Dios que se la quite, y no sucede. O a alguien lo engañan o lo perjudican gravemente en su trabajo y le pide a Dios que su justicia triunfe, y la justicia no triunfa.

Ogden Nash escribió que una puerta es eso donde el perro está siempre del lado opuesto. Ninguna criatura del mundo quiere sentir que la dejan afuera, en el lado opuesto de la puerta. Las puertas cerradas nos desaniman. Pueden aparecer en un trabajo, en una relación, en nuestras finanzas, en nuestra educación o, incluso, en nuestro ministerio. Una oportunidad que queríamos queda inaccesible, y sentimos como que la vida se apaga y al cielo no le importa.

Y sin embargo...

Seguramente debe ser algo bueno que solo Dios tenga el poder de cerrar de tal manera que lo que se cierra no pueda ser abierto. Muy a menudo, la puerta cerrada que me hizo sentirme frustrado en su momento se convierte en una ocasión para la gratitud después. De verdad, me descubro diciendo «Gracias a Dios por las puertas cerradas»:

- Por la chica que me rechazó, porque si no, no habría terminado con mi esposa.
- Por el programa de posgrado que me rechazó, porque si no, no habría terminado consiguiendo el trabajo que me encanta hacer.
- Por las propuestas para libros que recibieron como respuesta un amable «No, gracias», porque si no, yo nunca habría aprendido la necesidad de perseverar y madurar.
- Por el trabajo que fue tan dolorosamente difícil, porque eso condujo a una nueva resolución.
- Por la promesa de éxito temprano que no

dio resultado, porque me llevó a aceptar más humildemente la realidad.

- Por la oración que estuvo años sin respuesta, porque aprendí más en esa travesía de lo que habría aprendido por medio de una recompensa inmediata.
- Por lo que parecía una gran oportunidad financiera que me perdí, porque eso me protegió de involucrarme en una organización que terminó siendo fundamentalmente dañina.

Le agradezco a Dios por esas puertas cerradas. Pero no por *todas* las puertas cerradas. Hay muchas que siguen sin gustarme y a las que abriría de una patada, si pudiera. Y hay puertas ambiguas. Jesús mismo, cuando habla de la necesidad de perseverar en la oración, dice: «Llamen, y se les abrirá la puerta». Pero no dijo *cuál* puerta. No dijo qué tan fuerte tendríamos que golpear ni durante cuánto tiempo deberíamos insistir. ¿Cómo sé a qué puertas cerradas debo seguir llamando? ¿Cómo sé si debería seguir persiguiendo este trabajo, a esta chica, esta universidad o este sueño? ¿Cómo sé si debería olvidarlo y seguir adelante?

La buena noticia es que hay una respuesta simple de dos palabras para estas preguntas. La mala noticia es que las dos palabras son «No sé».

Quizás nunca lo sepamos con seguridad en esta vida. Dios tiene en mente cosas más grandes para nosotros que «saber con seguridad». Pero entender por qué algunas puertas *no deberían* abrirse puede ayudarnos a desarrollar nuestra habilidad de aprender la diferencia. En este capítulo veremos qué puede estar tramando Dios con las puertas cerradas que hay en nuestra vida.

Llamar a la puerta equivocada

A veces, las puertas permanecen cerradas porque queremos algo inadecuado.

Un día, Pedro, Santiago y Juan están en una montaña con Jesús y ven que él se transforma de una manera deslumbrante. Está caminando por ahí con Moisés y Elías, y Pedro dice: «Rabí, ¡qué bien que estemos aquí! Podemos levantar tres albergues: uno para ti, otro para Moisés y otro para Elías», como si los tres fueran a la par (Marcos 9:5, NVI). Pedro «no sabía qué decir, porque todos estaban asustados» (versículo 6, NVI). Al parecer, la opción de quedarse callado nunca se le ocurrió. En lugar de eso, hace esta petición, que es una mala idea, y Jesús dice: «No. Tenemos más trabajo por hacer. Esa es la petición equivocada».

En otra ocasión, Santiago y Juan deciden que quieren subir de categoría sus asientos celestiales, entonces hacen que su madre se arrodille delante de Jesús para pedirle los asientos 1A y 1B en primera clase. Jesús les dice que el reino realmente no funciona así, haciendo que la mamita haga la autopromoción en lugar de uno. Así que ese es un no.

Otra vez, entran en una aldea samaritana que no los recibe adecuadamente (algo no sorprendente, debido a las tensiones étnicas entre Samaria e Israel). Santiago y Juan quieren orar para que descienda fuego del cielo para pulverizar a la aldea.

Jesús dice: «Aprecio su gesto, pero...».

En toda la Biblia vemos puertas cerradas en respuesta a los pedidos equivocados. De hecho, en cuatro ocasiones independientes, cuatro personas distintas (Moisés, Jeremías, Elías y Jonás) le piden a Dios que les quite la vida. En cada caso, Dios dice: «No, no, no, no». ¿No le parece que, después de que se les pasó el estado de ánimo funesto, se alegraron de que Dios les hubiera dicho que no?

Gracias a Dios que a veces dice que no.

Hay una canción *country* de Garth Brooks sobre este tema que llegó a ser número uno hace un tiempo; se titula «Unanswered prayers» (Oraciones sin respuesta). Él estaba en un partido de fútbol americano en su antigua escuela y vio a una chica por la que había estado chiflado cuando era un estudiante. Él solía pedirle a Dios que hiciera que esa chica llegara a ser su esposa. Eso no sucedió, y ahora, tantos años después, él vuelve a verla y se pregunta: *¿En qué estaba pensando?*

Susurra en voz baja: «¡Gracias a Dios! ¡Gracias a Dios!». La letra principal de esta canción es: «Algunos de los mayores regalos de Dios son las oraciones sin respuesta».

Hace un tiempo, yo estaba en la reunión de mi promoción escolar y vi a una chica por la que había estado chiflado. Habían pasado muchos años y, nuevamente, la misma oración fue susurrada: «¡Gracias a Dios!». Sé que fue susurrada porque la escuché a ella susurrarla.

Un pensamiento un poco aleccionador: usted podría ser la oración no respondida de alguien.

Las puertas se cierran porque hay algo mejor

A veces, una puerta permanece cerrada porque hay algo mejor más adelante, solo que nosotros no podemos verlo.

Un joven de bajos recursos soñó para sí y para su familia una vida mejor que la existencia miserable que había conocido durante su infancia. Ahorró todo lo que pudo y se endeudó fuertemente para poner en marcha una tienda de comestibles. Su socio tenía problemas con el alcohol, y él acabó tan endeudado que se refería a sus obligaciones económicas como «la deuda nacional». Abandonó las esperanzas de ser un comerciante exitoso alguna vez, y le llevó más de diez años saldar su sueño fallido.

Ingresó en Derecho y después en la política, y en 1860, Abraham Lincoln fue elegido presidente. Era un fanático entusiasta de Shakespeare y su cita favorita era de *Hamlet*: «Hay una divinidad que forja nuestros fines, por mucho que intentamos tallarlos a nuestra manera»[1]. Él llegó a creer profundamente en esto para su propia vida, pero también para el país que dirigía. Todo su segundo discurso de investidura es una reflexión sorprendentemente profunda sobre cómo Dios estaba obrando en la Guerra Civil de formas más misteriosas y profundas de lo que cualquier ser humano podía entender. Qué pérdida habría sido (no solo para él, sino también para todo el país) si las puertas de aquella pequeña tienda que abrió en New Salem no se hubieran cerrado.

Por la clase de persona que es Dios, y por la naturaleza de la oración, es fundamental que Dios se reserve el derecho de decir que no, porque él sabe mejor que nosotros qué conducirá a los mejores resultados. Pues para toda clase de poder al que los seres humanos tenemos acceso, encontramos la manera de usarlo con un enorme carácter destructivo. Eso aplica al poder de la palabra, al poder económico, al poder político y al poder nuclear.

Imagínese que, al orar, tuviéramos acceso a un poder sobrenatural que siempre hiciera que las cosas sucedieran como nosotros queremos. Sería un desastre. Cualquiera que piense que las puertas cerradas bastan para refutar la eficacia de la oración sencillamente no ha pensado seriamente en la oración.

La oración no es un conjuro. Es hablar con una Persona, una Persona muy sabia. Así que, a veces, Dios dirá que no, y gracias a Dios que lo hace.

Tal vez la oración más habitual del mundo sea «Señor, cámbiala. Cámbialo. Haz que él sea como yo quiero que sea. Hazlo hacer lo que yo quiero que haga».

Quizás usted haya estado orando por eso durante mucho tiempo.

Es bueno pedirle a Dios que moldee a las personas que nos rodean; pero muchas veces, cuando oro de esta manera, mi *verdadera* oración es «Dios, no quiero enfrentar la realidad de mi propia inmadurez; entonces, ¿podrías reformar a esta otra persona para que sea alguien que se acomode a mi disfunción y que alimente mi ego?». Y, a menudo, Dios está pensando en algo mejor. Muchas veces, ese algo mejor es usar a esa persona difícil para cambiarme *a mí*.

Frederick Buechner se mudó a Nueva York para convertirse

en un escritor, solo para descubrir que no podía escribir ni una palabra. Trató de entrar en la agencia de publicidad de su tío, pero no era lo suficientemente duro. Trató de ingresar en la CIA, pero no tenía el estómago para hacer ese trabajo. Se enamoró de una chica que no se enamoró de él. Escribió: «Todo parece una especie de farsa sin sentido cuando lo describo aquí, con cada puerta que traté de abrir cerrada de un golpe y pegándome en el pie, y, sin embargo, sospecho que fue como una especie de progreso de peregrino»[2].

Fue un cierre de puertas porque quedó decepcionado en las opciones que él quería. Fue un progreso porque lo llevó a encontrar a Dios, o a ser encontrado por él. Y, en su fe, escribió palabras que han inspirado la fe de millones de personas. Pero esa puerta nunca podría haberse abierto si muchas otras puertas no se hubieran cerrado primero.

Las puertas se cierran porque necesito crecer

Un día, yo oraba por una oportunidad en el liderazgo, pero mi mente seguía regresando a un hombre con el que estaba enojado. Recordé que existía una oración realmente rara en el libro de 2 Reyes. Cuando unos muchachos se burlaron de Eliseo, él los maldijo en el nombre del Señor, y un par de osos fueron a ahuyentar a los niños de él. Pensé: *Yo podría orar así por este tipo.*

Me di cuenta de que mi enojo era algo que estaba empeñado en ignorar y que, mientras yo me aferrara a él, no tendría la libertad para orar con las manos abiertas delante de Dios. No significaba que podría hacer que la relación resultara como yo quería, pero hay una gran diferencia entre alimentar un rencor y entregarlo. Yo quería nuevas oportunidades para el liderazgo, pero lo que tenía que aprender era a madurar en la frustración de la relación difícil en la que estaba metido.

En el Nuevo Testamento, un hombre llamado Simón, que había sido hechicero, estaba tan impresionado por el poder espiritual del apóstol Pedro que le ofreció dinero para conseguirlo. Pero, en realidad, él no quería ayudar a los demás; solo quería impresionarlos.

Su pedido fue rechazado. ¿Por qué?

Tal vez a su cabeza le faltaba un tornillo.
Tal vez los zapatos le apretaban los tobillos.
Aunque es muy probable que la única razón
es que tenía muy pequeño el corazón[3].

Pablo fue a Dios y le pidió que le quitara lo que Pablo llamaba una espina en la carne. Se lo pidió reiteradamente.

Lo único que recibió a cambio fue una puerta cerrada.

Pero esa puerta cerrada trajo un regalo más grande que la extirpación de la espina. Pablo llegó a entender que la gracia no llegaría cuando desapareciera la espina, sino junto con la espina. La espina, que era dolorosa, también produciría algo maravilloso en su espíritu. La espina, que de alguna manera estaba ligada a la debilidad de Pablo, en realidad le permitiría desarrollar su capacidad de ser un canal para la fortaleza de Dios. La puerta a la extirpación de la espina fue cerrada para que la puerta a la consolidación de la gracia pudiera ser abierta.

¿Qué áreas podemos llegar a necesitar desarrollar?

- Podríamos necesitar crecer en la generosidad y llegar a ser libres de nuestra necesidad de dinero, en cuyo caso, quizás se cierren las puertas económicas.
- Podríamos necesitar crecer en la humildad, en cuyo caso, se cerrarán las puertas del cumplimiento de los deseos grandiosos.
- Podríamos necesitar desarrollar nuestra capacidad de demorar la gratificación, en cuyo caso, quizás se cierre la puerta del «¡Ahora mismo!».
- Podríamos necesitar desarrollar nuestra capacidad de amar a nuestros enemigos o, incluso, a nuestros amigos más berrinchudos, en cuyo caso, tal vez se cierre la puerta del «¡Señor, cámbialo!».

Muchas veces, es posible que cuando la puerta indicada con el letrero «Ve» parece estar cerrada es porque hay una puerta abierta de par en par que dice «Crece». Solamente tengo que cederle a Dios la soberanía de las puertas.

Las puertas se cierran porque Dios tiene planes que yo no conozco

Israel era el pueblo de Dios, y ellos tenían el sueño de ser una gran nación, pero lo único que experimentaron fue una puerta cerrada. Fueron derrotados y exiliados. En oración, pidieron no tener que pasar por ese padecimiento. ¿Qué habría sucedido si Dios les hubiera dicho que sí? ¿Qué habría pasado si Israel se hubiera convertido en una gran potencia mundial, con una enorme cantidad de dinero y grandes ejércitos, si nunca hubiera estado exiliado, si se hubiera quedado con su fe para sí mismo, sin compartirla, y nunca hubiera tenido profetas que soñaran con otro reino, un reino mejor, un reino espiritual al cual toda la humanidad pudiera ser invitada? Cuando se les cerraron las puertas de la grandeza militar, política, económica y geográfica, se abrió otra puerta pequeña e inadvertida a otra clase de pueblo, con otro tipo de misión, para servir a otra clase de grandeza, y cambió al mundo infinitamente más de lo que podría haber hecho una superpotencia.

Dietrich Bonhoeffer quería una vida tranquila de erudición y enseñanza. Esa puerta se le cerró. Trabajó en un seminario clandestino y en un campo de concentración y, finalmente, sacrificó su vida. No podía saber que, a través de esto, él dejaría un legado que tocaría corazones en todo el mundo por generaciones.

Hace unos años, Nancy y yo nos mudamos a Chicago. En muchos sentidos, Nancy sintió que esto era una puerta cerrada porque, en primer lugar, ella era de California, y Chicago, sin duda, no es California. Pero, sobre todo, la alternativa en la que habíamos pensado era una iglesia en California que nos había ofrecido un puesto a ambos, y en Chicago, a ella no le ofrecían nada en absoluto.

Cuando tomamos esa decisión, ella no sabía que, en menos de un año, formaría parte del personal de Willow Creek y se convertiría en pastora de enseñanza y terminaría dirigiendo un ministerio que sería una aventura única en la vida y una oportunidad de formar a líderes jóvenes que se convertirían en amigos para toda la vida y duraderos compañeros en el ministerio. No sabía que iba a formar una red de amigos y oportunidades no solo en Chicago, sino en todo el mundo.

Muchas puertas que a nosotros nos parecen grandes son pequeñas para Dios, y muchas puertas que nosotros consideramos pequeñas son muy grandes para él. Esto es parte de la gran subversión del reino: los primeros serán los últimos, los más grandes serán los servidores, los más humildes serán exaltados.

Nicholas Herman sufrió la decepción en su sueño de convertirse en un gran soldado. En lugar de ello, aceptó un trabajo insignificante como empleado de cocina en una organización civil. Pero lo convirtió en un experimento para ver cuánto podía depender de Dios en su trabajo. Después de su muerte, se recopiló un libro llamado *La práctica de la presencia de Dios*, que hace una crónica de su vida bajo su nombre monástico, el Hermano Lorenzo. Se ha convertido en uno de los libros más leídos de la historia. Mientras él vivió, todos sabían quién era el papa, pero prácticamente nadie conocía al Hermano Lorenzo. Actualmente, casi nadie recuerda quién fue papa en aquel entonces, pero el mundo homenajea la memoria del Hermano Lorenzo.

Aun en medio de la crueldad de la maldad humana, Dios puede estar obrando para producir un bien inesperado. En su decimotercer cumpleaños, una niña solitaria recibe un libro de autógrafos cuadriculado rojo y blanco que usa como su diario íntimo. Frustrada por su falta de amigos, resuelve que su diario se convertirá en su único y más fiel amigo, a quien le confiará sus pensamientos y sentimientos más profundos, los cuales nadie podría suponer que ella guarda en su mente y en su corazón. Vive su vida a puertas cerradas y muere apenas dos años después. *El diario de Anna Frank* se ha convertido en uno de los tesoros literarios del siglo xx. Después de la guerra, fue descubierto y entregado a su padre, el único sobreviviente de su familia. A través de la humanidad y la esperanza de sus palabras en ese diario, ella ha inspirado a treinta millones de lectores en sesenta y siete idiomas; pocos escritores del siglo xx superaron eso. Lo que parecía una vida apagada por la maldad se transformó en una luz inextinguible.

Jennifer Dean escribe:

Piense en algo grande. ¿Una montaña? ¿Un árbol? Hágase la imagen mental de algo que dice que es grande. Ahora, tenga en cuenta que eso está formado por átomos minúsculos. Los átomos están compuestos por neutrones y protones aún más diminutos. Los neutrones y los protones están compuestos por elementos tan pequeños, que ni siquiera pueden verse con el microscopio más desarrollado.

No existe la grandeza. Todo lo que llamamos «grande» es solo un montón de cosas «pequeñas».

Pequeño sobre pequeño sobre pequeño, finalmente, equivale a grande. No existe lo «grande» sin muchísimos pequeños.

La naturaleza, como Dios la creó, es la imagen del invisible reino del cielo. [...] En la vida del reino, lo pequeño importa. Lo pequeño es la clave para lo grande[4].

En el reino de Dios, pequeño es el nuevo grande. En el reino de Dios, el camino para subir es bajar, y el camino hacia la vida es morir. La Madre Teresa solía aconsejar a las personas que no traten de hacer grandes cosas para Dios, sino de hacer cosas pequeñas con un gran amor.

Usted y yo no sabemos qué puertas abrirá Dios para que nuestra pequeña vida pueda producir un impacto más allá de nuestra propia existencia. Desconocemos hasta el momento de nuestra muerte (o aún más allá) quién puede ser afectado por nuestras acciones. Por eso, somos llamados a nunca perder las esperanzas, independientemente de cuán pequeña parezca nuestra vida o de cuántas puertas que tanto ansiábamos atravesar parezcan haberse cerrado. Somos invitados a vivir como si Dios estuviera abriendo puertas que significan que nuestros actos de bondad más pequeños valdrán, de alguna manera y mediante la gracia de Dios, para toda la eternidad.

Dios sabe de puertas cerradas

Dios conoce en persona el sufrimiento producto de más puertas cerradas de lo que jamás conocerá algún ser humano. Dios le ha dado a cada ser humano la llave de la puerta de su propio corazón, pero él mismo no entrará por la fuerza. «¡Mira!

Yo estoy a la puerta y llamo». No somos nosotros solamente los que esperamos que Dios abra una puerta para nosotros; Dios espera que nosotros le abramos una puerta a él.

Así que estamos parados junto con él en el sufrimiento por la puerta cerrada.

Recibí una carta del padre de una niña de ocho años a la que le diagnosticaron una enfermedad que pone en riesgo su vida y la debilita. Me escribió: «Todos los días, oro por su sanación. Todos los días, oro para entender. Todos los días, le pido a Dios: "Dios, ¿podrías hacer que me enferme yo en lugar de mi pequeñita? Déjame sufrir a mí". Estoy tan enojado con Dios. Trato de aguantar, pero estoy tan enojado. ¿Por qué el cielo permanece callado ante la oración que más quiero que me conteste?».

Usted también ha estado en un lugar así, o en alguno parecido. O algún día lo estará. No puedo señalarle una explicación que tenga todas las respuestas, porque nadie tiene todas las respuestas. Solo puedo señalarle una Persona. Solamente puedo decirle que en el corazón del evangelio hay una oración sin respuesta. Jesús, arrodillado en el huerto, oró: «Padre, si es posible, quítame esta copa, este sufrimiento, esta muerte. Pero que no se haga mi voluntad, sino la tuya».

Esta es la oración más desesperada jamás pronunciada por el espíritu más discernidor que jamás haya vivido en el mundo, del corazón más puro que latió jamás, pidiendo ser liberado del sufrimiento más injusto jamás conocido. Y lo único que consiguió fue silencio. El cielo no se conmovió.

La copa no fue apartada de él. El pedido fue rechazado. La puerta siguió cerrada.

De ese dolor no deseado e inmerecido vino la esperanza del mundo que rehízo la historia. Porque la respuesta definitiva a cada angustia humana, incluida la angustia por la oración sin respuesta, es la cruz manchada por el pecado y empapada de sangre donde el mismo Hijo de Dios sufrió. Nadie tiene todas las respuestas, pero esta semana estaba pensando: *¿Qué pasaría si todas esas duras oraciones recibieran un sí?*

¿Qué habría pasado si Pablo hubiera sido curado de su espina en la carne y se hubiera vuelto todavía más impactante, hubiera viajado aún más y hubiera aprendido a alardear de su gran fortaleza y sus grandes virtudes, y hubiera transformado el movimiento de la iglesia primitiva en un monumento a la grandeza humana?

¿Y si Israel se hubiera convertido en «el pueblo de la grandeza militar» o en «el pueblo de la opulencia», en lugar del «pueblo del libro»?

En Getsemaní, Jesús pidió no ser crucificado. ¿Y si Dios hubiera dicho que sí? ¿Qué habría pasado si a Jesús le hubieran evitado esa copa? ¿Si no hubieran existido la cruz, la muerte, la tumba, la resurrección, el perdón de los pecados, el derramamiento del Espíritu Santo y el nacimiento de la iglesia?

No sé por qué algunas oraciones reciben un sí y otras reciben un no. Conozco la angustia de un no cuando uno quiere un sí más que ninguna otra cosa en el mundo. Pero no sé *por qué*. Lo único que sé es que, en la Cruz, el no de Dios a su Hijo unigénito se convirtió en el sí de Dios para todos los seres humanos del mundo.

La promesa más allá de todas las puertas

La noche antes de morir, Jesús estaba tratando de explicarles a sus discípulos que las cosas parecerían terribles durante un tiempo, como si el cielo les hubiera cerrado las puertas, pero ellos no tenían que darse por vencidos porque eso no era el fin[5]. Es una escena conmovedora, pero en un momento, Juan pinta una imagen de la terquedad de los discípulos, que es manifiestamente cómica:

> [Jesús continuó diciendo] «*Dentro de poco* ya no me verán; pero *un poco después* volverán a verme».
>
> Algunos de sus discípulos comentaban entre sí: «¿Qué quiere decir con eso de que "*dentro de poco* ya no me verán", y "*un poco después* volverán a verme" [...]?». E insistían: «¿Qué quiere decir con eso de "*dentro de poco*"? No sabemos de qué habla».
>
> Jesús se dio cuenta de que querían hacerle preguntas acerca de esto, así que les dijo:
>
> —¿Se están preguntando qué quise decir cuando dije: "*Dentro de poco* ya no me verán", y "*un poco después* volverán a verme"?». (Juan 16:16-19, NVI; énfasis mío)

«Sip», dijeron. «Eso es lo que estamos preguntando». Esta es la clase de apoyo escolar para los discípulos. No son estudiantes de nivel avanzado. En su impaciencia, quieren que todas las puertas se abran y que todas las preguntas sean respondidas ahora. Para ellos, «ahora mismo no» es lo mismo que para siempre. Pero para Dios (y un día, para nosotros, a la luz de la eternidad) es solo «un ratito». Juan lo resalta para que nosotros entendamos lo que viene a continuación.

Jesús les hace una promesa maravillosa: «Ahora ustedes están tristes, pero yo volveré a verlos, y se pondrán tan felices que ya nadie les quitará esa alegría. Cuando venga ese día, ustedes ya no me preguntarán nada» (Juan 16:22-23, TLA).

«Al final, el gozo ganará —dice Jesús—, y ese día, no me harán más preguntas».

¿Qué significaría no tener más preguntas? ¿Por qué Jesús promete esto?

Los discípulos siempre estaban molestando a Jesús con sus preguntas. ¿Alguna vez se dio cuenta de eso? Repase los Evangelios. Todo el tiempo es un: «¡Ey, Jesús! ¿Puedo sentarme a tu diestra?», «¡Ey, Jesús! ¿Cuántas veces tengo que perdonar a este tipo?», «¡Ey, Jesús! ¿Por qué nació ciego este hombre?», «¡Ey, Jesús! ¿Cómo es que no pudimos expulsar a este demonio?», «¡Ey, Jesús! ¿Qué significa esa parábola?», «¡Ey, Jesús! ¿Deberíamos ordenar que baje fuego del cielo para destruir a los samaritanos?», «¡Ey, Jesús! ¿Cuál de nosotros es el más grande?», «¡Ey, Jesús! ¿Qué quieres decir con "dentro de poco"?». Todo el tiempo un «¡Ey, Jesús!».

Cuando tuvimos a nuestra primera hija y ella empezó a hablar, me di cuenta de que yo no estaba preparado para el bombardeo constante de preguntas que salían de esa pequeña boquita. «¿Por qué? ¿Por qué? ¿Por qué?». Nunca terminaban. Después de un rato, ya no lo aguantaba, y mi esposa, que estaba en casa con esa niña todo el tiempo, lo padecía mucho más. Nunca paraba. Me cansé mucho de las preguntas.

Una vez, estábamos en el auto mi hija Laura, mi esposa y yo. Laura tenía unos dos años, y a mí se me ocurrió una idea. Decidí darle vuelta a la tortilla, así que miré a Laura y empecé a preguntarle cosas a ella. «Ey, Laura. ¿Por qué el césped es verde? Ey, Laura, ¿por qué el cielo es azul? Ey, Laura, ¿qué hace que el sol brille? Ey, Laura, ¿qué hace que el auto ande? Ey, Laura, ¿de dónde vienen los bebés?». Apareció una expresión de confusión y preocupación en su carita, y Nancy se entusiasmó muchísimo. «Continúa, John. Hazla llorar. Hazla llorar».

Estaba pensando en eso y en este pasaje, y me preguntaba: *¿Alguna vez Jesús se cansó de todas las preguntas?* «Ey, Jesús. Ey, Jesús. Ey, Jesús». Porque detrás de todas ellas está la pregunta que realmente importa: *¿Por qué?* Todos los aquí presentes tienen esa pregunta.

¿Por qué? ¿Por qué este niñito de seis años tiene un tumor cerebral? ¿Por qué aquella bomba explotó en Boston? ¿Por qué? Ey, Jesús, ¿por qué sucede este desastre en Texas, y personas inocentes pierden la vida? Ey, Jesús, ¿por qué mi hija se escapó de casa? Ey, Jesús, ¿por qué mi matrimonio se vino abajo? Ey, Jesús, ¿cómo es que llegué a tener esta depresión tremenda y no puedo liberarme de ella, sin importar lo que haga?

Jesús dice: «Amigos míos, déjenme decirles. Dentro de poco ya no me verán, y las cosas no se verán bien. Verán cosas terribles en este mundo. Cáncer. Hambre. Guerra. Odio.

Injusticias horribles. Cuerpos lisiados por cosas que nunca deberían haberlos herido. Traición. Abuso. Transgresión».

«Pero, un poco después... A ustedes les parecerá un tiempo largo, pero en la escala de la eternidad, no es más que un ratito. Dentro de poco, dentro de solo un poco, dentro de muy poquito, volveré, y ustedes me verán nuevamente, y yo acomodaré todas las cosas, el mundo renacerá, y se olvidarán de todos los dolores de parto, y el gozo ganará».

El gozo ganará.

De este lado de la puerta cerrada, todos estamos llenos de preguntas. ¿Por qué no se abre? ¿Por qué no puedo tenerlo? ¿Por qué debo sufrir? Algún día, de algún modo, de una manera que ninguno de nosotros puede entender ahora, estaremos tan agradecidos por las puertas cerradas como lo estamos ahora por las puertas abiertas.

Ciertamente, en aquel día... *en aquel día*. No hoy. No mañana, quizás, sino «Cuando venga ese día —dice Jesús—, ustedes ya no me preguntarán nada». Qué buen día va a ser ese.

Rudolf Bultmann lo expresó así: «La naturaleza del gozo es que todas las preguntas se silencian y no es necesario explicar nada»[6].

Entonces veremos la bondad de Dios. Entonces este mundo volverá a nacer. Entonces el pecado y la culpa y el dolor y el sufrimiento y la muerte serán derrotados. Entonces no habrá más preguntas. Si está tentado a ser impaciente y se pregunta cuándo sucederá esto, se lo diré.

Dentro de poco.

Dentro de solamente un poquito.

CAPÍTULO 10

LA PUERTA EN EL MURO

En el siglo xx se escribieron dos cuentos que comparten el mismo título original: The Door in the Wall.

Uno (que se traduce *La puerta en la muralla*) ganó el premio Newbery para la literatura infantil. El hijo de diez años de un caballero medieval se enferma y queda paralítico. Un cruel ejército enemigo lo separa de sus padres, y él queda al cuidado de un monje llamado hermano Lucas. Está avergonzado y decepcionado con sus piernas (los demás lo llaman

«Robin Patachula»). Siente que su vida siempre será insignificante, ya que él no puede servir y no tiene la oportunidad de demostrar valentía ni de hacer actos gloriosos. Pero el monje lo lleva a su monasterio, le enseña a leer, a nadar y a tallar, y le enseña a orar por la fe de creer que todavía tiene por delante una vida buena y bella. Según el cuento: «Nunca se os olvide eso —dijo el monje—. Vos únicamente tenéis que seguir la muralla lo suficiente, y siempre habrá una puerta en ella»[1].

En el final de la historia, es la discapacidad de Robin la que lo conduce a su oportunidad. Sus piernas torcidas hacen que el enemigo lo subestime. El espíritu resistente que ha desarrollado a consecuencia de sus retos lo hace seguir adelante. Él solo encuentra la puerta en la muralla de la fortaleza enemiga. Contra toda posibilidad, termina siendo el salvador que puede escabullirse a través de las filas enemigas y salvar a las personas que ama. Es su fe en las palabras del viejo monje la que lo hace seguir adelante.

El otro cuento (que se traduce «La puerta en el muro») fue escrito por H. G. Wells, mejor conocido por sus obras de ciencia ficción como *La guerra de los mundos*. En el relato de Wells, la promesa de la puerta en el muro es un cruel engaño. Un hombre vive toda su vida obsesionado por el recuerdo de una puerta que lleva a un jardín encantado que posee todo lo que él desea en la vida. Se pasa la vida buscando en vano esa puerta. Al final de la historia, su cuerpo muerto es encontrado caído en una obra en construcción, detrás de un muro marcado por una puerta que se ve exactamente como la que él había estado buscando.

Todos sabemos del muro. El muro es nuestra finitud, nuestros problemas, nuestras limitaciones, nuestras desilusiones y, por último, nuestra muerte. La gran pregunta de la vida es si el universo tiene una puerta en el muro. Quizás no. Quizás la vida sea como Wells la imaginó.

Pero nuestras historias no pueden escaparse de otra posibilidad. En lo más profundo, las puertas no se tratan simplemente de una transición en la vida, ni tampoco de una oportunidad. Las puertas tienen que ver con entrar en otra realidad.

La película *Monsters, Inc.* se basa íntegramente en las puertas. En la película, los monstruos usan los portales de las puertas para entrar en los cuartos de los niños y asustarlos, porque el miedo de los niños es la energía que hace funcionar la fábrica de los monstruos. Una puerta queda «activa», y eso causa que una niñita, Boo, entre en la fábrica. La puerta se abre hacia ambos lados. El otro mundo invade a este. Y al final, los monstruos deciden hacer reír a los niños en lugar de hacerlos gritar, porque el gozo resulta ser más fuerte que el temor.

La Biblia relata las extrañas historias de hombres y mujeres que creen que hay otro mundo; que el jardín que tanto deseamos realmente existe; que los enemigos, el sufrimiento y la muerte no podrán tener la última palabra; que veremos otro mundo, o que este mundo se arreglará. Esta creencia los hace seguir adelante (a ellos y a nosotros) en medio del dolor y la desilusión. «La fe es la garantía de lo que se espera, la certeza de lo que no se ve. Gracias a ella fueron aprobados los antiguos» (Hebreos 11:1-2, NVI). En el mundo antiguo, donde los dioses muchas veces eran temibles y monstruosos, surgió el mensaje de un Dios que le dijo a su amigo Abraham: «¡Oh, cuán lejos llegarás!», y le dijo que llamara a su hijo Isaac «Él ríe», porque determinó que el gozo era más fuerte que el temor.

Yo creo que hay una puerta. Lo creo porque la vida misma viene a nosotros como un regalo. Es una puerta «que ha sido abierta» porque Dios es el que la abre. Yo no puedo forzarla. Esta es una de las grandes leyes del universo: «La vida muchas veces dispensa sus regalos solamente si no nos esforzamos por obtenerlos. Pienso en cosas como hacer amigos, o conciliar el sueño, o convertirse en un pensador original, o causar una buena impresión en una entrevista laboral o llegar a ser feliz en la vida. Esfuércese demasiado en cualquiera de estas cosas y se derrotará a usted mismo. La fe en Dios es, en sí, mucho más un regalo y un descubrimiento que un logro intencionado»[2].

«Nunca se os olvide eso: vos únicamente tenéis que seguir la muralla lo suficiente, y siempre habrá una puerta en ella».

Pero nos cuesta recordar. Tenemos (y Dios lo sabe) «pocas fuerzas». Nuestras piernas están torcidas y se cansan fácilmente.

Así que aquí, al final de nuestra exploración de las puertas, está algo de ayuda para que sigamos buscando la puerta cuando el muro parezca infranqueable. Analizaremos los principales motivos que hacen que los seres humanos se sientan tentados a desistir de la búsqueda. Y recordaremos no renunciar a la búsqueda.

«No soy lo suficientemente fuerte»

A veces tengo la tentación de dejar de buscar las oportunidades divinas de trabajar con Dios cuando me veo abrumado por la sensación de mi propia incompetencia. Por ejemplo, trato de meditar en un versículo bíblico acerca del amor («El amor no es celoso ni fanfarrón ni orgulloso», 1 Corintios 13:4). Mi siguiente pensamiento es cómo podría enseñarles a otras personas acerca de ese versículo con eficacia, y el pensamiento que me surge inmediatamente después es cuán impresionada quedará la gente con mi enseñanza y cómo puedo usar ese versículo sobre el amor para convertirme en un éxito total.

Pienso en otra puerta mencionada en las Escrituras. Dios le habló a Caín cuando Caín tuvo la tentación de envidiar y odiar: «¿Por qué estás tan enojado? —preguntó el SEÑOR a Caín—. ¿Por qué te ves tan decaído? Serás aceptado si haces lo correcto, pero si te niegas a hacer lo correcto, entonces, ¡ten cuidado! El pecado está a la puerta, al acecho y ansioso por controlarte; pero tú debes dominarlo y ser su amo» (Génesis 4:6-7).

Esta «puerta» podría ser llamada «puerta a la tentación». En cualquier momento, cuando soy tentado, Dios promete estar presente y hacer posible una manera de escapar. A veces, lo recuerdo y le cierro la puerta a la tentación. A veces, no lo hago.

Recibí una llamada telefónica de una vecina realmente malhumorada. ¿Ha tenido una de esas alguna vez? Lo que ella me dijo me pareció injusto, cáustico y sentencioso. Siempre tengo que ser cuidadoso con esa clase de cosas porque soy pastor, y uno nunca sabe si alguien con quien habla en determinado contexto terminará yendo a su iglesia. De todos modos... simplemente, me hizo enojar.

Podía sentir cómo iba elevándose mi temperatura. Entonces recordé que Jesús dijo: «Ama a tu prójimo» (Mateo 22:39). Yo dije: «Está bien, Jesús. Esta vecina necesita experimentar la paciencia y el amor. Haré que Nancy la llame».

Hablé con un hombre que atendía mi mesa en un restaurante, quien trabaja en dos empleos con el salario mínimo. No uno, sino *dos* trabajos por el salario mínimo, nada más que para llegar a fin de mes y mantener a su mamá. Yo no iba a hacer nada particularmente generoso; entonces, recordé que Jesús dijo: «No almacenes tesoros aquí en la tierra. [...] Almacena tus tesoros en el cielo» (Mateo 6:19-20). La necesidad de este hombre se convirtió en una puerta para un pequeño gesto, para una oración rápida.

En todo momento, incluso los más raros, la puerta al cielo está abierta. Iba conduciendo apurado en medio de un embotellamiento en la autopista. (Cuanto más apurado se está, más lento es el tránsito). Para empeorar las cosas, un hombre pasaba a todos por el arcén de la mano izquierda, por donde se supone que uno no debe pasar. No es un carril; es el arcén. Era como si fuera el dueño de toda la autopista, y entonces quiso meterse delante de mí para llegar a la salida de la autopista.

Para empeorar las cosas, lo miré. No quería hacerlo, pero sabía que no estaba bien ignorarlo. Me miró y se golpeteó el reloj como si yo estuviera haciéndole perder el tiempo. Y Jesús también tuvo palabras para esta ocasión: «¡Quítate de delante de mí, Satanás!».

Jesús tiene las palabras para cada ocasión. Eso es lo maravilloso de él.

A veces, las recuerdo y las cumplo. Pero, muchas veces, no lo hago. Le grito a mi familia. Me pongo a mí mismo en primer lugar. Valoro a las personas porque me son útiles. Trabajo para impresionar a las personas que me impresionan a mí. Me creo el héroe de mis anécdotas. Codicio. Envidio.

Y entonces, miro al espejo y estoy listo para perder la fe en mí mismo.

Estaba esperando en la fila del supermercado y me di cuenta de una mujer que estaba más adelante, quien estaba vestida de tal manera que yo podría sentir un arrebato de satisfacción sexual simplemente de observarla y seguir mirándola. Siempre creí que, por el simple hecho de convertirme en pastor, me curaría automáticamente de ese tipo de experiencias, pero hasta ahora, ese desvío hormonal todavía no funciona.

Y entonces se me ocurrió un pensamiento, como salido de la nada: *¿Qué haría en este preciso momento si mi amigo Dallas Willard estuviera parado junto a mí en la fila?* Dallas fue una influencia espiritual enormemente provechosa para mí, como para muchos otros. Él había fallecido hacía poco, y a menudo me sorprendía a mí mismo pensando en él. Y, más que la mayoría de las personas que conozco, él había logrado dominar el tema de ver la belleza en todas las personas, pero de una manera que esencialmente estaba libre del deseo indebido o deshumanizador.

En ese momento, supe que si estuviera parado ahí acompañado por Dallas, no estaría mirando a esa mujer. Y supe que, mientras que a cierto nivel me gustaba la satisfacción pasajera, en un nivel más profundo, en mi yo superior, me gustaría vivir más de la manera que Dallas vivió. Me gustaría no reprimir el deseo ilícito, sino ser libre de él.

Y recordé que mucho más importante que Dallas, Jesús, de algún modo, está parado conmigo. Recordé que eso es lo que Dallas veía y enseñaba y vivía, y por eso yo lo quería y me fascinaba tanto. Cuando vi a Dallas de cerca, me di cuenta de que la suya es la mejor manera de vivir.

Y dejé de mirar. La puerta se cerró.

«El pecado está a la puerta —escucha Caín—, pero tú debes dominarlo». ¿Cómo se logra eso? Curiosamente, no por la fuerza. En esta puerta, la puerta de la mente, el dominio llega a través de la sumisión. Si uso mi fuerza de voluntad para tratar de hacerme no envidiar, ni compararme ni sentir desagrado, me ayuda muy poco. Pero hay otra manera.

En medio del estupendo pasaje a los Filipenses, en el que Pablo escribe sobre tener la mente libre de ansiedad y llena de alegría y de todo lo que sea verdadero, honorable, justo y digno de alabanza, él hace esta promesa maravillosa: «Experimentarán la paz de Dios, que supera todo lo que podemos entender. La paz de Dios cuidará su corazón y su mente mientras vivan en Cristo Jesús» (Filipenses 4:7).

No tengo que estar en guardia solo ante esta puerta. Dios me ayudará con ella, si se lo pido.

En la misma carta, Pablo hace otra declaración maravillosa. Dice que él mismo no ha llegado todavía. Él hace una cosa: «Olvido el pasado y fijo la mirada en lo que tengo

por delante, y así avanzo hasta llegar al final de la carrera»
(Filipenses 3:13-14).

«Olvido el pasado». Una de las grandes tareas de la vida
espiritual es aprender qué recordar y qué olvidar. Yo tengo
que olvidar «el pasado». Mi culpa, mi ineptitud, mi debilidad, mis remordimientos. «Ya sé que tus fuerzas son pocas»,
dice Dios.

Tengo que recordar proseguir hacia la meta. «Nunca se
os olvide eso: vos únicamente tenéis que seguir la muralla lo
suficiente, y siempre habrá una puerta en ella».

«Dios no es suficientemente bueno»

El siguiente motivo que me tienta a desistir de buscar la
puerta es que tengo miedo de que Dios se dé por vencido conmigo. Ese fue el razonamiento del hombre que desperdició su
talento en la parábola de Jesús. El hombre le dice a su amo:
«Yo sabía que usted era un hombre severo» (Mateo 25:24).

Me olvido del precio que Dios ha pagado para abrirme la
puerta del cielo.

El primer año de nuestro matrimonio, mi esposa y yo
viajamos a Suecia, y descubrí la historia de la familia de mi
abuelo que, con su estilo verdaderamente sueco, él nunca
nos contó.

Fuimos a la vieja iglesia parroquial a la que había asistido
la familia Ortberg cien años antes y, revisando los registros,
desciframos la historia. Cuando mi abuelo tenía nueve años,
su madre murió. Ella murió por haber ingerido azufre, lo cual
significa que o intentó suicidarse o trató de abortar un bebé.

Fuera como fuera, la iglesia no lo toleró. Cuando ella falleció, no permitieron que la enterraran en el campo santo de la iglesia. En alguna parte, afuera del pequeño campo santo cerrado de esa iglesia, mi bisabuela fue sepultada, y su hijo de nueve años no pudo saber dónde estaba, ni pudo visitar el cuerpo de su madre. Ella estaba del otro lado de la puerta.

Mi abuelo dejó Suecia y llegó a los Estados Unidos, conoció a su esposa y aquí formó a su familia, y yo estoy agradecido de que lo hiciera, porque de no haber sido así, mi padre, y luego yo, nunca hubiéramos nacido. Trabajó, entre otros empleos, como conserje de la secundaria a la que asistía mi padre. Era un anciano cuando yo lo conocí (tenía noventa y tres años cuando murió) y, en cierto sentido, me imagino que había estado mirando hacia adentro desde afuera toda su vida.

En muchos sentidos, así somos todos nosotros. La Biblia comienza con una imagen de la vida sin puertas, en la que un hombre y una mujer conocen la intimidad con Dios y el uno con el otro, sin vergüenza y sin muerte. Pero ya no vivimos ahí. En respuesta al pecado, la Biblia describe la primera puerta: «Después de expulsarlos, el SEÑOR Dios puso querubines poderosos al oriente del jardín de Edén; y colocó una espada de fuego ardiente —que destellaba al moverse de un lado a otro— a fin de custodiar el camino hacia el árbol de la vida» (Génesis 3:24). La primera puerta es una puerta cerrada. Nosotros estamos del otro lado de la puerta.

El querubín cuidando la puerta de Edén es una pequeña imagen del templo, donde los querubines se sentaban sobre el arca del pacto para proteger al Santísimo. Esa era la parte más sagrada del templo, a la que solo una persona tenía acceso, un día al año.

Es una imagen de que todos estamos buscando la puerta que no podemos encontrar. Todos estamos afuera de la puerta. Pero Dios no quiere que nadie se quede afuera. Dios siempre está tratando de hacer volver a los pródigos a casa. La puerta a la casa del Padre siempre queda abierta.

Y, de algún modo, Jesús se hizo cargo de nuestra condición de «fuereño». De hecho, el libro de Hebreos dice que Jesús sufrió «fuera de las puertas de la ciudad» para hacer santo a su pueblo (13:12).

Cuando Jesús murió, se nos dice que el velo que protegía el lugar santísimo se rompió en dos. La presencia de Dios ahora, a través de Jesús, está a disposición de cualquier persona que la quiera. Esta es la última puerta, la entrada al cielo, la puerta que hemos estado buscando desde el Edén, la puerta ante la cual ninguno tenía esperanza, mirando hacia adentro desde afuera.

El pecado es una habitación sin puerta. Hay una razón por la cual Jean-Paul Sartre, quien célebremente dijo: «El infierno son los otros», tituló su retrato del infierno «Sin salida».

Pero siempre hay una puerta.

¿Quién dejó la puerta abierta?

«Les digo la verdad, yo soy la puerta de las ovejas. [...] Los que entren a través de mí serán salvos. Entrarán y saldrán libremente y encontrarán buenos pastos. El propósito del ladrón es robar y matar y destruir; mi propósito es darles una vida plena y abundante». (Juan 10:7, 9-10)

Jesús mismo es la puerta. Ningún otro ser humano ha dicho esto de sí mismo jamás: ni Buda, ni Confucio, ni Mahoma; tampoco César, Napoleón ni Abelardo Montoya. Lo dijo Jesús. A través de Jesús (la puerta, el camino, el portal) lo de allá arriba ha venido aquí abajo.

«Mira, he puesto delante de ti una puerta abierta».

Jesús se convirtió en un fuereño para que nosotros pudiéramos ser invitados a entrar. Jesús dejó su hogar para que nosotros pudiéramos llegar a casa. Cuando el discípulo Juan era un hombre joven, escuchó que su amigo Jesús dijo: «Yo soy la puerta». Cuando Juan era un anciano, recibió otra gran visión de su amigo: «Mientras miraba, vi una puerta abierta en el cielo» (Apocalipsis 4:1). Jesús dejó la puerta abierta.

Todos hemos estado buscando una puerta que está fuera de nuestro alcance y, muchas veces, la buscamos en los lugares equivocados. Hay una cita que suele atribuírsele a G. K. Chesterton, pero cuya fuente original es desconocida: «Cada hombre que toca la puerta de un prostíbulo está realmente buscando a Dios».

Un prostíbulo es un lugar escandaloso. Pero Jesús escandalizó a las personas recibiendo a las mujeres escandalosas en el círculo de su amor redentor. Cuando Jesús tocaba a la puerta de un prostíbulo, no era un hombre que buscaba a Dios. Era Dios buscando al hombre.

Dios es suficientemente bueno. Dios es *más* que

suficientemente bueno. La bondad de Dios es razón suficiente para seguir el muro hasta que encontremos la puerta.

«El mundo no es lo suficientemente seguro»

Atravesamos las puertas abiertas cuando buscamos libertad, aventura y vida; pero las evitamos cuando tenemos miedo. Nos metemos detrás de las puertas por seguridad y descanso. Las puertas son la parte más importante en las murallas que rodean una ciudad o en las paredes de una casa. Son necesarias, pero también vulnerables y, por lo tanto, protegidas.

Por este motivo, las palabras más importantes en la vida de Israel eran las palabras de las puertas. Provienen de Deuteronomio 6:4-5: «¡Escucha, Israel! El SEÑOR es nuestro Dios, solamente el SEÑOR. Ama al SEÑOR tu Dios con todo tu corazón, con toda tu alma y con todas tus fuerzas». Estas palabras fueron llamadas el *Shemá*, por la primera palabra en hebreo, que quiere decir «escucha».

Los israelitas debían recordar y hablar de estas palabras cuando entraban y salían. Debían escribirlas en la jamba de la puerta de su casa o en la entrada. Pasarían a llamarlas *mezuzás*: pergaminos fuertemente enrollados, escritos a mano, envueltos en pequeños recipientes que se colocaban en la puerta. Veintidós renglones que contenían los primeros dos párrafos del Shemá. En el dorso del pergamino estaba inscrita una única palabra: *Shaddai*, «Todopoderoso». Se creía que las tres consonantes de esta palabra eran el acrónimo de «Guardián de las puertas de Israel».

Debía ser un recordatorio de que Dios velaba por ellos en

todo momento. En hebreo, la frase «cuando entres y cuando salgas» era una descripción que incluía la totalidad de la vida de una persona, similar a cuando le decimos a alguien: «Llámame de noche o de día» cuando queremos que sepa que estamos disponibles en cualquier momento.

Esta es una idea importante, porque yo suelo pensar que lo que necesito para liberarme de la ansiedad es un resultado garantizado. Pero estoy equivocado. No es lo que está al otro lado de la puerta lo que me da la confianza para atravesarla; es quien la atraviesa conmigo.

Porque le diré otro secreto acerca de las puertas abiertas: lo que más queremos no es lo que hay detrás de la puerta. Lo que más queremos es a quien la abre. Siempre que atravesamos una puerta abierta, lo hacemos con él. Él espera a los seres humanos en el umbral. La magia de la puerta abierta no son las nuevas circunstancias, el nuevo trabajo o los logros. Es estar con él lo que realmente convierte el lugar donde estemos en el País de las Maravillas.

Hay una historia talmúdica de un rey que una vez le envió una perla al rabino más famoso de su época, Rav. Rav le envió a cambio una simple mezuzá. El rey se enfureció por la gran discrepancia en el valor. Rav le explicó: «El regalo que me enviaste es tan valioso que tendrá que ser guardado, mientras que el regalo que yo te envié te guardará a ti». Citó Proverbios 6:22: «Cuando camines, su consejo te guiará. Cuando duermas, te protegerá»[3].

Israel recordaría que fue la sangre de un cordero sacrificial untada en sus puertas la que los protegió del castigo y de la muerte durante los grandes días del Éxodo. El hecho mismo de pasar caminando por una puerta, de la seguridad del hogar a un mundo de peligros, se convirtió en un recordatorio sagrado de la protección amorosa de Dios.

La presencia y el poder de Dios nos dan más seguridad que la que podría darnos cualquier protección meramente humana. Esta promesa subyace en una de las grandes descripciones del Antiguo Testamento:

> Eleven, puertas, sus dinteles;
>> levántense, puertas antiguas,
>> que va a entrar el Rey de la gloria.
> ¿Quién es este Rey de la gloria?
>> El Señor, el fuerte y valiente,
>> el Señor, el valiente guerrero. (Salmo 24:7-8, nvi)

Porque las puertas eran la parte más vulnerable de las antiguas murallas de la ciudad, no se abrían con facilidad. Una vez abiertas, cualquier enemigo podía entrar a toda prisa e invadir la ciudad. Pero en este caso debían ser abiertas, pues en este caso era la seguridad la que estaba entrando en la ciudad.

Desde la perspectiva humana, el gran enemigo es la Muerte, nuestro oponente final y aterrador. En el mundo antiguo, el estoicismo, en lugar de la esperanza, frente a la muerte era visto como la virtud más admirable y apropiada. El hombre (siempre era un hombre en el mundo antiguo) que lograba dominar sus miedos interiores y sus preocupaciones era considerado un «vencedor».

Pablo escogió sus palabras con cuidado: «¿Quién nos separará del amor de Cristo? ¿Tribulación, o angustia, o persecución, o hambre, o desnudez, o peligro, o espada? [...] Pero en todas estas cosas somos más que vencedores por medio de aquel que nos amó» (Romanos 8:35, 37, LBLA). «Más que vencedores» es algo más que una frase. Es una declaración. Es una promesa. La mayor batalla no es que yo enfrente mis temores a la muerte invencible. Es la de Cristo derrotando a la muerte.

El muro no es todo. Siga buscando; habrá una puerta. La reconocerá por el letrero: «Más que vencedores».

«El camino no está lo suficientemente claro»

«Llamen, y se les abrirá la puerta», dijo Jesús.

Pero no dijo cuánto tiempo tendríamos que llamar. No nos dijo cómo elegir indefectiblemente la puerta correcta. No nos dio una fórmula para saber qué opción elegir. Moisés siguió orando durante los cuarenta años de la travesía por el desierto y nunca entró a la Tierra Prometida. Pablo siguió pidiendo que Dios le quitara la espina en la carne, pero nunca sucedió. Es posible que yo sienta la tentación de dejar de buscar la puerta porque no sé dónde buscar.

Hay un viejo dicho para los viajeros. Los faros del auto alumbran nada más que cinco metros, pero esos cinco metros lo llevarán todo el camino a casa. Dios sabe exactamente cuánta claridad es suficiente para nosotros: no demasiada, no muy poca. Nosotros no seguimos la claridad. Seguimos a *Dios*.

Bob Goff cuenta lo desesperado que estaba por convertirse

en abogado para poder causar un impacto en el mundo en el área de la justicia. Sabía a qué facultad de Derecho quería ir. El único problema fue que no lo aceptaron.

Entonces, fue al decanato, se presentó, explicó su situación y describió cuánto quería asistir a esa facultad, a pesar de que ellos lo habían rechazado.

El decano le dijo:

—Entiendo. Que tenga un buen día.

Bob decidió seguir llamando a la puerta.

—Usted tiene el poder de cambiar mi vida —dijo Bob—. Lo único que tiene que decirme es "Vaya a comprar sus libros", y yo podría ser un alumno de su facultad.

El decano sonrió.

—Que tenga un buen día.

Bob decidió acampar en la oficina del decano. Faltaban cinco días para que comenzaran las clases. Cuando el decano llegaba en la mañana, allí estaba Bob.

—Cinco palabras: "Vaya a comprar sus libros". Cambie mi vida.

Sonrisa.

—Que tenga un buen día.

Bob no se iba. Llegó a conocer la rutina del decano: cuándo llegaba, cuándo se iba a su casa, cuándo hacía un receso para ir a almorzar, cuándo iba al gimnasio. Cada vez que lo veía, le recordaba: «Cinco palabras. Cambie mi vida».

El día que comenzaron las clases, Bob sabía que iba a ser su día. Vio al decano una docena de veces aquel día. Cada vez, con el mismo mensaje:

—Simplemente, dígame que me vaya a comprar mis libros.

—Que tenga un buen día.

Luego vino el segundo día de facultad. Bob ya había empezado a atrasarse y ni siquiera había sido aceptado. Para el quinto día, Bob estaba comenzando a preocuparse. A última hora de la tarde, escuchó unos pasos. Ya conocía de memoria los pasos y el horario del decano. El decano supuestamente no debía estar fuera de su oficina a esa hora.

Miró a Bob directamente, le guiñó un ojo y le dijo las cinco palabras que cambiaron su vida: «Vaya a comprar sus libros».

Bob compró los libros.

Procedió a servir a Dios de maneras extraordinarias, incluyendo la diplomacia internacional y la enseñanza en la facultad de Derecho. Pero esto es lo que escribió acerca de su ingreso:

Una vez escuché que alguien dijo que Dios le había cerrado la puerta de una oportunidad que había estado esperando. Pero siempre me pregunté si, cuando queremos algo que sabemos que es justo y bueno, Dios pone ese deseo en lo profundo de nuestro corazón porque lo quiere para nosotros y porque eso lo honra. Quizás haya veces cuando pensamos que una puerta se ha cerrado y, en lugar de malinterpretar las circunstancias, Dios quiere que la derribemos a patadas. O, quizás, que simplemente nos sentemos afuera el tiempo suficiente hasta que alguien nos diga que podemos entrar[4].

Imagínese si se hubiera ido de la oficina del decano al cuarto día. Siempre recuerde continuar siguiendo la pared. No se dé por vencido.

Ella Fitzgerald estaba cantando «Mack the Knife» ante una multitud en Berlín. Era la primera vez que cantaba la canción y, a la mitad, se olvidó de la letra. La mayoría de las personas considerarían darse por vencidos en ese momento. Ella decidió seguir adelante. Inventó unas palabras a medida que seguía cantando, las cuales rimaban y encajaban con la música, y resultó ser tal hazaña que terminó ganando un Grammy por eso.

Mary Cahill era una madre suburbana. Cuando la desafiaron a escribir sobre lo que conocía, bromeó que tendría que ponerle a su libro el título *Carpool* (Vehículo compartido). Cuando volvieron a proponérselo, se sentó y escribió una novela: *Carpool: A Novel of Suburban Frustration* (Vehículo compartido: Una novela de la frustración suburbana). Después de que se la rechazaron nueve veces, se la vendió a Random House. Se convirtió en una selección del club de lecturas Literary Guild, y Viacom compró los derechos de la película.

A menudo, las puertas abiertas y cerradas de nuestra vida son un misterio para nosotros. Pablo quería llevar a cabo su ministerio en Asia, pero esto «les fue prohibido por el Espíritu Santo» (Hechos 16:6, RVR60). (¿Cómo habrá sido eso?). Luego, quiso ir a un lugar llamado Bitinia, «pero de nuevo el Espíritu de Jesús no les permitió ir allí» (versículo 7). Todo esto sin ninguna explicación. Hasta que Pablo recibió una visión, un hombre de Macedonia que le rogaba, diciendo: «¡Ven aquí a Macedonia y ayúdanos!» (versículo 9).

Y así lo hizo.

Y así, la palabra de Jesús llegó a Europa. Por medio de una puerta abierta. Pero primero empezó con una puerta cerrada sin explicaciones.

Pablo empezó a predicar el evangelio, pero eso lo metió en problemas con gente que podía llegar a perder considerables sumas de dinero, así que Pablo y Silas fueron encarcelados. Esa noche hubo un terremoto que hizo temblar la prisión y «al instante, todas las puertas se abrieron de golpe» (Hechos 16:26). Si yo hubiera sido Pablo, estoy segurísimo de que lo habría tomado como puertas que Dios había abierto y me habría marchado a través de ellas enseguida. Pero Pablo no atravesó aquellas puertas. De inmediato, le aseguró al carcelero: «¡No te hagas ningún daño! ¡Todos estamos aquí!» (versículo 28, NVI), porque si el carcelero perdía a los prisioneros, lo castigarían quitándole la vida. Y eso abrió una puerta al evangelio en el corazón del carcelero y de su familia que nunca se habría abierto de lo contrario.

Qué vida tan extraordinaria. Cuando las puertas parecían cerrarse para Pablo, esperó por unas más grandes. Cuando las puertas parecían abrirse para que fuera libre, él eligió no pasar por ellas para poder honrar a una puerta más grande.

A menudo, Dios nos da la claridad justa para que demos

el paso siguiente para seguirlo. En Hechos 12, Pedro fue arrestado y condenado a morir. Leemos que la iglesia oró fervientemente a Dios por él. Esa misma noche, un ángel fue enviado a Pedro y lo sacó de sus cadenas. Ellos «llegaron a la puerta de hierro que lleva a la ciudad, y esta puerta se abrió por sí sola frente a ellos» (versículo 10). ¡Qué maravilloso lenguaje! Qué increíble experiencia que una puerta tenga voluntad propia por un instante.

Pedro fue a la casa donde todos los discípulos estaban reunidos orando por él. Tocó la puerta, y una mujer llamada Rode fue a abrir, «la cual, cuando reconoció la voz de Pedro, de gozo no abrió la puerta, sino que corriendo adentro, dio la nueva de que Pedro estaba a la puerta» (Hechos 12:14, RVR60). (Al parecer, Rode era más de las que sienten que de las que piensan). El resto de la historia es demasiado sabroso como para no transcribirlo:

—¡Estás loca! —le dijeron.
Ella insistía en que así era, pero los otros decían:
—Debe de ser su ángel.
Entre tanto, Pedro seguía llamando. Cuando abrieron la puerta y lo vieron, quedaron pasmados. (Hechos 12:15-16, NVI)

Dios es el Dios de la puerta abierta.

Mientras tanto, los siglos vienen y van. Generaciones de seres humanos encuentran, o no encuentran, las puertas abiertas que Dios pone delante de ellos.

Y ahora es su día. Ahora es su puerta.

¿Quién sabe qué tiene usted por delante el día de hoy? ¿Qué persona podría necesitar su ánimo? ¿Qué aporte podría hacer, qué problema podría resolver, qué conocimiento podría descubrir o qué porción de servicio podría brindar? Podría ayudar a profundizar la causa de la justicia, a frenar algún acto de opresión, a aliviar la carga de alguien, a elevar la dignidad de otra persona.

Usted podría hacer algo eterno.

La Biblia comienza con una puerta que está cerrada, la puerta al Edén que buscamos durante toda la vida. Al final, la Biblia describe la vida como Dios la reivindica. Habla de una ciudad de un resplandor incomparable, una alegría radiante, una belleza moral y un conocimiento mayor que la vergüenza. Será un lugar de infinitas oportunidades ante un Dios amoroso, donde aquellos que hayan sido fieles en lo poco aquí en la tierra estarán a cargo de ciudades enteras.

Y una última cosa: en el mundo antiguo siempre había murallas que tenían puertas, y las puertas tenían que ser protegidas y debían cerrarse porque el peligro y la muerte nunca estaban lejos.

En la ciudad que vendrá, nos dice la Palabra, habrá doce puertas, cada una hecha de una sola perla. De ahí es de donde proviene la expresión «las puertas de perla», aunque la Biblia se refiere a algo que ninguna ostra puede producir.

El número doce le recordaría a cada lector cuántos discípulos hubo, lo cual, a su vez, le recordaría cuántas tribus hubo en Israel, y que, a su vez, significa que hay lugar para todos.

Usted tiene una puerta.

«Las naciones caminarán a la luz de la ciudad, y los reyes del mundo entrarán en ella con toda su gloria. Las puertas nunca se cerrarán al terminar el día porque allí no existe la noche» (Apocalipsis 21:24-25).

La puerta final es una puerta abierta.

Todavía está abierta.

«Nunca se os olvide eso: vos únicamente tenéis que seguir la muralla lo suficiente, y siempre habrá una puerta en ella».

Epílogo

APRENDÍ EL SECRETO de la puerta abierta de un profesor de griego de mediana edad, pelirrojo y de dedos huesudos, llamado Gerald Hawthorne.

Cuando me inscribí para una clase de griego en la universidad, no sabía que era una puerta a un mundo de ideas que me cambiarían la vida y formarían mi llamado. No sabía que me llevaría a un grupo de amigos que seguirían conmigo hasta el día de hoy, o a un mentor que desafiaría y guiaría mi sentido de la vocación. No sabía que me llevaría a la mujer con la que iba a casarme, ni al trabajo que terminaría aceptando, ni a la persona en la que me iba a convertir. Lo único que sabía en ese entonces es que mi amigo Kevin dijo que había escuchado que el Dr. Hawthorne era un profesor que no me podía perder, y hacer un curso de griego antiguo me parecía más fácil que estudiar español, porque nadie puede decirte que estás pronunciándolo mal.

Nunca sabemos adónde nos llevarán las puertas por las que pasamos. A veces, ni siquiera sabemos que allí hay una puerta. En ocasiones, la puerta llega como un simple regalo.

Usted podría pensar que una clase de griego a las ocho de la mañana, tres veces a la semana, no sería una experiencia cautivadora. Pero se equivocaría. Nadie llegaba tarde; no porque nos sancionaran, sino porque el Dr. Hawthorne comenzaba la clase con cinco minutos de pensamientos inspiradores arraigados en el Nuevo Testamento que podían cambiarle la vida.

Y, un día, esos cinco minutos fueron dedicados al secreto de la puerta abierta.

«Escribe esta carta al ángel de la iglesia de Filadelfia.
Este es el mensaje de aquel que es santo y verdadero,
el que tiene la llave de David.
Lo que él abre, nadie puede cerrar;
y lo que él cierra, nadie puede abrir.
»Yo sé todo lo que haces y te he abierto una puerta que nadie puede cerrar. Tienes poca fuerza; sin embargo, has obedecido mi palabra y no negaste mi nombre». (Apocalipsis 3:7-8)

Comenzó sus comentarios con una pequeña lección de gramática. Al Dr. Hawthorne le apasionaba la gramática. Amaba la racionalidad y el orden de los idiomas. Cuando nos quejábamos de la dificultad de aprender griego, él solía decir que en el griego no existía tal cosa como el verbo irregular. Yo ni siquiera sabía qué era un verbo irregular (me sonaba a un verbo con un problema digestivo). Pero a Jerry le encantaba curiosear en los matices de los idiomas para encontrar la riqueza que había debajo de la superficie.

En este pasaje, comenzó mencionando un aspecto del pretérito perfecto en griego. Este describe una acción en pasado que ha concluido y finalizado, pero cuyos efectos continúan en el presente. Uno lo ve hermosamente ilustrado en 1 Corintios 15:3-5, donde hay toda una serie de verbos en tiempo aoristo que describen acciones en pretérito simple:

Cristo murió;
Cristo fue enterrado;
Cristo fue visto por Pedro;
Cristo se les apareció a los Doce (y así sucesivamente).

Pero justo en medio de todos estos pretéritos simples, el tiempo perfecto se usa para describir la resurrección de Cristo: él resucitó de entre los muertos y sigue siendo el resucitado. El efecto de la resurrección en el pasado es que Cristo está vivo ahora.

Este es el tiempo que se usa aquí en Apocalipsis 3:8: la puerta fue abierta y permanece abierta ahora.

Hay una puerta que está abierta para usted. En el misterio de la providencia divina, posiblemente haya sido abierta hace mucho tiempo, pero sigue abierta ahora. El resultado es que este momento está lleno de oportunidades. Es una verdad asombrosa de la vida que, en general, no podemos ver.

Sin embargo, dijo Jerry, en este pasaje hay una enseñanza todavía más fascinante.

El adjetivo no es solo un participio perfecto, sino un

participio perfecto *pasivo* (no es solamente una «puerta abierta», sino «una puerta que *ha sido abierta*»). «¿Lo pescaron? —preguntaba con entusiasmo—. ¿Pueden percibir la diferencia?».

Como hemos visto, muchos de los autores del Nuevo Testamento, con sus fervorosos antecedentes judíos, evitaban usar el nombre sagrado «Dios» por temor a no usarlo de manera reverente. Esta tendencia a veces se llama «el pasivo divino», y la estructura a menudo se usaba para referirse a la actividad de Dios sin tener que utilizar la palabra *Dios*.

De manera que el Señor vivo de la iglesia está hablando aquí de que no hay simplemente una puerta abierta, como la que un niño descuidado podría haber dejado abierta sin querer, sino una puerta abierta divinamente, una puerta que ha sido abierta delante de nosotros de manera intencional, considerada, resuelta y deliberada por Dios mismo.

Estas son, dijo Jerry, las ideas maravillosas que revolotean alrededor de esta imagen poderosa de la puerta. El Señor Jesús está parado junto a nosotros y nos llama a darnos cuenta de algo tremendo: «Mira, te he dado una puerta que ha sido abierta de par en par por Dios. Ahí está. Es mi regalo para ti, ¡y está justo delante de ti!». ¡Una puerta!

Esta es la puerta, para repasar las palabras del profesor que tanto quiero, que es un símbolo «¡de oportunidades infinitas! De posibilidades ilimitadas para hacer algo que valga la pena; de las grandes aperturas a aventuras nuevas y desconocidas de una vida significativa; de oportunidades para hacer el bien que hasta ahora no habíamos imaginado, de hacer que nuestra vida valga la pena en la eternidad»[1].

Luego Jerry habló de su propia vida como una sucesión de puertas abiertas.

Él tuvo la oportunidad de asistir a una universidad en la que se sentía mucho menos inteligente que otros estudiantes. Solía decir que él era como Winnie Pooh, un oso con muy poco cerebro. Cada vez que un alumno suyo hacía algo sobresaliente, él decía: «Es un ejemplo más de un alumno que supera a su maestro». Decía eso a pesar de que, durante cuarenta años, fue el profesor más querido de la universidad de Wheaton, a pesar de que su comentario sobre Filipenses es uno de los mejores que se han escrito.

Lo intimidaba aun el hecho de asistir a la universidad, porque tenía miedo de no ser suficientemente listo. Pero entonces, contó, su mente volvió a este pasaje. Allí se dio cuenta de que Cristo no solo dijo: «¡Mira, te he dado una puerta abierta por Dios!», sino que además dijo: «¡Mira, yo sé que tienes poca fuerza!».

Lo que a él le llegó a través de esas palabras fue: «¡Mira! Yo no te abro las puertas sin darte el valor y la fuerza y el poder necesarios para atravesarlas. Cuando hayas agotado tu poca fuerza, echa mano de la mía. Así que, deja de preocuparte por tu capacidad. Deja de usar la debilidad como excusa para echarte atrás y dejar de lado esta oportunidad. Recuerda, son los débiles los que pueden volverse fuertes. ¡Recuerda que mi fortaleza se perfecciona en tu debilidad!».

Cuando Jerry se graduó, le ofrecieron la oportunidad de enseñar griego en Wheaton. Nuevamente, se vio abrumado por su propio sentimiento de ineptitud, pero, mientras oraba, sintió que el Señor resucitado le decía: «¡Mira! Yo te he dado esta puerta abierta por Dios y, sí, yo sé que tienes poca fuerza. No obstante, recuerda que me ha sido dado todo el poder. ¡Así que, no le des la espalda a esta oportunidad!».

También se le vino a la mente el poema conmovedoramente incómodo de John Masefield acerca de un hombre joven, solitario y temeroso, en un país lejano:

He visto crecer flores en pedregales
Y cosas amables hechas por hombres con caras bestiales
Y la copa de oro ganada por el peor caballo de los corrales
Por eso, confío también.

Como el joven de Masefield, dijo Jerry, él puso confiadamente su mano en la mano del Señor y pasó por la puerta que Dios había abierto para él y entró en la «ocupación más dichosa, desafiante, vivificante que alguien jamás podría haber imaginado».

(Quizás a usted no se le ocurriría que alguien podría describir la enseñanza de griego antiguo con esas palabras. Pero se equivocaría. Dios tiene una puerta con su nombre escrito en ella).

Luego, Jerry dijo: «De todas estas experiencias de vida, muchas de las cuales me hicieron sentir temor, si hay alguna lección que hoy me gustaría compartir con ustedes, independientemente de su edad o de su estado de salud, es esta: nuestro Dios es el Dios de la puerta abierta, la puerta de las oportunidades inagotables que siguen abriéndose para nosotros mientras nos dure la vida, desde hacer algo que nos pueda parecer demasiado grande, hasta realizar un pequeño acto de bondad (¡lo cual, de verdad, es ciertamente un acto muy grande en este mundo cada vez más duro, indiferente e insensible!)».

Las puertas abiertas nunca tienen que ver solamente con nosotros. Gracias a que el Dr. Hawthorne pasó por esas puertas, las vidas de cientos de estudiantes fueron transformadas, incluida la mía. Fue el profesor y el mentor de ese grupo de amigos que mencioné al principio del capítulo. Él nos desafió, nos enseñó, creyó en nosotros, nos incitó. Cuando yo estaba llegando a mis últimos días como universitario, me llevó aparte: «John, creo que deberías ir a California, y creo que deberías estudiar en el Seminario Fuller». Yo había vivido toda mi vida en Illinois. Realmente, no tenía ganas de ir a California. Pensaba que los que vivían en California eran volubles y que extrañaría a mi familia.

Me inscribí en Fuller en un programa para obtener un título en Psicología Clínica y otro en Divinidades. El Dr. Hawthorne me dijo: «Si te aceptan, me parece que deberías tomarlo como una puerta que Dios ha abierto para ti, y creo que deberías estar dispuesto a salir del lugar donde te sientes cómodo y seguro e irte a alguna otra parte donde puedas aprender y crecer y esforzarte. Luego, pienso que deberías aprovechar todo lo que puedas aprender de psicología y de teología y ver si puedes convertir tu vida en una aventura de servir a Dios».

Así que me fui.

Yo no tenía idea qué significaría. No tenía idea de que resultaría ser un terapeuta patético, que cuando los pacientes vinieran a verme, en realidad terminarían emocionalmente más inmaduros de lo que habían sido antes de venir por primera vez. Pero yo nunca lo hubiera sabido si no hubiera pasado por esa puerta. Cuánto me alegro de haberme enterado pronto, y no después de treinta o cuarenta años de mala praxis terapéutica.

Al mismo tiempo, conocí a un pastor llamado John F. Anderson («La "F" es de Frederick —siempre decía humildemente—, como Federico el Grande»). John me invitó a trabajar en la iglesia que él dirigía, la First Baptist Church en La Crescenta, unas pocas horas semanales, al principio. Yo no tenía idea de que estaba conociendo a alguien que creería tanto en mí que me cambiaría la vida. La primera vez que caminé por las puertas de esa iglesia, no tenía idea de que estaba ingresando a una vocación y no solamente a un edificio.

Él fue otro gran abridor de puertas en mi vida. Él y su esposa, Barb, me abrieron las puertas de su casa, pues la amistad es una puerta abierta. De John aprendí la gran lección de que el ministerio debe ser un regocijo. Una vez, cuando él y yo estábamos en el centro de Los Ángeles, caminó hasta el medio de un parque y anunció, con gran dignidad, que estaba muy contento de que tantas personas hubieran venido al parque, y de que yo, su joven socio, les presentaría un mensaje ardiente... que luego les di, gritando en mi mejor estilo bautista. Puedo recordar muchas ocasiones en su casa que fueron tan divertidas que literalmente nos tirábamos a la alfombra de la sala a reírnos.

John me pedía que predicara y, una vez, cuando recién me puse de pie para predicar, a los cinco minutos del comienzo del sermón, me desmayé. Teníamos una plataforma de mármol, y simplemente me desplomé. *¡Pum!* Después le dije a John: «Lo lamento mucho», especialmente porque era una iglesia bautista, no una iglesia carismática donde uno recibe algún mérito por desplomarse mientras predica. «Entiendo si no quieres que vuelva a predicar nunca más». Él me dijo: «No seas ridículo» y me hizo predicar de nuevo.

Empecé a hablar cuando era muy joven, y me encantaba, aunque también me aterraba. El haberme desmayado mientras predicaba hizo que me preguntara si esa puerta se me cerraría.

La siguiente vez que prediqué, me desmayé de nuevo. Estaba seguro de que *ese* era el fin, y John dijo: «No, no es el fin. Voy a pedirte que prediques otra vez la semana entrante. Te haré predicar hasta que dejes de desmayarte o te mate». Y lo hizo. Me di cuenta de que hizo que alfombraran la plataforma (una alfombra agradable, gruesa, suave y de hebra larga). Pero yo seguí predicando.

No hace mucho recibí una carta de esa iglesia, en la que me preguntaban si podría predicar para su septuagésimo quinto aniversario. John se jubiló hace mucho, y el pastor actual escribió: «Las personas de aquí todavía se acuerdan de usted», lo cual fue halagador, hasta que añadió: «como el pastor de los desmayos. Todavía lo recuerdan». Así que decidí regresar allá y predicar para su septuagésimo quinto aniversario. Y he decidido volver a desmayarme, nada más que por los viejos tiempos. Espero que todavía tengan la alfombra de hebra larga.

Nunca habría sabido que, gracias a esa mudanza, por medio de esa iglesia, iba a conocer a Nancy. Siempre había pensado que si alguna vez me casaba sería con una chica del Medio Oeste de los Estados Unidos. Me asentaría en el Medio Oeste. Pero Nancy, una chica de California, se casó conmigo, y tuvimos hijos californianos y tenemos un perro californiano y tenemos el privilegio de servir en una iglesia californiana. Tengo que confesarle algo: estoy sumamente agradecido por esta vida. No tengo palabras para darle las gracias a Dios por cómo es conmigo, por cómo ha sido conmigo tantísimas veces, a pesar de que fallo y soy tan inepto.

Cuando el Dr. Hawthorne se jubiló, la universidad dio un banquete en su honor. Nosotros, sus estudiantes, hablamos de cómo algunos de los mejores momentos de la vida fueron cuando faltábamos al culto en la capilla (la dirección no se emocionó con esto) para hablar, orar, reír y aprender con Jerry, porque en aquellos momentos, muchas puertas se abrieron en nuestras mentes y nuestros corazones.

«Yo no quiero jubilarme —dijo Jerry—, en el sentido de apartarme de ninguna de las puertas que Dios me ha abierto, diciendo: "Ahora, déjame descansar, déjame tranquilo, ya hice mi trabajo, ya fue suficiente. No cuentes conmigo. Dame las pantuflas"».

Él se convirtió en el gran animador de toda la universidad,

desde los estudiantes al profesorado hasta la dirección. Animaba a los exalumnos en su trabajo. Enseñaba en las iglesias.

Se hizo cargo de otro proyecto gigante: escribir un comentario sobre el libro de Colosenses. Sin embargo, en esta ocasión, una puerta empezó a cerrarse de a poco. Su memoria empezó a traicionarlo. Nos juntábamos para nuestros desayunos cumbre, como hacíamos en los viejos tiempos, pero se le olvidaban las frases clave y los nombres. A veces, recurría a emitir una especie de gruñido cuando se le escapaban las palabras. Pero su dolor al olvidarse de las cosas no pudo vencer su deseo de estar presente con las personas que amaba.

Usted podría pensar que ser una persona de puerta abierta es algo exclusivamente reservado para quienes tienen un temperamento naturalmente fuerte, o para quienes genéticamente tienen altos niveles de seguridad y optimismo. Pero se equivocaría. Jerry era uno de esos hombres que toda su vida luchó contra la desconfianza en sí mismo y la ansiedad. Pero eso también fue parte de su don. Había en él una consciencia de su fragilidad que significaba que las personas encontraban en él un refugio. Le confiaban secretos y sufrimientos que nunca habrían compartido con una persona infalible y llena de confianza en sí misma.

Pero es que Jerry habitualmente estaba tan comprometido con atravesar las puertas abiertas, que nunca pudo abandonar ese hábito.

A lo mejor usted piense que es más seguro evitar la puerta, quedarse donde está. Irónicamente, a veces nos mantenemos alejados de las puertas abiertas de la vida porque nos sentimos débiles o cansados. Tenemos miedo de que una puerta más nos desgaste. Pero dar marcha atrás frente a las puertas consume más al espíritu humano que atravesarlas a la carga. Jerry solía citar una vieja leyenda rabínica que plasma esta idea:

> *De la ceca salieron dos centavos brillantes y nuevos,*
> *ambos iguales, el valor y la belleza en relevo;*
> *uno se resbaló de la mano y cayó al suelo,*
> *rodó fuera de la vista, y no pudieron encontrarlo aun con*
> *   mochuelo.*
>
> *El otro pasó por muchas manos,*
> *por muchos cambios, en muchos altiplanos;*
> *pagó las cuotas del templo, pagó las compras en el mercado,*
> *fue donado a los pobres por un corazón blando.*
>
> *Sucedió que, a la larga, y después de muchos años,*
> *se encontró la vieja moneda sin uso, muy extraño.*
> *Sucia y ennegrecida, su inscripción destruida,*
> *por la herrumbre y el desuso, desvaída.*
>
> *Mientras que la moneda tan trajinada estaba clara y*
> *   brillante*
> *gracias al largo servicio activo y constante;*
> *pues los que más brillan son los que viven para el deber:*
> *el herrumbre, más que la fricción, empaña la belleza y la*
> *   hace decaer[2].*

Una vez la dijo de esta manera: «A pesar de lo viejo que soy, y que muchas veces siento mis años, no quiero cerrar los ojos a ninguna puerta que Dios haya abierto para mí al comienzo de cada nuevo día. No quiero evitar cruzarla caminando por tener demasiado miedo o por estar demasiado cansado, pues todavía queda mucho bien por hacer. ¡Les pido que me acompañen en este desafío de toda la vida de pasar por las puertas abiertas por Dios para las oportunidades que nuestro Señor Jesucristo nos da mientras tengamos vida y aliento!».

El fin de semana del centésimo quincuagésimo aniversario de Wheaton, tomé un vuelo a Illinois, y un grupo de compañeros nos juntamos con Jerry para desayunar una vez más. Él oró, con nombre y apellido, por cada uno de los que estábamos alrededor de la mesa, como lo hacía hace treinta y cinco años. Esa fue la última vez que lo vi.

El agosto siguiente, todos nos reunimos para su servicio conmemorativo. La familia tuvo que pedir prestada una iglesia más grande: había demasiada gente reunida como para que cupiera en la iglesia a la que Jerry siempre había ido. Además, cientos de personas entraron en un sitio en línea para escribir cuánto había cambiado su vida solo por causa de este hombre.

En su servicio conmemorativo, su hijo Steve nos dio las notas de las reflexiones de Jerry sobre las puertas abiertas. También me mostró, en uno de los viejos ejemplares del Nuevo Testamento en griego de Jerry, el recordatorio laboriosamente escrito por Jerry para orar por mí, por mi esposa y por nuestros tres hijos, con sus nombres, junto con los de una infinidad de otros estudiantes y sus familias.

Él nunca dejó de atravesar las puertas abiertas. Simplemente atravesó al final una puerta por la que no podemos seguirlo. Por ahora.

Las puertas se abrirán. La pregunta es: ¿las veré? ¿Les responderé?

Uno de los viejos alumnos de Jerry, David Church, se convirtió en profesor como Jerry. Él escribió una poesía sobre estos pensamientos, llamada «El riesgo de la puerta abierta»:

El miedo a atravesar
ese vórtice entre
universos, que (aun si
el primero se pudiera volver a visitar)
no sería
como fue: seguro, cautivador.
Pero la puerta ha sido abierta
y yo estoy delante de ella.
¿Qué viento extraño roza mi frente húmeda?
Si deshago el camino andado
hacia la seguridad encantadora
de estos espacios conocidos,
ese rectángulo de sombras vacilantes
en el suelo de mi universo,
a veces oscuro, a veces dorado,
a veces ardiente, quemará
en mí, como una pregunta sin respuesta,

como una amistad abandonada,
como un amor que se me escapó.
El corazón golpea fuerte. Dios,
ayúdame,
aquí voy.

Porque nosotros seguimos al Señor de la Puerta Abierta.

Jesús siempre estuvo preparado para atravesar cualquier puerta abierta que su Padre pusiera delante de él.

A cualquier costo. Y el costo fue grande.

Al final, lo colgaron en una cruz, bajaron su cuerpo bruscamente, lo pusieron en una tumba y la sellaron con una roca. Y, durante dos días, yació ahí. Durante dos días, el mundo estuvo frío, cerrado y vacío.

Pero, al tercer día, el Padre le dijo al Hijo: «Mira, he puesto delante de ti una puerta abierta».

Y él pasó al otro lado.

Esa puerta todavía está abierta.

Agradecimientos

Los LIBROS, como la vida, también son producto de muchas puertas abiertas. Este es el primer libro que trabajé con el equipo de Tyndale y estoy sumamente agradecido por la colaboración y el gozo de trabajar juntos. Ron Beers ha sido una interminable fuente de estímulo, ideas y entusiasmo. Carol Traver aporta más energía y humor retorcido (en el mejor sentido de la palabra), de lo que cualquier escritor pueda esperar. Jonathan Schindler aportó contribuciones maravillosas a los pensamientos expresados, así como cuál era la mejor manera en que podían ser transmitidos. Curtis y Sealy Yates han sido unos abogados y voceros llenos de alegría. Brad Wright y la banda de SoulPulse han sido una gran fuente de ideas y orientación y experiencia en ciencias sociales. Mientras escribía este libro, me he sentido particularmente agradecido por la investigación clínica que personas como Neil Warren, Arch Hart, Newt Malony y Richard Gorsuch me presentaron en el Seminario Teológico Fuller.

Me siento agradecido con los ancianos y con la

congregación de la iglesia Menlo Park Presbyterian por darme el tiempo y el espacio para escribir. Linda Barker, con quien trabajo allí, aporta un nivel de orden y de gozo a la vida cotidiana, sin los que una tarea como esta sería imposible.

Estoy agradecido por Nancy, quien nunca, que yo sepa, ha rechazado una puerta abierta y quien ha entrado a la fuerza a más de su lote de puertas que aparentemente estaban cerradas, porque no puedo imaginar a una persona mejor con quien caminar hacia las posibilidades divinas de la vida.

Para Gerald P. Hawthorne, quien enseñó a tantos alumnos de la universidad de Wheaton el griego del Nuevo Testamento, así como la amistad, la risa, el amor y la fe, no hay palabras que alcancen.

Notas

CAPÍTULO 1: TANTOS DESTINOS A DONDE IR... ¿CÓMO SABER CUÁL ELEGIR?

1. Estos relatos de seis palabras pertenecen a *Not Quite What I Was Planning: Six-Word Memoirs by Writers Famous and Obscure* [No exactamente lo que tenía planeado: Memorias de seis palabras de escritores célebres y desconocidos], ed. Rachel Fershleiser y Larry Smith (Nueva York: HarperCollins, 2008).

2. Gerald Hawthorne, *Colossians* [Colosenses] (comentario publicado por el mismo autor, 2010).

3. Viktor E. Frankl, *Man's Search for Meaning* (Boston: Beacon Press, 2006), 66. Publicado en español como *El hombre en busca de sentido*.

4. Sheena Iyengar, «How to Make Choosing Easier» [Cómo facilitar el elegir], charla TED, noviembre del 2011, http://www.ted.com/talks/sheena_iyengar_choosing_what_to_choose.

5. Stephen Ko, «Bisociation and Opportunity» [La bisociación y la oportunidad], en *Opportunity Identification and Entrepreneurial Behavior*, ed. John E. Butler (Greenwich, CT: Information Age Publishing, 2004), 102.

6. Dr. Seuss, *¡Oh, cuán lejos llegarás!*, trad. Aida Marcuse (Lyndhurst, Nueva Jersey: Lectorum Publications, 1993), 2, 11, 16.

7. «Young adults want to make their own hours, come to work in their jeans and flip-flops, and save the world while they're at it» [Los jóvenes adultos quieren hacer sus propias horas, ir a trabajar en *jeans* y chancletas, y salvar al mundo por mientras]. Barna, «Millennials: Big Career Goals, Limited Job Prospects» [Milénicos: Grandes metas profesionales, bajas posibilidades de trabajo], 10 de junio del 2014; https://www.barna.org/barna-update/millennials/671-millennials-big-career-goals-limited-job-prospects.

8. Andy Chan, «Called to the Future» [Llamado al futuro], del manuscrito aceptado para su publicación en *Theology, News & Notes* [Teología, noticias y notas] (Pasadena, CA: Seminario Teológico Fuller, 2014).

CAPÍTULO 2: LAS PERSONAS DE PUERTAS ABIERTAS Y LAS PERSONAS DE PUERTAS CERRADAS

1. Carol Dweck, *Mindset: The New Psychology of Success* (Nueva York: Ballantine, 2008), 3. Publicado en español como *La actitud del éxito*.

2. Frederick Buechner, *The Sacred Journey* [La travesía sagrada] (Nueva York: HarperCollins, 1982), 104.

3. F. D. Bruner, *Matthew: A Commentary: The Churchbook: Matthew 13–28* [Comentario sobre el libro de Mateo: El libro para la iglesia: Mateo 13–28] (Grand Rapids, MI: Eerdmans, 1990), 805–6.

4. Jessica Bennett, «They Feel "Blessed"» [Se sienten «bendecidos»], *New York Times*, 2 de mayo del 2014, http://www.nytimes.com/2014/05/04/fashion/blessed-becomes-popular-word-hashtag-social-media.html.

5. Dr. Seuss, *Un pez, dos peces, pez rojo, pez azul*, trad. Yanitzia Canetti, (Lyndhurst, Nueva Jersey: Lectorum Publications, 2005), 1, 13.

6. Dr. Seuss, *¡Oh, cuán lejos llegarás!*, trad. Aida Marcuse (Lyndhurst, Nueva Jersey: Lectorum Publications, 1993), 5.

7. James Dunn, *Word Biblical Commentary: Romans 1–8* [Comentario bíblico de la Palabra: Romanos 1–8], vol. 38A (Waco, TX: Word, 1988).

8. Ernest Kurtz, «Spirituality and Recovery: The Historical Journey» [Espiritualidad y recuperación: La travesía histórica] en Ernest Kurtz, *The Collected Ernie Kurtz* [Obras completas de Ernie Kurtz], Hindsfoot Foundation Series on Treatment and Recovery (Nueva York: Authors Choice, 2008), http://hindsfoot.org/tcek09.pdf.

9. Vea Dr. Seuss, *¡Oh, cuán lejos llegarás!*, 48-49.

CAPÍTULO 3: YA NO «FOMO»: SUPERANDO EL MIEDO A PERDERSE ALGO

1. Geoffrey Mohan, «Facebook Is a Bummer, Study Says» [Facebook es un plomo, dice un estudio], *Los Angeles Times*, 14 de agosto del 2013, http://articles.latimes.com/2013/aug/14/science/la-sci-sn-facebook-bummer-20130814.

2. Steven Furtick, citado por Brett y Kate McKay, «Fighting FOMO: 4 Questions That Will Crush the Fear of Missing Out» [Luchar contra FOMO: 4 preguntas que arrollarán el miedo a perderse algo], The Art of Manliness, 21 de octubre del 2013, http://www.artofmanliness.com/2013/10/21/fighting-fomo.

3. Frederick Buechner, *The Sacred Journey* [La travesía sagrada] (Nueva York: HarperCollins, 1982), 107.

4. Chris Lowney, *Heroic Leadership* (Chicago: Loyola Press, 2003), 121, 29. Publicado en español como *El liderazgo al estilo de los jesuitas*.

5. Sam Whiting, «Muni Driver Will Make New Friends, Keep the Old» [La conductora de autobús hará nuevos amigos, pero mantendrá los anteriores], *San Francisco Chronicle*, 8 de septiembre del 2013, http://www.sfchronicle.com/bayarea/article/Muni-driver-will-make-new-friends-keep-the-old-4797537.php#/o.

CAPÍTULO 4: MITOS COMUNES SOBRE LAS PUERTAS

1. John Blake, «Actually, That's Not in the Bible» [En realidad, eso no está en la Biblia], *CNN Belief Blog*, 5 de junio del 2011, http://religion.blogs.cnn. com/2011/06/05/thats-not-in-the-bible.
2. Gerald Hawthorne, *Colossians* [Colosenses], (comentario publicado por el mismo autor, 2010), apéndice.
3. David Garrow, *Bearing the Cross* [Llevar la cruz] (Nueva York: Random House, 1988), 57–58.
4. La historia de los recabitas está relatada en Jeremías 35:1-19.
5. Citado en Chip Heath y Dan Heath, *Decisive* [Decisivo] (Nueva York: Random House, 2013), 40–41.
6. M. Craig Barnes le atribuye esta idea a C. S. Lewis. Vea M. Craig Barnes, «One Calling of Many» [Un llamado entre muchos], *The Christian Century*, 19 de marzo del 2014, http://www.christiancentury.org/article/2014-03/one -calling-many.
7. Frederick Buechner, *Telling Secrets* [Contar secretos] (San Francisco: HarperSanFrancisco, 1991), edición de libro electrónico.

CAPÍTULO 5: ¿LA PUERTA 1 O LA PUERTA 2?

1. Citado por Dallas Willard, *Hearing God* [Escuchar a Dios] (Downers Grove, IL: InterVarsity Press, 2012), 180.
2. Archibald MacLeish, citado por Sheena Iyengar, *The Art of Choosing* [El arte de elegir] (Nueva York: Hachette, 2010), xvii.
3. Dr. Seuss, *¡Oh, cuán lejos llegarás!*, trad. Aida Marcuse (Lyndhurst, Nueva Jersey: Lectorum Publications, 1993), 25.
4. Barry Schwartz, «The Paradox of Choice» [La paradoja de la elección], charla TED, julio del 2005, http://www.ted.com/talks/barry_schwartz_on_the_ paradox_of_choice.
5. Ichak Adizes, *Managing Corporate Lifecycles* [Administrando ciclos de vida corporativos] (Santa Barbara, CA: Adizes Institute Publishing, 2004), 6.
6. Chip Heath y Dan Heath, *Decisive* [Decisivo] (Nueva York: Random House, 2013), 10.

CAPÍTULO 6: CÓMO CRUZAR EL UMBRAL

1. Doris Kearns Goodwin, *The Bully Pulpit* [El puesto de aclamación pública] (Nueva York: Simon & Schuster, 2013), 44.
2. Juan Crisóstomo, «Homilía XXXIII» (sobre Hebreos 12:28-29).
3. Andy Chan, «Llamado al futuro», del manuscrito aceptado para su publicación en *Theology, News & Notes* [Teología, noticias y notas] (Pasadena, CA: Seminario Teológico Fuller, 2014).
4. *Ibidem.*

5. Ryan Grenoble, «San Pedro Post Office Volunteers Have Been Giving Back to Community Since 1966» [Los voluntarios de la Oficina de Correos de San Pedro devuelven a la comunidad desde 1966], *Huffington Post*, 16 de Agosto del 2012, http://www.huffingtonpost.com/2012/08/16/san-pedro -volunteer-post-office-_n_1790883.html.

6. «Century Marks» [Marcas del siglo], *Christian Century*, 16 de abril del 2014, 9.

CAPÍTULO 7: LO QUE LAS PUERTAS ABIERTAS LE ENSEÑARÁN (ACERCA DE USTED MISMO)

1. Fiódor Dostoyevski, *Memorias del subsuelo*, trad. Rafael Cansinos Assens, parte 1, capítulo 11.

2. Marcus Buckingham, *The Truth About You* [La verdad sobre usted] (Nashville: Thomas Nelson, 2008), 41.

3. F. D. Bruner, *Matthew: A Commentary: The Churchbook: Matthew 13–28* [Comentario sobre el libro de Mateo: El libro para la iglesia: Mateo 13–28] (Grand Rapids, MI: Eerdmans, 1990), 332.

4. Warren Sazama, S. J., «Some Ignatian Principles for Making Prayerful Decisions» [Algunos principios ignacianos para tomar decisiones en oración], http://www.marquette.edu/faith/ignatian-principles-for-making-decisions. php.

CAPÍTULO 8: EL COMPLEJO DE JONÁS

1. A. H. Maslow, *The Farther Reaches of Human Nature* [Los máximos alcances de la naturaleza humana] (Nueva York: Viking, 1971), 36.

2. *Ibidem*, 36–37.

3. Phillip Cary, *Jonah* [Jonás], Brazos Theological Commentary on the Bible [Comentario teológico bíblico de Brazos] (Grand Rapids, MI: Brazos Press, 2008).

4. Gregg Levoy, *Callings* [Llamados] (Nueva York: Harmony Books, 1997), 190.

5. Lewis Carroll, *Alicia en el país de las maravillas*, trad. Luis Maristany (Debolsillo, 2015), capítulo 4, citado por Levoy, *Callings*, 190.

6. William H. Myers, *God's Yes Was Louder than My No: Rethinking the African American Call to Ministry* [El sí de Dios fue más fuerte que mi no: Reconsiderando el llamado al ministerio de los afroamericanos] (Trenton, NJ: Africa World Press, 1994), citado por Levoy, *Callings*, 199–200.

7. El comentario de Phillip Cary sobre Jonás señala el significado de juntar «gran» y «maldad» aquí en Jonás 4:1. Vea Cary, *Jonah*.

CAPÍTULO 9: GRACIAS A DIOS POR LAS PUERTAS CERRADAS

1. William Shakespeare, *Hamlet*, Acto 5, escena 2.

2. Frederick Buechner, *The Sacred Journey* [La travesía sagrada] (Nueva York: HarperCollins, 1982), 108.

3. Dr. Seuss, *¡Cómo el Grinch robó la Navidad!* trad. Yanitzia Canetti, (Lyndhurst, Nueva Jersey: Lectorum Publications, 2000), 9.

4. Jennifer Kennedy Dean, «Think Small When You Dream Big» [Piense en pequeño cuando sueñe en grande] Praying Life Foundation, 13 de abril del 2011, http://www.prayinglife.org/2011/04/think-small-when-you-dream-big/.

5. Partes de esta sección fueron adaptadas de mi libro *Soul Keeping: Caring for the Most Important Part of You* (Grand Rapids, MI: Zondervan, 2014), 112–15. Publicado en español como *Guarda tu alma: Cuidando la parte más importante de ti.*

6. Cita de Rudolf Bultmann en F. D. Bruner, *Matthew: A Commentary: The Churchbook: Matthew 13–28* [Comentario sobre el libro de Mateo: El libro para la iglesia: Mateo 13–28] (Grand Rapids, MI: Eerdmans, 1990), 780.

CAPÍTULO 10: LA PUERTA EN EL MURO

1. Marguerite de Angeli, *La puerta en la muralla*, trad. José Luis Haering y Therese Anne Keenan (Madrid: Ediciones Rialp, 1992), 19.

2. Cornelius Plantinga H., *Reading for Preaching* [Lecturas para prédicas] (Grand Rapids, MI: Eerdmans, 2013), 62–63.

3. Rabino Stephen Pearce, «Mezuzot Remind Us That Doors Hold a Symbolic Meaning» [La mezuzá nos recuerda que las puertas tienen un significado simbólico], Jweekly.com, 5 de agosto del 2004, http://www.jweekly.com /article/full/23315/mezuzot-remind-us-that-doors-hold-a-symbolic-meaning/.

4. Bob Goff, *Love Does* (Nashville: Thomas Nelson, 2012), 44–45. Publicado en español como *El amor hace.*

EPÍLOGO

1. Gerald Hawthorne, *Colossians* [Colosenses] (comentario publicado por el mismo autor, 2010), apéndice.

2. Las poesías de este capítulo se encuentran en el devocional muy conmovedor del Dr. Jerry Hawthorne. Estoy profundamente en deuda con él por sus comentarios inspiradores sobre la naturaleza del pasaje de Apocalipsis 3 y por sus pensamientos, que son particularmente importantes para este capítulo final.

Acerca del autor

JOHN ORTBERG es escritor, orador y pastor principal de la Menlo Park Presbyterian Church (MPPC), de la región de la bahía de San Francisco. Sus libros en español incluyen: *Guarda tu alma, ¿Quién es este hombre?, La vida que siempre has querido, La fe y la duda* y *Si quieres caminar sobre las aguas tienes que salir de la barca*. John enseña en todo el mundo en congresos e iglesias.

Nacido y criado en Rockford, Illinois, John egresó de la universidad de Wheaton y posee una Maestría en Divinidades y un Doctorado en Psicología Clínica del Seminario Fuller. Antes de unirse a la MPPC, John sirvió como pastor de enseñanza en la iglesia Willow Creek. John es miembro del consejo directivo del Seminario Fuller, sirve en el consejo del Dallas Willard Center for Spiritual Formation y es miembro del consejo directivo de Christianity Today International.

Ahora que sus hijos son adultos, John y su esposa, Nancy, disfrutan de hacer surf en el Pacífico como una manera de cuidar de sus almas. Puede seguirlo en su cuenta de Twitter @johnortberg.